能管の演奏技法と伝承

森田都紀
Morita Toki

思文閣出版

能管の演奏技法と伝承◆目次

〔凡例〕

一、能の演目名を〈 〉、囃子事の曲名を〔 〕、旋律型の名称を「 」、小段の名称を［ ］にて示す。

二、本書の依拠する唱歌譜の略称は次の通りである。

〔現行唱歌譜〕

『一噌流唱歌集』：略称「ア」　『一噌流笛指附集』：略称「イ」
『五流対照　一噌流笛の覚え　金春流太鼓手附入』：略称「ウ」　『藤田流笛唱歌集』：略称「エ」
『五流対象　藤田流笛の覚え』：略称「オ」　『森田流奥義録』：略称「カ」
森田流笛方杉市和氏の唱歌譜：略称「キ」　『森田流能笛の譜』：略称「ク」
『森田流笛傳書唱歌集　龍風能管譜』：略称「ケ」　『観世流寸法　森田流笛の唱歌』：略称「コ」

〔伝存唱歌譜〕

『一噌流笛秘伝書』文禄五年奥書の原本文：略称「サ」、元禄一七年の校合：略称「ス」
『一噌流笛唱歌付』万治三年書写の原本文：略称「シ」、宝永二年の加筆：略称「セ」
『寛政三年平政香笛唱歌』：略称「ソ」　『諸流習ふへのせうか』：略称「タ」
『御先祖様御代々御稽古笛唱歌』：略称「チ」

三、江戸時代までの能楽師を「役者」、明治時代以降の能楽師を「演者」と呼ぶ。

四、本文では、原則として人名の敬称を略する。

能管の演奏技法と伝承

序　章

はじめに

本書は、能という芸能で用いる能管《のうかん》（笛）という楽器の演奏技法を室町時代末期から昭和期までに成立した複数の譜本の分析に基づいて考察するものである。

能は室町時代に大成し、江戸時代には幕府の式楽として洗練を極め、こんにちに至るまで六百余年のあいだ伝承されてきた演劇である。シテ（主役）やワキ（シテの相手役）やアイ（狂言）が物語を演じ、それを地謡（斉唱）と四種類の囃子（能管・小鼓・大鼓・太鼓）が支える。これらの役には複数の流儀があり、現在ではシテ方に五流儀、ワキ方に三流儀、狂言方に二流儀、囃子方の能管・小鼓・大鼓・太鼓にはそれぞれ三流儀・四流儀・五流儀・二流儀がある。各々の流儀数を単純に掛け算すれば、一つの演目に三六〇〇通りの演出があり、囃子だけをみても一二〇通りの演出があることになる。(1)小書きによる特殊演出が加われば、その数はさらに増える。一つの演目にこれだけ多彩な演出を有することは、演劇としての能の大きな特徴である。

そのなかで、囃子の役割は非常に大きい。囃子方は舞台後方の鏡板の前で奏し、シテやワキによって進められる物語世界の情景を彩っている。そのせいか、囃子方の奏でる演奏を演劇の背景として捉えることもあるようだが、能の囃子の表現の豊かさはほかの劇音楽に類をみない。舞台上で演技をする演者と囃子方は互いの間合いを計り、力を拮抗させ、音楽的なコミュニケーションを図っている。そして、一人ひとりがしのぎを削って存在を主張しつつも、全体として大きな調和を生み出す。それゆえ、能の囃子方は決して「伴奏者」ではない。同じ演目であっても、囃子方が異なれば自ずと表現や解釈も変わってくる。そして、その日の会場の雰囲気や観客の様子にも敏感に反応し、一期一会の舞台が構築されていくのである。

　本書の研究対象とする能管は、能の囃子のなかで唯一の管楽器である〔図1〕。能管は竹製の横笛で、全長は約三九センチである。息を吹き込む「歌口《うたぐち》」と七つの指孔《ゆびあな》がある。七つの指孔は、歌口に近い方から左手人差し指・中指・薬指、右手人差し指・中指・薬指・小指で押さえる。歌口と指孔と節を除く部分には樺《かば》ないし籐《とう》が巻かれ、指孔の周りと管の内側には朱漆が塗られている。そして、頭部に鉛や鉄の重りを入れ、それを蜜蠟《みつろう》でふさぎ、楽器全体の重心を整えている。

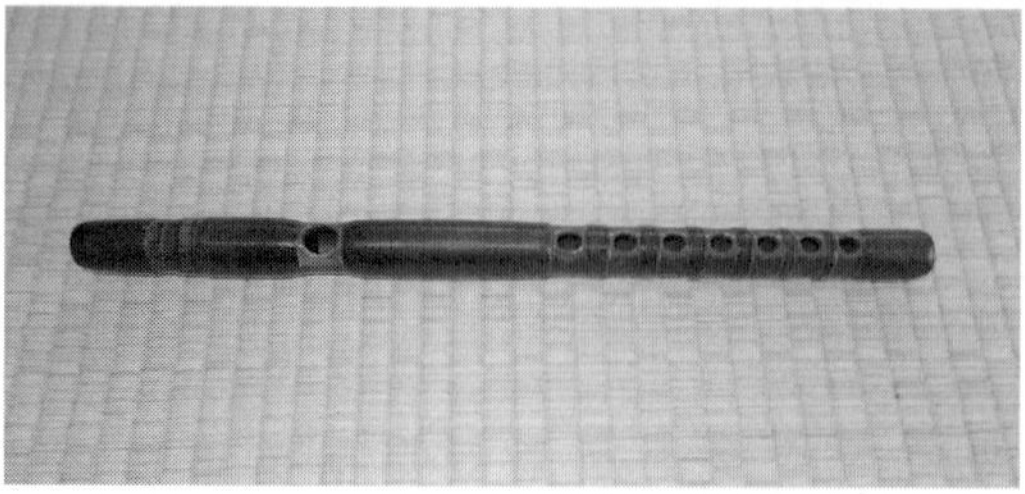

図１　能管（個人蔵、筆者撮影）

　能管の楽器としての最大の特徴は、その音律の不安定さにある。外観だけではわからないことであるが、実は、内部をみると歌口と第一孔の間に「喉《のど》」と呼ばれる短い管が差し入れられている。喉が挿入された部分は他よりも内径が狭くなるため、歌口から吹き込まれた息には回転が加えられ、音律に乱れが生じる。そのうえ、能管は楽器により全長が微妙に異なり、指孔の間隔も一定ではない。こうしたことから、同じ指孔を押さえて吹いても、楽器によりそれぞれ異なる音高の音が出る。また、吹き込む息の強さや唇を当てる角度を変えても、音高に微妙な揺れを与えることができる。このように、能管は管楽器でありながら絶対音高を持たない楽器である。

さて、現在では能管の演奏技法には決まった演出が成立している。どの笛方演者が奏しても演出に大きな相違はなく、この能の演目のこの箇所ではこの曲目を奏するという定型が存在している。

定型に基づく演出の一つとして、演者の登退場に際して登場楽や退場楽を奏したり、物語の最大の山場にて舞《まい》事《ごと》を奏したりすることがある。能管が印象的な効果を挙げた事例として、筆者が忘れられない舞台の一つに、一〇年以上前になるが当時、重要無形文化財保持者各個指定（人間国宝）の一噌《いっそう》流笛方藤田大五郎（一九一五～二〇〇八）が能管を奏した能〈檜垣〉がある。(2)

能〈檜垣〉では、美女の誉れの高かった白拍子の霊が百歳に及ぶ老女の姿で登場し、〔序ノ舞〕という舞事を舞う。〔序ノ舞〕において能管は四句の旋律を単純に繰り返すので、ともすると単調な印象を与えることになりかねない。しかし、藤田の奏する旋律は次第にノリを運び、あたかもこの世とあの世を結ぶかのように舞台空間に途切れることのない檜垣の老女の舞事を創出した。そして、珠玉のように輝く藤田の音色が、かつて異性を引き付けたという容貌の美しさや舞歌によって磨かれた気品を再び老女に宿し、老女はみるみるうちに生気を漲らせていったのだった。この舞台にあって、単純な旋律の繰り返しは、観客を飽きさせるどころか一種のトランス状態に似た興奮を呼び起こした。老女の生き様が投影された素晴らしい〔序ノ舞〕であった。このように、舞事にはその演目の主題が映し出されるが、能管の演奏はその印象を左右する重大な要因となり得るのである。

また、能管には、演者や地謡の謡う謡を彩るという重要な役割もある。例えば、〔クセ〕と呼ばれる場面では、謡の音高が中音から上音に移るところで「中《なか》ノ高音《たかね》」という短い旋律を吹き、クリ音という最高音に上がるところで「上《あげ》ノ高音《たかね》」という短い旋律を奏することになっている。謡によって進行する場面で吹くこれらの短い旋律は、「旋律型《せんりつけい》」と呼ばれている。旋律型は謡の音高の移り変わりに応じて規則的に配置されている。定型化された単元であるので、演目が異なっても同じ旋律型が用いられる。かつては謡の音高の移り変わりと並行して吹いた部分もあるとされるが、現在では謡の旋律に重ねるように吹き、その演目のその場面に相応しい趣を表すことを重視している[3]。

では、旋律型は具体的にどのような演出効果を挙げるのだろうか。一例として、〈羽衣〉という能の演目の［クセ］を覗いてみることにしたい。羽衣伝説に基づく能〈羽衣〉では、天女が羽衣を身にまとい、三保の松原の春景色を眺めながら舞を舞おうとする。［クセ］では「春霞」「花鬘」「雲の通路」「波」「松風」「長閑」「緑」などの言葉によって絵巻のように美しい情景が謡われていくが、「月、清見潟、富士の雪、いずれや春の曙」という詞章のところで能管は「中ノ高音」を奏する。謡が中音から上音に一段と高くなるこの箇所で、謡を誘導するかのように「中ノ高音」が鳴り響くと、謡の音高の上向と能管の音高の上向とが重なり合って、観客の眼前には三保の松原から富士山までの情景が大きく広がる。そして、続く「聞くも妙なり東歌、声添えて数々の、笙笛《しょうちゃく》琴箜篌《きんくご》、孤雲の外に充ち満ちて」という詞章のところで、畳み掛けるように「上ノ高音」が吹かれると、高らかに響く能管の旋律が東歌や数々の楽器による妙なる響きを髣髴とさせるのである。

もちろん、これは筆者の私見であるから、誰もが同じ印象を抱くわけではない。しかし、演出の定型として普遍化されている旋律型は、ひとたび奏されると単なる決まりを越えて、観客に詞章の情景を眼前に想像させるほどの大きな効果を発揮する。つまり、旋律型には演者の心の働きやエネルギーが濃縮されているため、演者はそれに具体的な感情表現などを加えずとも、物語の情景や登場人物の心理を象徴的に演出するのである。能管は管楽器であるが、そこに旋律を奏でるという意識はあまりなく、むしろ象徴的な音を奏でることで演劇そのものを彩ろうとするのである。

さらに、能管の演奏技法を考えるうえで、実演奏にて能管の旋律に豊かなヴァリエーションが生み出されていく演奏体系も見過ごすことはできない重要な問題である。能管は管楽器であるので、構造上は指孔を押さえて息を吹き込めば音が出るが、当然ながら、実際のところの表現はそう単純ではない。演者は、唇を楽器に当てる角度を変えて音高や音色を調整し、吹き込む息の強さを変化させて抑揚のある旋律を生み出す。加えて、演者は装飾的な指使いを即興的に付して奏し、旋律を彩ることもしている。こうして、実演奏では一つの旋律に無数のヴァリエーションが生まれていく。従って、現在の能という演劇を豊かに彩る能管の演奏技法は、ヴァリエーションを生み出すこのような演奏体系に拠るところが大きい。

以上みてきたような、能管の演奏技法の豊かさは現在の能の大きな特徴である。しかし、能管の演奏技法がどのような歴史的な伝承過程を経て形成されたのかは充分に明らかにされているとはいえない。能管の演奏技法の形成過程を辿ることは、能管を用いる現在の能の演出が確立した伝承過程を描出することに繋がり、能楽研究における重要な課題である。他方、この問いは能という一芸能の問題に留まるものでもない。能が後世の歌舞伎や人形浄瑠璃などの成立に大きな影響を与えたことに鑑みれば、芸能史上の大きな課題であるともいえる。また、能管の演奏技法が定型化された単元に基づいて構築されていることを考えれば、同じように定型化された単元をもとに表現される茶道や花道などの、他の芸道にも共通する文化的基盤を捉えることにも繋がる。つまり、この問題は日本文化史上の大きな課題の一つとしても位置づけられるだろう。

一　研究史と視点

研究史

能の歴史的研究は、池内信嘉『能楽盛衰記』(4)（一九二五～二六年）や能勢朝次『能楽源流考』(5)（一九三八年）によって先鞭をつけられて以来、表章『能楽史新考』(6)（一九七九年、八六年）、表章・天野文雄『岩波講座　能・狂言Ⅰ

能楽の歴史』[7]（一九八三年）、表章『大和猿楽史参究』[8]（二〇〇五年）をはじめとして相当の蓄積がある。これらの研究は緻密な史料調査と解読を通して主に制度や演能実態などの能の社会的側面を解き明かしたもので、現在の能楽研究に多大な影響を与えたことに議論の余地はない。その一方で、本書の研究対象とする「鳴り響く音そのもの」については積極的に研究対象とされてきたとはいえない。先行研究に演奏技法についての歴史的研究がほとんどない理由は、おそらく演奏技法を記した譜本を研究史資料としていかに扱うのかという問題にある。

鳴り響く音の歴史的変容を紐解く演奏技法研究には、各時代の古譜を読み解き、音楽情報を分析していくことが不可欠である。しかし、能の伝承において演奏技法は師匠から弟子へと口頭で伝えられてきたため、書き記された譜は「演者の覚え書き」という位置づけにすぎず、譜を読み解くだけでは演奏技法の全容を窺い知ることは難しい。そのため、これまでに演奏技法を扱った研究の多くの着眼点は主に現行伝承にあり、現行の実態を明らかにし、理論の体系化を進めてきたという部分が大きいだろう。主なものを挙げるとすれば、金春惣右衛門・増田正造監修『能楽囃子体系』[9]（レコード解説書、一九七三年）、横道萬里雄『能劇逍遙』[10]（一九八四年）、同『能劇の研究』[11]（一九八六年）、同『岩波講座　能・狂言Ⅳ　能の構造と技法』[12]（一九八七年）、東洋音楽学会編『能の囃子事』[13]（一九九〇年）などがあり、これらの研究によって能の演奏技法を研究するための基盤が築かれた。

一方、能管の過去の演奏技法を記した史料については、その多くが演者の個人蔵にあり、未整理の状態のものも多く、伝存状況の把握が容易ではなかったという事情もある。しかし、法政大学能楽研究所や早稲田大学坪内博士記念演劇博物館が中心となって全国の能関係史料の調査・発掘が網羅的に行われ、全国に散在する諸史料の伝本の解明が進んだ。能管の演奏技法を記す新出史料の紹介と翻刻もなされている。主なものとしては、竹本幹夫「由良家能楽関係文書目録(上)」[14]（一九八一年）、同「由良家能楽関係文書目録(下)」[15]（一九八二年）、同「由良家蔵能楽関係文書解説」[16]（一九八三年）、三宅晶子「早稲田大学演劇博物館蔵『一噌流笛秘伝書』――解題と翻刻

――」[17]（一九八三年）、同「早稲田大学演劇博物館蔵『笛伝書抜書』――解題と翻刻――」[18]（一九八五年）、山中玲子「天文二年中村七郎左衛門長親奥書笛伝書――翻刻と解題――」[19]（一九八五年）、竹本幹夫監修『貴重書　能・狂言篇』[20]（早稲田大学演劇博物館　特別資料目録五〈一九九七年〉）などがあるだろう。国文学分野によるこれらの徹底した史料研究により、演奏技法を書き付けた譜本を史料として分析し、解読するための土台が築かれた。本書はこれらの研究成果に基づくところが大きく、研究対象の一部に三宅が解題と翻刻を発表した能管の譜本を据えている。

近年では、高桑いづみや藤田隆則ら演奏技法を習得した音楽学の研究者によって、古譜を用いた能の演奏技法の具体的な検証が進められてきた。能管の演奏技法の歴史的変容を検証した研究には、主に高桑『能の囃子と演出』[21]（二〇〇三年）がある。また、能管に関する研究ではないが、能の謡の演奏技法の歴史的変容を検証した研究に藤田『能の多人数合唱』[22]（二〇〇〇年）、同『能のノリと地拍子――リズムの民族音楽学』[23]（二〇一〇年）、高桑『能・狂言　謡の変遷』[24]（二〇一五年）、藤田・高橋葉子・丹羽幸江共編『謡を楽しむ文化――京都の謡の風景』[25]（二〇一六年）などがある。本書を執筆するうえでも、これらの研究に導かれることが多かった。

視点の検討

能の伝承過程で演奏技法も変容を遂げたことが、少しずつ明らかにされてきたとはいえ、それでも長い能の歴史のなかでの変容の実像を探るには充分になされているとはいえない。本書の研究対象とする能管については、次の二つの問題点が指摘できる。

第一に、現行の演奏技法に関しては先行研究によってその理論が体系化されているものの、研究としては概略的なものに留まっているという点である。口頭伝承と書記伝承のバランスを保ちながら伝承されてきた伝承のしくみや、譜本に示す内容と実演奏との関係、譜から音を具現する過程、実演奏における演奏体系などの、演奏実践に関わる部分については未解明なままである。従って、舞台の実際に即した実践的な視点から現行の能管の演奏技法を紐解くことは、現在の能の理解に欠かせない。

第二に、過去の演奏技法については一時期の実態の解明に留まっているという点である。そのため、能管の古譜の所蔵を調査し、古譜を網羅的に収集したうえで体系的に解析し、現在までの能管の鳴り響きの実体の変容を経時的に解き明かす必要がある。本来ならば能の大成期以前も含めてその過程をみるのが理想であるが、現存史料には制約があり、現段階では残念ながら室町時代末期以降の演奏技法しか検証できない。とはいえ、実際に史料をみると、能管の演奏技法は大成期以降にも確かに変化を遂げて、現在のような高度に洗練された姿となったことがわかる。能管の演奏技法はいかなる伝承過程を経て確立したのか、そこにおいて定型はいかに形成されたのかなど、演出史の視点から室町時代末期以降の能管の演奏技法の成り立ちを検証する作業もまた、現在の能の理解に不可欠である。

以上の理由から、本書では、現行伝承に関する視点と歴史的変容に関する視点の両方より能管の演奏技法を考察し、能管が能という演劇で担ってきた役割を動的に捉えていく。

二　研究の目的

目的と方法

本書の目的は、現行の能管の演奏技法の特徴を紐解くともに、能管の演奏技法が形成された歴史的な伝承過程の実像を明らかにすることである。いずれも演奏技法を書き記した譜本を主な研究材料とし、譜本の分析に基づいて考察する。現行伝承の検証においては、譜本に書かれたことと実際の舞台上演における演奏とを照らし合わせて、現行の能管の演奏のしくみを演奏実践の面から検証する。他方、歴史的考察においては、譜本が比較的現存している一噌流という流儀に焦点を当て、一つひとつの譜を丹念に解読・分析し、個々の細かい演奏技法の変容に目を配りながら検証を進める。これらの作業の目的は、単に文献に記された表面上の事象の解釈に留まらず、そこから立ち上がる音楽の実体の把握にある。

能管の譜本には「頭付譜《かしらづけふ》」（一曲の能のどの箇所で何を吹くのかを示した譜本）や「指付譜《ゆびつけふ》」（指使いを記した譜本）などがあるが、本書では主として「唱歌譜《しようがふ》」を用いることとする。唱歌譜とは、能管の演奏技法を端的に表す「唱歌」と呼ばれる譜を書きつけた譜本であり、能管の演奏技法を具体的に知ることのできる重要な資料である。

能管の演奏技法の伝承は口頭伝承を主としており、師匠から弟子へと唱歌を歌い継ぐことでなされてきた。そのため、唱歌譜は演者の記憶や教習を補助するものとして実用的に活用されてきたが、筆者は伝承における唱歌譜の位置づけは時代とともに変化してきたと考えている。というのも、第三章で詳述するように、室町時代末期の内容を持つ伝存する最古の一噌流唱歌譜では役者個人の備忘録としての性質が強く、楽曲の一部分だけを抜粋して記すに留まっていたが、その後の江戸時代中期以降に成立した唱歌譜では、流儀の確立と江戸幕府の統制の流れを受け、流儀の規範を公に示すものへと転換しているように思われるからである。こうした唱歌譜の性質の歴史的変化は、唱歌譜に書き記された個別の情報（執筆者・成立時期・収録曲・記譜体系など）から判断していくことになるが、この作業はその唱歌譜が何のためにどのような内容を記しているのか、そしてその唱歌譜から何をどこまで読み解くことができるのかを推し量るために重要である。本書では、現行する三流儀の唱歌譜（一〇点）と、室町時代末期以降の内容を持つ一噌流の古譜（七点）を主な分析対象に据えるが、唱歌譜の性質によっては限定された範囲内で検証を進めることになる。

唱歌と旋律構造

ここで、本書が分析対象に据える唱歌の、現在の性質を捉えておきたい。

唱歌は能管の旋律の鳴り響きを擬声語で模して表した譜で、例えば「オヒャライホウホウヒ」などのように、仮名を用いて表す。そして、仮名に長さと高さの変化を与えて音楽的な「ふし」として口ずさむと、譜として機能する。唱歌は楽器を使った本物の演奏と同じ速度で唱えられるので、唱歌を唱えるには本物の演奏と同じだけの時間を必要とする。また、師匠から弟子へと唱歌を鸚鵡《おうむ》返しで唱えることで演奏技法の伝承がなされるので、弟子は教授された唱歌を暗唱し、記憶する。そして、実際に楽器を演奏する際には記憶した唱歌を心のなかで唱えながら奏するのである。このように、唱歌は演奏実践に直に結びついたものであり、演奏そのものを統御する重要な役目を担っている。舞台で演奏中に楽器が故障した時などには、楽器の代替として唱歌を歌うこともあるという。

さて、能管の旋律には構造がある。次に示す唱歌を例にして、旋律構造のあり方を説明したい。

ヒヤーウヒョールーリーロルラーリヤーリオヒャーロルラーラー

右の旋律は一般的に、次に示すように「／」で区切られる短い旋律に分けることができる。(26)

ヒヤーウヒョー／ルーリー／ロルラー／リヤーリ／オヒャー／ロルラーラー

このように、一つの旋律は短い旋律を重ねることで形作られている。ただし、短い旋律は比較的類型化されたものなので、他の旋律でも用いられる。それゆえ、どの短い旋律をどのような順番で積み重ねるのかということが決まると、能管の旋律が規定される。本書では、旋律の構造を規定する単位として働くこのような短い旋律を以下、「句」と呼ぶこととする。(27)

句の構造

続いて、句それ自体の構造の特徴をみていきたい。

第一に、句には数個の仮名から構成されるという特徴がある。ただし、句を一字ずつの仮名に分解しても、一字の仮名それ自体には何も意味はない[28]。例えば、「ロ」「ル」「ラ」の三つの仮名で構成される「ロルラ」という句があるが、ここで「ロ」「ル」「ラ」のそれぞれの仮名は特定の音高や指使いなどを差し示しておらず、仮名一字に音楽的な機能はない。それが「ロルラ」というように一連となって初めて、一つの句として意味を持つのである。

第二に、句として認識されると、それに対応する指使いも決まるという特徴がある。そして、指使いが決まることによって、鳴り響きも自然と規定される。すなわち、句が成立すると、その唱歌に対する指使いが確定し、それによって鳴り響きが生まれるのである。従って、句は旋律構造を規定するとともに、演奏技法を生み出すための最小単位ということもできる。

以上の特徴を踏まえると、唱歌から演奏技法を読み解くにあたっては唱歌を構成する仮名を一字ずつ分解して検証してもあまり意味はなく、仮名の微細な違いに目を配りつつも、句を単位に分析していくことが重要となる。

唱歌は「音楽実体」をいかに表すのか

それでは、唱歌は実際に奏でようとする音そのものをどのように表しているのだろうか。本書では以下、唱歌が表そうとしているものを「音楽実体」と呼ぶこととする。

唱歌から音楽実体を読み解くためには、唱歌を構成する仮名の母音と子音が最も大きな手がかりとなる。これまで、茂手木潔子「唱歌（仮名譜）についての一考察」[29]（一九七七年）、川田順造『聾』[30]（一九八七年）、デイビッド・

ヒューズ"The Logic and Power of Acoustic-Iconic Mnemonic Systems"[31]（二〇〇〇年）などをはじめとする音楽学の論考にて、唱歌の母音と子音が実際に演奏される楽器音と何らかの対応関係にあることが考察されてきた。なかでも、デイビッド・ヒューズは各国の様々な音楽を比較検証し、その対応関係には音楽様式や地域差を越えた共通性があることを指摘している。それによれば、唱歌の母音は旋律のなかでの相対的な音の高低に深く関わり、前後の音との関係で相対的に高い音には高い方から「イ」「ア」「オ」「ウ」の順で母音が当てはめられる傾向にあるとしている。他方、唱歌において子音は、主に旋律の音色に関わっていると指摘している。

興味深いことに、現行の能管の唱歌についても、デイビッド・ヒューズの考察結果と同様に、前後の音との関係で相対的に高い順に「イ」「ア」「オ」「ウ」の母音を当てはめる傾向にある。さらに、子音に関しても、旋律の音色を特徴づけるものとして使い分けており、例えば、「ハ行」の仮名を息を強く吹きかけて強調する音に、「ラ行」の仮名を前の音を繰り返す音に用いるなどしている。

このように、現行の能管の唱歌は、基本的に一連の仮名が母音や子音を基軸とした一定の規範の下で機能することで音楽実体を描き出している。しかしなかには例外もあり、唱歌の持つ特性によって、唱歌とそこから立ち上がる音楽実体との連関は複雑になっている。この点について次に詳しく述べておく。

唱歌と音楽実体との連関に関する特性①

まず、句に対応する指使いと鳴り響きは必ずしも一つに確定されないという特性がある。例えば、「ホウホウヒ」と「ラウラウリ」という二つの句は唱歌の仮名表記が異なる別の句であるにも関わらず、同じ指使いを使って奏している。そのため、両者の鳴り響きは同じともいえる。逆に、「ヒウヤ」と「ヒウヒャ」という二つの句では「ヒウ」という一部分の唱歌が共通しているが、実際のところ、「ヒウ」を奏する指使いは異なるので鳴り響きは異なっている。このように、異なる仮名が同じ指使いに基づく鳴り響きを表すことがあれば、その逆に、同じ仮名が異なる指使いに基づく鳴り響きを表すこともあり、句とそれに対応する鳴り響きとの連関は必ずしも一対一の関係にない。

一方で、横道萬里雄は、「同じ指付ケが『ホウホウヒ』と『ラウラウリ』とも呼ばれるようなときは、旋律は同じでもそれぞれの感じに吹き分けるべきだと言われているが、これは気持ちだけの問題のようである[32]」と述べていて、同じ指使いで奏する唱歌の異なる句に関しては、具体的な区別をせずに吹くとしている。しかし、そうとはいい切れない事例があるので紹介しておきたい。筆者が以前、一噌流笛方一噌庸二（一九四〇〜）に〔猩々乱《しょうじょうみだれ》〕という舞事の稽古を受けたときのことである[33]。〔猩々乱〕には、音高を次第に高くしていく特徴的な奏法が随所にあり、それを「ヒューヤ」と「ルーラ」という、唱歌の異なる二つの句で表している。両句の指使いは同じなので、筆者は稽古の際に区別しないで吹いた。それに対して一噌は、両者を吹き分けるべきだといい、具体的には「ルーラ」の方をより強く吹き込んで「ヒューヤ」より張った音色で奏するようにと指示したのだった。この事例からは、二つの句の指使いが同じであってもその唱歌が異なれば、演者によってはその句の表そうとする音楽実体を別物と認識し、区別して吹き分けることもあることがわかる。従って、両者の具現する音楽実体は必ずしも同一とはいえないのである。

こうしたことから、唱歌の仮名が異なるからといって鳴り響きも異なるとは断定できないし、同様に、唱歌の仮名が同じだからといって鳴り響きも同じであるとはいい切れない。重要なのは、演者によって音楽実体に対する捉え方自体に違いがあるかもしれないということであり、音楽実体と唱歌との連関に関しては、本来的に一つの結論が存在するわけではないと考えられる。しかし、「ホウホウヒ」と「ラウラウリ」の例でいえば、この二つの句は唱歌の仮名が異なるものの同じ指使いで奏していることは明白であり、それにより同一の指使いによる極めて相似的な鳴り響きを持つこともまた明らかである。

さらに、句を認識する際にそこに存在する流儀の違いをどう捉えるのかという問題も音楽実体を捉えるうえで見過ごすことのできないことである。というのも、句の唱歌の仮名表記が流儀によって異なっても、流儀を越えてその句を同一のものとして認識する場合があるためである。例えば、〔鞨鼓《かっこ》〕という舞事には、一噌流では「トウラツロ」、藤田流では「フヒャリイツホ」、森田流では「トルラツロ」や「フルラツロ」などと表記する句がある。三流儀で唱歌の仮名表記が異なり、また実際の指使いとそこから生まれる鳴り響きも相違しているが、総じてこれは〔鞨鼓〕という特定の舞事を構成する同一の音楽実体を表す句として流儀を越えて認識されている。つまり、特定の舞事の特定の箇所で吹くということが、句の認識において最優先されているのである。従って、唱歌の仮名表記や指使い、そして鳴り響きなどが異なっても、その句を使う音楽的な意味が同じであれば同じ句として認識され得るといえるだろう。

ここにおいて、唱歌から音楽実体を読み解くには、何をもって「同じである／同じでない」と認識するのかという問題が内在していることに気がつくのである。結局のところ、音楽実体は唱歌の仮名表記、指使い、鳴り響き、音楽的な意味などが複合して認識されているといえる。それぞれはその句を特徴づける要素であるので、単独で見てしまうと表そうとする音楽実体にはいくつもの道筋が提示される。それゆえ、唱歌から具現される音楽実体は必ずしも一つに確定されず、逆に、音楽実体からそれを表す唱歌を想像してみた場合にも様々な可能性が浮かび上がり、一つの音楽実体を数通りの唱歌で表し得ることもあるのだ。

従って、唱歌の特性を踏まえれば、演者が唱歌をいかに具現しているのかということは、唱歌と実際の音源とを突き合わせることによって初めて窺い知ることができる。しかしながら、遠い過去の演奏技法とあっては音源が残っておらず、当時の発音に不明な部分も多いので、唱歌をみるだけでそこから音楽実体を特定することは容易ではなく、その解釈にも幅が生じる。その場合には、現行伝承を手がかりに、唱歌の仮名表記を分析して類推し、一つの可能性を提示していくほかない。本書にて過去の唱歌譜を歴史的に考察するにあたっても、現行伝承を参考にして句と音楽実体との関係を検討し、数ある可能性のなかから最も妥当と考えられる解釈を探っていくことになるだろう（第三章・四章・五章後述）。

唱歌と音楽実体との連関に関する特性②

ついで、唱歌と音楽実体との連関に関する二つ目の特性について述べる。

横道萬里雄が「唱歌は、基本的な奏法に付けた口唱譜だから、装飾的な旋律は示されていない」[34]と述べているように、現行では、唱歌が表すのは主に装飾音を除いた旋律の基本的な奏法とされている。ところが、実際に楽器を持つと、演者は基本的な旋律に即興演奏を加え、舞台の数だけ異なった鳴り響きを具現している。実演奏で唱歌の示す基本的な旋律だけをそのままの形で奏することはほとんどないため、唱歌から鳴り響きを再現する際の可能性は一つではない。つまり、実演奏において唱歌から立ち上がる鳴り響きは多様なのである。こうしたことから、唱歌は固定した一種類の演奏のみを伝えることを目的とせず、演奏に様々なヴァリエーションを生み出しやすい構造を有しているといえるだろう（第二章後述）。

唱歌の持つこの特性により、実演奏では流儀差や、演者の個人差、同一演者における演奏ごとの違い、地域差などに基づいた様々なヴァリエーションが生み出されてきたと思われる。唱歌はヴァリエーションの生成を積極的に促しており、そのことが能管の現行伝承に多様性を生み、能という演劇を豊かで色鮮やかなものに演出している。従って、能管の演奏技法を紐解くに際しては、唱歌をもとにヴァリエーション豊かな演出がなされている現行の演奏体系の実際と、現行の演奏体系の形成された歴史的な伝承過程を捉えていくことが重要となる。また、ヴァリエーションを生み出す現行の演奏体系が果たしていつ頃まで遡れるものなのか、そして演奏体系それ自体に歴史的変化はなかったのかということも看過し得ない重要な視点である。なぜなら、演奏技法が歴史的に変化してきたのに伴い、演奏体系も歴史的に変容したと考えるのが自然であるからである（第五章後述）。

三　各章の概要

本書の第一章では、現行三流儀の演奏技法の特徴を現行唱歌譜の精査により導く。能管の常用曲目と唱歌の仮名表記を分析し、現行の流儀を形作る演奏技法の枠組みを把握する。このことは、現行の演奏技法を認識するための基礎的な考察であり、第二章の前提作業となる。

第二章では、演奏実践の面から現行の演奏技法を紐解く。唱歌として記されたものが口頭伝承の場でいかに声に出して唱えられ、それが実際の音としてどのように具現されているのかを検証する。そして、現行伝承における口頭伝承と書記伝承の位置づけを紐解き、譜本に記された唱歌からヴァリエーション豊かな鳴り響きが生まれるまでの過程を実際の舞台上演を分析して導く。それにより、先行研究では明確に説明がなされていない現行の演奏体系を明らかにする。

第三章と第四章では、一噌流という流儀に焦点を当て、演奏技法の歴史的な形成過程を論じる。まず第三章にて、一噌流宗家の演奏技法の確立過程を検証する。宗家に伝来する代表的な数点の唱歌譜に記された唱歌を丹念に解析し、室町時代末期から昭和期までの演奏技法の変化を導く。それにより、演奏技法の確立する背景に、流儀が誕生しそこに流儀の規範が創出される大きな流れがあったことや、江戸幕府の政策の影響を受けていたことを提示する。

続く第四章では、第三章で考察した一噌流宗家の伝承を相対化するために、江戸時代中・後期の仙台藩の一噌流を例に伝承の地域差に目を向ける。江戸時代の地方諸藩は中央と関わりながらも藩として独立した式楽の伝承体系を築いていたとされるが、仙台藩に伝わる能管の演奏技法が当時の宗家のそれと等しいものだったのかを分析する。そして、現行の能管の演奏技法が、数ある伝承のうちの江戸時代中期の宗家の伝承を汲んでいるものであり、現行伝承が複数の多様な伝承の力関係のなかで歴史的に形成されてきたことを論証する。

以上の考察を踏まえ第五章では、演奏体系の歴史的な変容を検証する。演奏技法を唱歌譜に書き記すという行為自体が、能管の伝承体系における口頭伝承と書記伝承のバランスを歴史的に変化させ、さらには、能管の演奏体系のあり方をも変容させてきたことを導く。それにより、ヴァリエーションを即興的に生み出す演奏体系が、江戸時代初期頃と現代とでは大きく異なることを明らかにする。なお、第五章は、現行の演奏技法の特徴を分析する第一・二章と、演奏技法の歴史的な形成を検証する第三・四章の考察結果とを統括する内容となる。

（1）流儀によって存在しない演目や、太鼓を用いない演目もあるので、演出の総数は流儀数の単純な掛け算では算出できないが、ここでは演出数の多さを認識するために便宜上、このように示した。
（2）能〈檜垣〉シテ浅見真州、ワキ宝生閑、アイ山本則直、能管藤田大五郎、小鼓亀井俊一、大鼓亀井忠雄、第一三回浅見真州の会、二〇〇四年六月一七日、国立能楽堂。
（3）横道萬里雄「能の音楽」『能劇の研究』岩波書店、一九八六年。高桑いづみ『能の囃子と演出』音楽之友社、二〇〇三年。
（4）池内信嘉『能楽盛衰記』東京創元社、一九二五～二六年。〔復刻・増補版〕一九九二年、〔再版〕一九九三年。
（5）能勢朝次『能楽源流考』岩波書店、一九三八年。〔復刻版〕一九七二年。
（6）表章『能楽史新考』わんや書店、一九七九年、八六年。
（7）表章・天野文雄『岩波講座　能・狂言Ⅰ　能楽の歴史』岩波書店、一九八三年。
（8）表章『大和猿楽史参究』岩波書店、二〇〇五年。

（9）金春惣右衛門・増田正造監修『能楽囃子体系』レコード解説書、ビクター、一九七三年。
（10）横道萬里雄『能劇逍遙』筑摩書房、一九八四年。
（11）註（3）横道著書『能劇の研究』。
（12）横道萬里雄『岩波講座　能・狂言Ⅳ　能の構造と技法』岩波書店、一九八七年。
（13）東洋音楽学会編『能の囃子事』東洋音楽選書四、音楽之友社、一九九〇年。
（14）竹本幹夫「由良家能楽関係文書目録（上）」法政大学能楽研究所編『能楽研究』第七号、一九八一年。
（15）竹本幹夫「由良家能楽関係文書目録（下）」法政大学能楽研究所編『能楽研究』第八号、一九八二年。
（16）竹本幹夫「由良家蔵能楽関係文書解説」法政大学能楽研究所編『能楽研究』第九号、一九八三年。
（17）三宅晶子「早稲田大学演劇博物館蔵『一噌流笛秘伝書』――解題と翻刻――」『早稲田大学大学院文学研究科紀要』別冊第一〇集（文学・芸術学編）、一九八三年。
（18）三宅晶子「早稲田大学演劇博物館蔵『笛伝書抜書』――解題と翻刻――」『能　研究と評論』月曜会雑誌一三、一九八五年。
（19）山中玲子「天文二年中村七郎左衛門長親奥書笛伝書」註（18）『能　研究と評論』。
（20）竹本幹夫監修『貴重書　能・狂言篇』早稲田大学演劇博物館　特別資料目録五、早稲田大学坪内博士記念演劇博物館編、一九九七年。
（21）註（3）高桑著書。
（22）藤田隆則『能の多人数合唱』ひつじ研究叢書 芸能編第二巻、ひつじ書房、二〇〇〇年。
（23）藤田隆則『能のノリと地拍子――リズムの民族音楽学』檜書店、二〇一〇年。
（24）高桑いづみ『能・狂言　謡の変遷』檜書店、二〇一五年。
（25）藤田隆則・高橋葉子・丹羽幸江共編『謡を楽しむ文化――京都の謡の風景』京都市立芸術大学日本伝統音楽研究センター研究報告一一、京都市立芸術大学日本伝統音楽研究センター、二〇一六年。
（26）区切り方は必ずしも一通りではない。ここに記した区切り方以外の捉え方もある。
（27）一つの旋律の構成単位として機能する短い旋律を「句」と呼ぶことについては、蒲生郷昭「曲目解説」（横道萬里雄・蒲生郷昭『口唱歌大系：日本の楽器のソルミゼーション』レコード解説書、ＣＢＳソニー、一九七八年）にならった。

（28）横道萬里雄は、「『オ』がこの指づかいの音とか、『ヒ』がこの高さの音というきまりは」なく、「二つか三つの字が連ねられて一団となると、譜が確定してくる」と述べている。註（3）横道著書、一〇七〜一〇八頁。

（29）茂手木潔子「唱歌（仮名譜）についての一考察」『音楽学』第二四巻第二、一九七七年。

（30）川田順造『聲』筑摩書房、一九八七年。

（31）David W. Hughes, "The Logic and Power of Acoustic-Iconic Mnemonic Systems." *British Journal of Ethnomusicology* 9-2, 2000.

（32）註（12）横道著書『岩波講座　能・狂言Ⅳ　能の構造と技法』、三二〇頁。

（33）東京藝術大学音楽学部での一噌流宗家一噌庸二氏の能管の副科専攻実技指導による（二〇〇一年二月）。

（34）註（3）横道著書『能劇の研究』、一〇八頁。

第一章　演奏技法の概要

はじめに

能管には現在、一噌流、藤田流、森田流の三流儀がある。明治時代に廃絶した春日《しゆんにち》流、平岩流、由良流を加えると江戸時代までは六流儀があった。現行三流儀の演奏技法は大筋で一致しているが、しかし細部をみると流儀によって差異がある。

これまで、現行の能管の演奏技法については、主に金春惣右衛門・増田正造監修『能楽囃子体系』(1)（レコード解説書）、横道萬里雄『能劇の研究』(2)、東洋音楽学会編『能の囃子事』(3)、横道萬里雄『岩波講座　能・狂言Ⅳ　能の構造と技法』(4)などによって理論が体系化されてきた。しかし、これらの研究では、唱歌の解析により各流儀の演奏技法の特徴を捉えているわけではない。そこで、本章では現行唱歌譜に記される唱歌の分析を通して、現行三流儀を形作る演奏技法の枠組みを明らかにすることを試みる。以下、第一節で現行三流儀の歴史的な成り立ちを概観し、第二節以降で現行唱歌譜をもとに演奏技法の分析を進める。

一　現行三流儀の消長

能管の諸流儀は、永正（一五〇四〜二一）〜天文（一五三二〜五五）期に活動した観世座の笛方檜垣本彦四郎栄次（通称、笛彦兵衛／一五二七年没）の流れを汲んでいる〔系図1〕。それ以前には流儀はなく、世阿弥時代に活躍した観世座の笛方牛太夫の系統が主流であったとされ、ちがひ、美濃又六、丹波太郎次郎、日吉左衛門尉国之などの笛方がいたことがわかるに留まる。芸系が分かれるのは笛彦兵衛の弟子からであり、中村七郎左衛門尉長親（備中屋、一五三九年あるいは四〇年没）から一噌流と藤田流、千野与一左衛門尉親久の流れから森田流と平岩流（明治時代に廃絶）と由良流（明治時代に廃絶）、そして扇屋某から春日流（明治時代に廃絶）が誕生した。そして、江戸幕府や諸藩の式楽の政策と密接に関わりながら、江戸時代を通じて流儀としての体制を整え、発展を遂げた。演奏技法に流儀の特色が芽生え、流是の枠組みを整えていったのも江戸時代と考えられている。

本節では、次節以降の演奏技法の分析に先立ち、現行三流儀の成り立ちを概観する。ただし、三流儀の歴史的展開の具体相については現存史料の制約もあり不明な点が多く、残念ながら、筆者自身も現段階では詳細な検証を行うに至っていない。そのため、先行研究の成果をまとめる形で示したい。

（1）一噌流(5)

一噌流は、笛彦兵衛の弟子の中村七郎左衛門尉長親の子、中村又三郎（のちの一噌似斎《じさい》／一五二五〜一六〇〇）を事実上の初世とする〔系図2〕。似斎は天正年間（一五七三〜九二）を中心に活躍した名人で、素人役者である。竹本幹夫・三宅晶子「一噌流笛伝書『矢野一宇聞書』」によれば、二世の中村新五郎までは中村が本姓であり、一噌流とは似斎の流れを汲む芸系の通称とされていた(6)。似斎は一五、六歳で父の七郎左衛門尉長親と死別している。

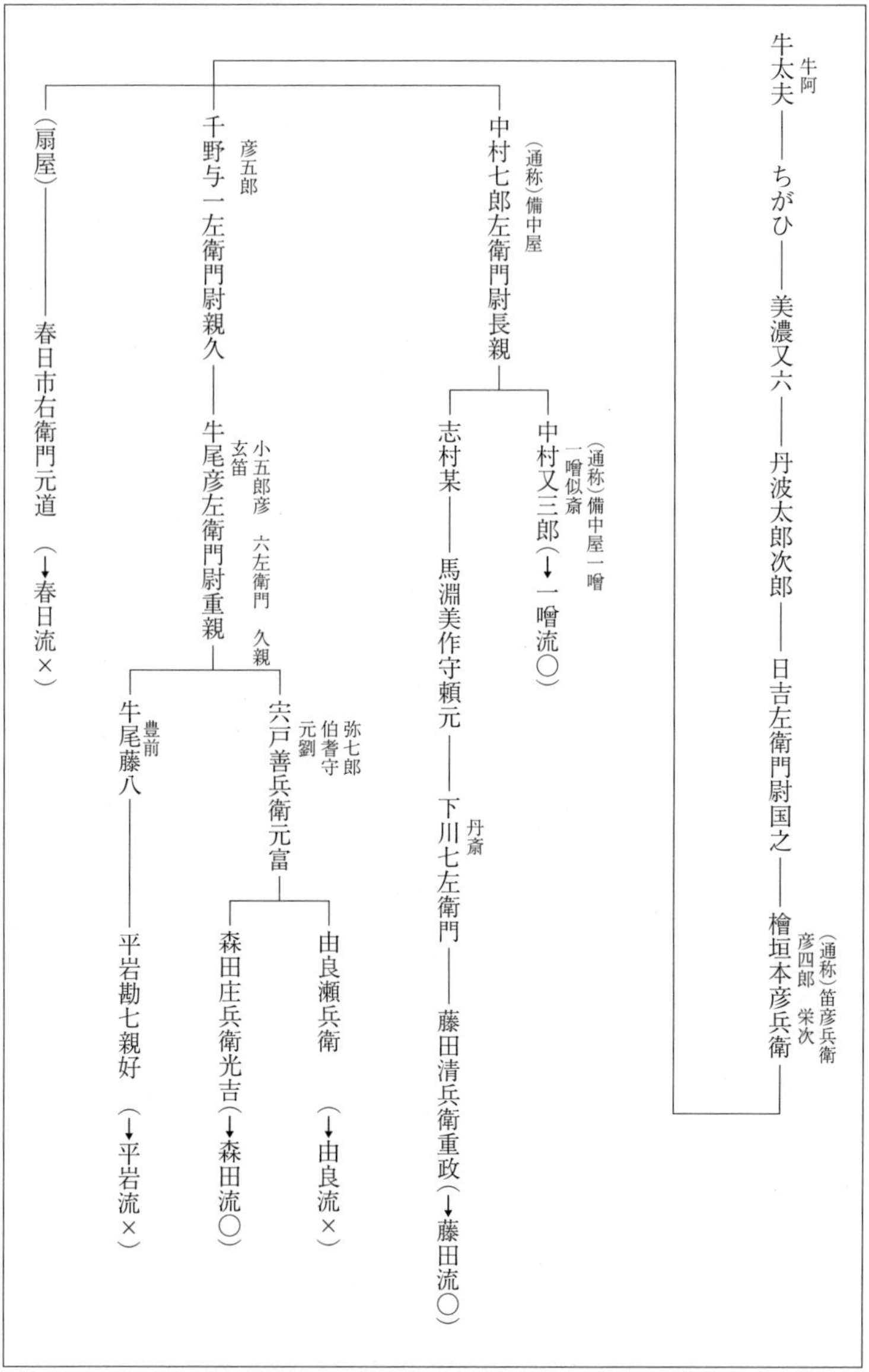

系図１　諸流芸系

この系図は、『能楽全書』二（東京創元社、1981年）と『能楽大事典』（筑摩書房、2012年）掲載の「能楽諸家系図」を参照して作成した。現行する流儀には「○」、廃絶した流儀には「×」を付した。

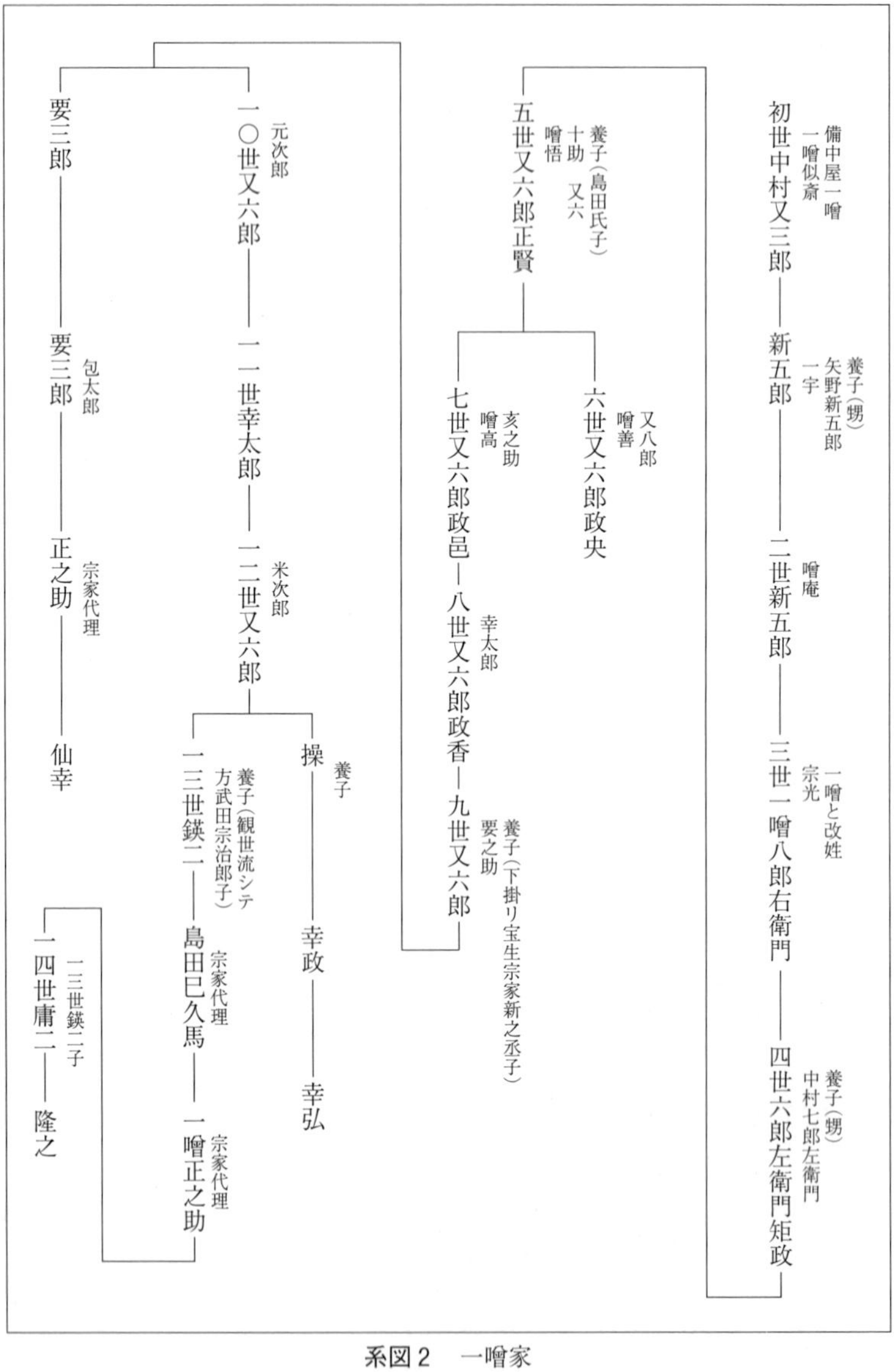

系図２　一噌家

この系図は、主に『能楽全書』二（東京創元社、1981年）と『能楽大事典』（筑摩書房、2012年）掲載の「能楽諸家系図」を参照して作成した。

また、『近代四座役者目録』には、似斎が幼い頃に比叡山で童子をしていて、笛が上手で父が残した聞書を参考に独学したことや、森田流系統の牛尾彦左衛門尉重親（玄笛）より芸が達者であったこと、そして豊後に一〇年ほど住んでいたが後に都へ移ったなどとある。(7)

さて、似斎の記録上の初見は茶会記である。堺の豪商、津田宗達・宗及・宗凡の三代にわたる『天王寺屋会記』には、似斎に関する次のような記事がある。

（天正九年）
同　六月一二日朝　羽柴藤吉郎殿御会
播州ヒメチにて、　宗及・備中屋一噌
（『天王寺屋会記宗及他会記』）

天正九年十月廿四日朝　一噌 備中屋、笛之上手　紹可 油や　宗是 同名
（『天王寺屋会記宗及自会記』）

（天正九年一一月十日）
同　昼、丹州にて能アリ、十壱番、
備中屋一噌笛ヲ吹候、
（『天王寺屋会記宗及他会記』）

さらに、博多の豪商神屋宗湛の『宗湛日記』にも次のようにある。

（天正一五年）
一一月　五日朝
一、一噌　上京ニテ、御会　宗湛　休意
（『宗湛日記』）

これらの茶会記の記述に基づき、三宅晶子「一噌流初期三代」では、似斎は茶人としても活動し、そこで能管の名手として知られていたとしている。(8) 似斎は秀吉の茶会に参加し、秀吉から能管二管と山城国内に三〇〇石の知行地を受けていた。そして、豊臣秀次、前田玄似、織田信雄、細川幽斎、下間少進らの催しにも参加し、当時

一流の文化人のなかで活躍していた。しかし、芸跡を継いだ甥の矢野新五郎（一宇／生没年不詳）とともに、江戸幕府公認の五座（観世・金春《こんぱる》・宝生・金剛・喜多）には所属しなかった。

二世とされるのは、似斉の甥の矢野新五郎の子、二世中村新五郎（噌庵／一六三八年没）である。三宅によれば、噌庵には似斎のような際立った活躍はなかった。妻子にキリシタンの疑いがかかって所領を没収されている[9]。

二世の次男、三世八郎右衛門（宗光／一六二三〜一七〇三）は、寛文四年（一六六四）に四代将軍徳川家綱によって召し出され、幕府抱えとなった。配当米一五石・五人扶持の禄を受け、宝生座の座付となり、玄人役者の家柄として一流を創流した。この代から姓を一噌と改めている。

四世六郎左衛門矩政（一遊／一六四一〜一七一九）は三世の甥である。三宅によれば、元禄元年（一六八八）に士分に取り立てられ、旧姓の中村を名乗って、七左衛門と改名する。先妻との間に男子がなかったので、嶋田氏より養子を取って一噌家を相続させ（五世又六郎正賢）、幕臣中村家を後妻の長男の七十郎（後七左衛門）に相続させた[10]。こうして幕臣中村家と笛方一噌家とが分離する。この時期は五代将軍徳川綱吉の御代であり、能狂ともいわれる綱吉は、近臣らの推薦する能役者を多数、士分に取り立てて能界に混乱を巻き起こしていた[11]。綱吉の取り立ては、次第に五座の大夫や嗣子など諸役の中枢にいる役者や地方諸藩の役者にも広がった。彼らは主に廊下番として採用され、城内の綱吉主催の非公式の催しに出演し、表能や他家の能には出演していなかった。三宅は「能好きの綱吉が多数の能役者を自分専用の役者とすべく士分に取り立てていった時期、一噌家もその例外ではなかった」としている[12]。

五世又六郎正賢（嶋田氏子、噌悟／一七一六年没）のときには、切米五〇俵を加増されている。そして以後、宗家は又六郎を名乗り[13]、六世又六郎政央（噌善／一七三二年没）、七世又六郎政邑（噌高／一七五六年没）、八世又六郎政香《まさか》（一七四五年生）、九世又六郎（下掛リ宝生流宗家新之丞子）、一〇世又六郎、一一世幸太郎（一八九二年没）、一二世又六郎（一八七二〜一九三八）と続いた。その後、分家二世一噌要三郎（一八五二〜一九一〇）のもとに入籍していた鍈二《えいじ》（観世流シテ方武田宗治郎子、一九一〇〜四五）が一三世を継いだが、第二次世界大戦にて戦死したため宗家は空席となり、流内長老の島田巳久馬（一八八九〜一九五四）と要三郎四男の一噌正之助（一九〇一〜七〇）が宗家代理を務めた。そして、昭和四二年（一九六七）に鍈二の子の庸二（一九四〇〜）が一四世を継承し、現在に至る。

流勢は東京にて盛んである。近年では、重要無形文化財保持者各個指定（人間国宝）の藤田大五郎（一九一五〜二〇〇八）や、一噌幸政（一九二九〜二〇〇四）らの名手を輩出した。そして、平成二一年（二〇〇九）には一噌仙幸（一九四〇〜）が重要無形文化財保持者各個指定（人間国宝）に認定されている。平成二九年（二〇一七）現在、一一名が能楽協会に登録されており、全員が東京都在住である。

(2) 藤田流(14)

藤田流は、一噌流と同じく、笛彦兵衛の弟子の中村七郎左衛門尉長親から誕生した流儀である〔系図3〕。中村七郎左衛門尉長親から志村某、馬淵美作守頼元、下川七左衛門（丹斎）へと伝わり、藤田清兵衛重政（清休／一六七七年没）を初世とする。初世清兵衛は沢庵禅師を伯父に持ち、近衛信尋に仕えていたが、下川七左衛門に能管を師事し禁裏御用を勤めるようになった。そして、京都居住のまま、寛永六年（一六二九）には徳川義直の懇望により尾張藩に八〇石で召し抱えられた。江戸時代には尾張藩だけの流儀であった。

代々、清兵衛か六郎兵衛を名乗り、二世清九郎（宗覚／一六五八年没）、三世六郎兵衛重貞（宗休／一七一八年没）、四世清兵衛重永（休音／一七二九年没）、五世六郎兵衛重秀（了斎／一七六七年没）、六世六郎兵衛伊外（宗律／一七九六年没）、七世清兵衛重村（宗斎／一八四一年没）、八世六郎兵衛重政（養子、一八九七年没）、九世清兵衛重孝（一八

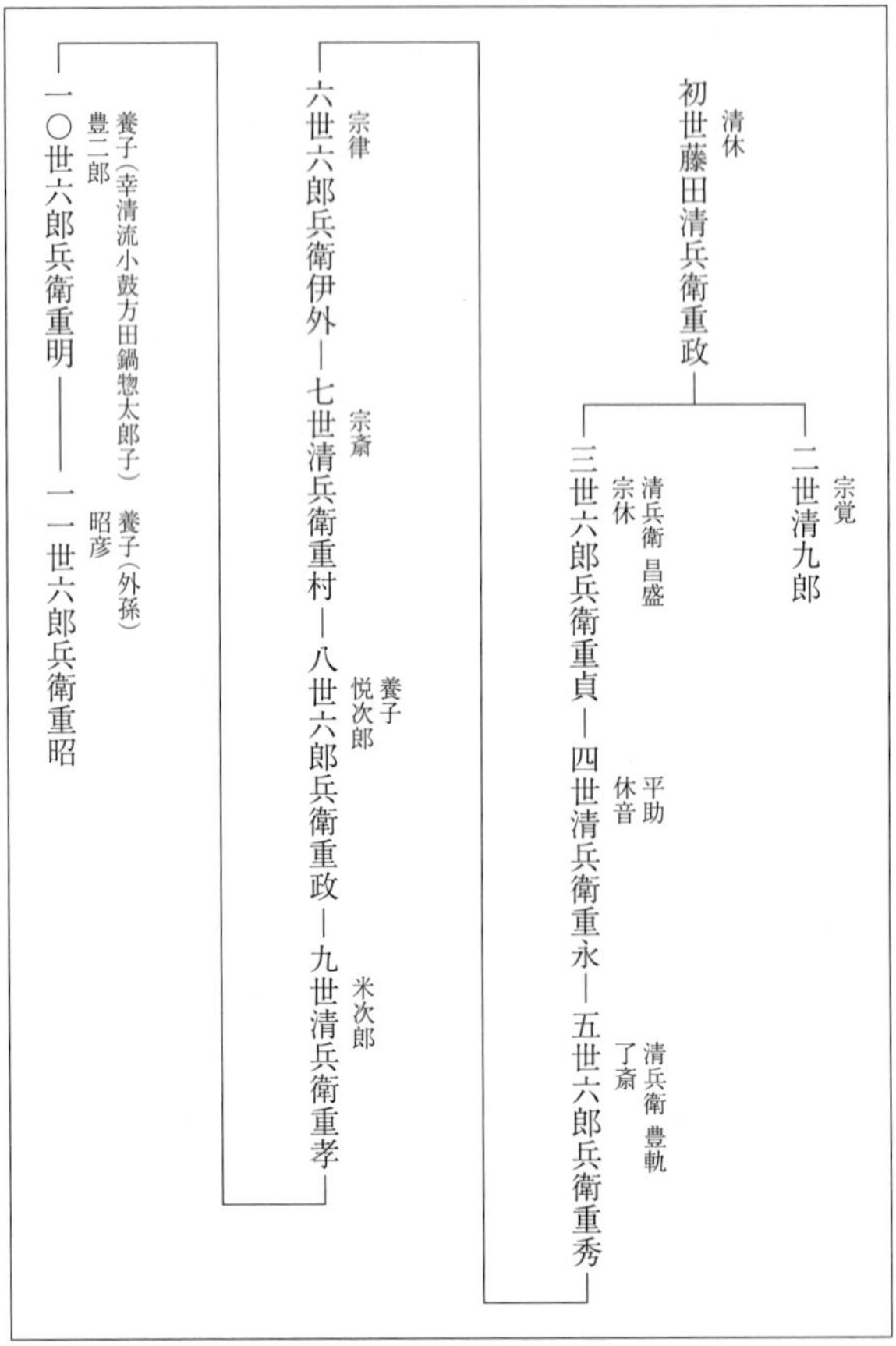

系図3　藤田家

この系図は、『能楽全書』二（東京創元社、1981年）と『能楽大事典』（筑摩書房、2012年）掲載の「能楽諸家系図」を参照して作成した。

六六〜一九二七）、一〇世六郎兵衛重明（幸清流小鼓方田鍋惣太郎子、一九〇九〜八〇）と続き、現在は一一世六郎兵衛重昭（外孫、一九五三〜）が宗家である。名古屋を中心に活躍し、平成二九年（二〇一七）現在、能楽協会に登録されているのは名古屋在住の四名である。

（3）森田流（15）

森田流は、笛彦兵衛の弟子の千野与一左衛門尉親久から、牛尾彦左衛門尉重親、宍戸善兵衛元富（伯耆守）を経て、森田庄兵衛光吉（一六三二年没）を初世とする流儀である。千野流や玄笛流とも称した〔系図4〕。

初世森田庄兵衛光吉は、幼い頃に駿府で徳川家康に引き立てられ、慶長一四年（一六〇九）には徳川頼宣に召し抱えられた。毛利藩家臣の宍戸善兵衛元富に師事し、慶長一八年（一六一三）には宍戸善兵衛元富と由良流初世由良瀬兵衛より秘事の相伝を受けた。元和五年（一六一九）に頼宣が紀伊藩主に転じた際には、配当米七〇石・一〇人扶持で紀伊藩抱えとなった。そして、その数年後から観世座付となり幕府御用も勤めている。代々庄兵衛を名乗り、二世庄兵衛光時（一六八六年没）、三世庄兵衛重時（一七〇一年没）、四世庄兵衛時喬（一七二八年没）、五世庄兵衛光豊（一七四三年没）、六世庄兵衛光広（一八〇七年没）、七世庄兵衛光浮（一八三七年没）、八世長蔵光政（一八四四年没）と続いた。

江戸時代には、江戸や京坂を中心に各地に多くの門弟を抱えていた。弟子家には幕府抱え金剛座付の貞光家（後述）、幕府抱え新組の寺井家、紀伊徳川藩抱えの野口家（後述）、金沢前田藩抱え京都詰の杉家、鹿児島島津藩抱えの貞光家（後述）などがあった。

明治維新時に宗家を務めたのは、九世初太郎光俊（笹井覚次郎子、一八三三〜一九〇六）である。九世初太郎光俊は、明治維新に際し一時的に和歌山へ隠居したが、能の復興とともに帰京し舞台に復帰した。実子の寿郎が家芸

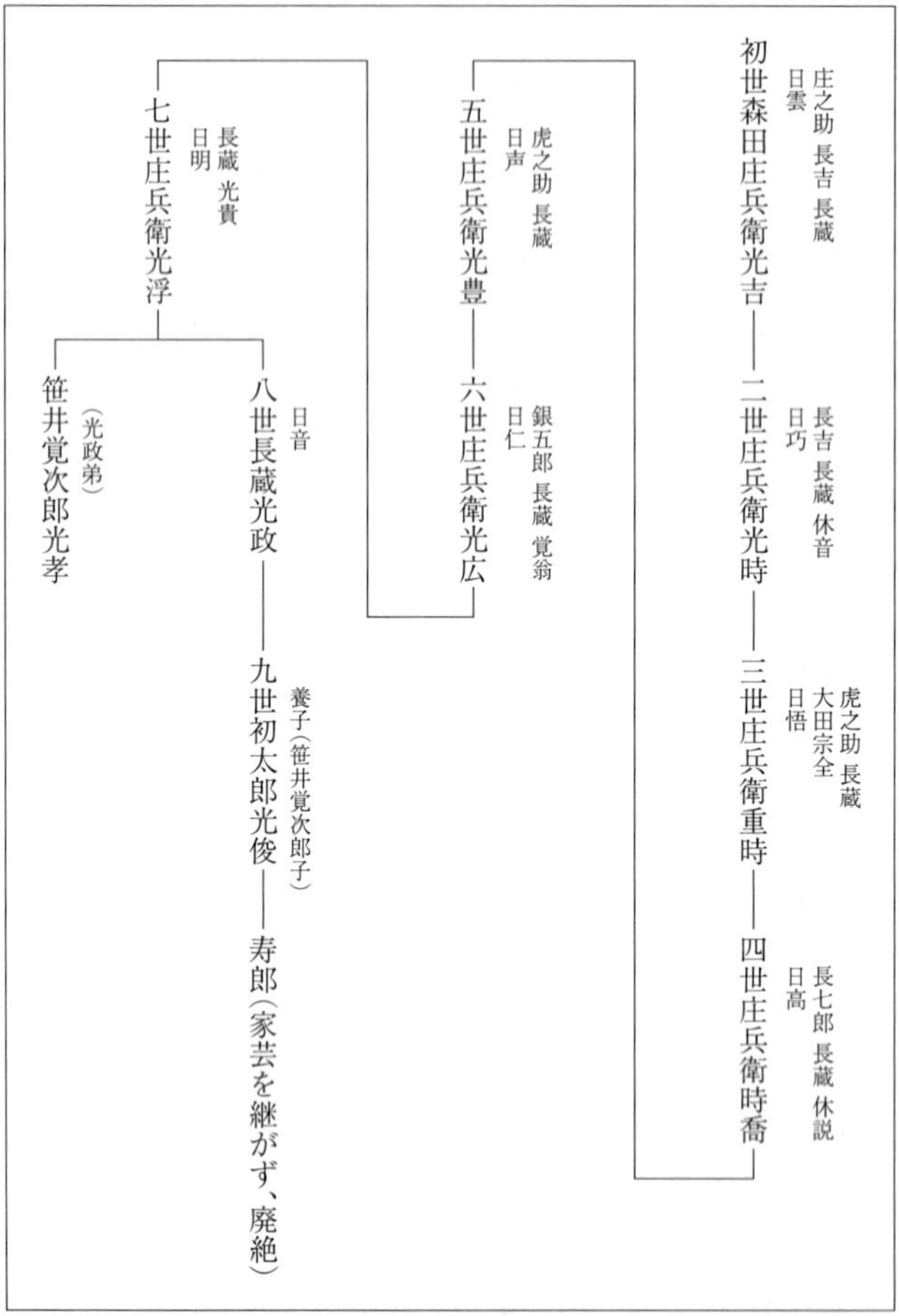

系図4　森田家

この系図は、『能楽全書』二（東京創元社、1981年）と『能楽大事典』（筑摩書房、2012年）掲載の「能楽諸家系図」を参照して作成した。

を継がなかったので、東京の森田流は寺井三四郎（一八五八〜一九二七）が代表となった。その後はシテ方観世流宗家が森田流宗家預りとなり、現在に至る。

ところで、関西には、牛尾彦左衛門尉重親の弟子の貞光久左衛門を祖とする分家がある〔系図5〕。貞光久左衛門の孫の貞光安兵衛が金剛座付、貞光喜兵衛が紀伊藩徳川家抱え、そして貞光作之助が鹿児島島津藩抱えとなって、それぞれ貞光流と呼ばれていたようだが、後に森田流に属するようになった。

このうち、紀伊藩徳川家抱えの貞光家は、二世喜兵衛のときに当時の紀伊藩主の名が光貞と称したため姓を野口に改姓した。その後、野口家は三世喜兵衛、四世喜兵衛と続いたが廃絶した。しかし、四世喜兵衛の弟で、下総古河土井藩抱えとなった作右衛門（一八四一年没）の子の野口柵内（後、森田柵内／一八一八〜八〇）は宗家に対する功績を認められ、安政二年（一八五五）に宗家分家として森田姓を許される。それとともに、四世喜兵衛以後途絶えていた紀伊藩笛方の地位を継承し、古河藩からも扶持を受け、禁裏御用も勤めた。後に、九世初太郎光俊から宗家伝来の文書や銘管も譲られている。柵内以後は、その子で大阪府在住の操（一八四六〜一九二二）、操の子で同じく大阪府在住の光風（一八九二〜一九六六）、光風の子で京都府在住の光春（一九一六〜九二）と続き、光広（一九四五〜）に至る。

また、金剛座付の貞光家と、鹿児島島津藩抱えの貞光家はともに明治維新時に断絶した。そのため、森田操は弟子の村上義次（後、貞光義次／一九〇〇〜八五）によって貞光の姓を復興させた。現在は、義次の子の義明（一九三八〜）の代である。

ところで、柵内が森田柵内に改姓した際に、柵内は内弟子の和田伝之輔に野口姓を与えた。しかし、野口伝之輔は明治時代中期に柵内の子の森田操と対立する。そして、九世初太郎とシテ方観世流宗家二三世観世清廉の許しと、観世流シテ方手塚亮太郎の斡旋を受けて、子の新之助に森田光次（一八七四〜一九二九）を名乗らせ、別派

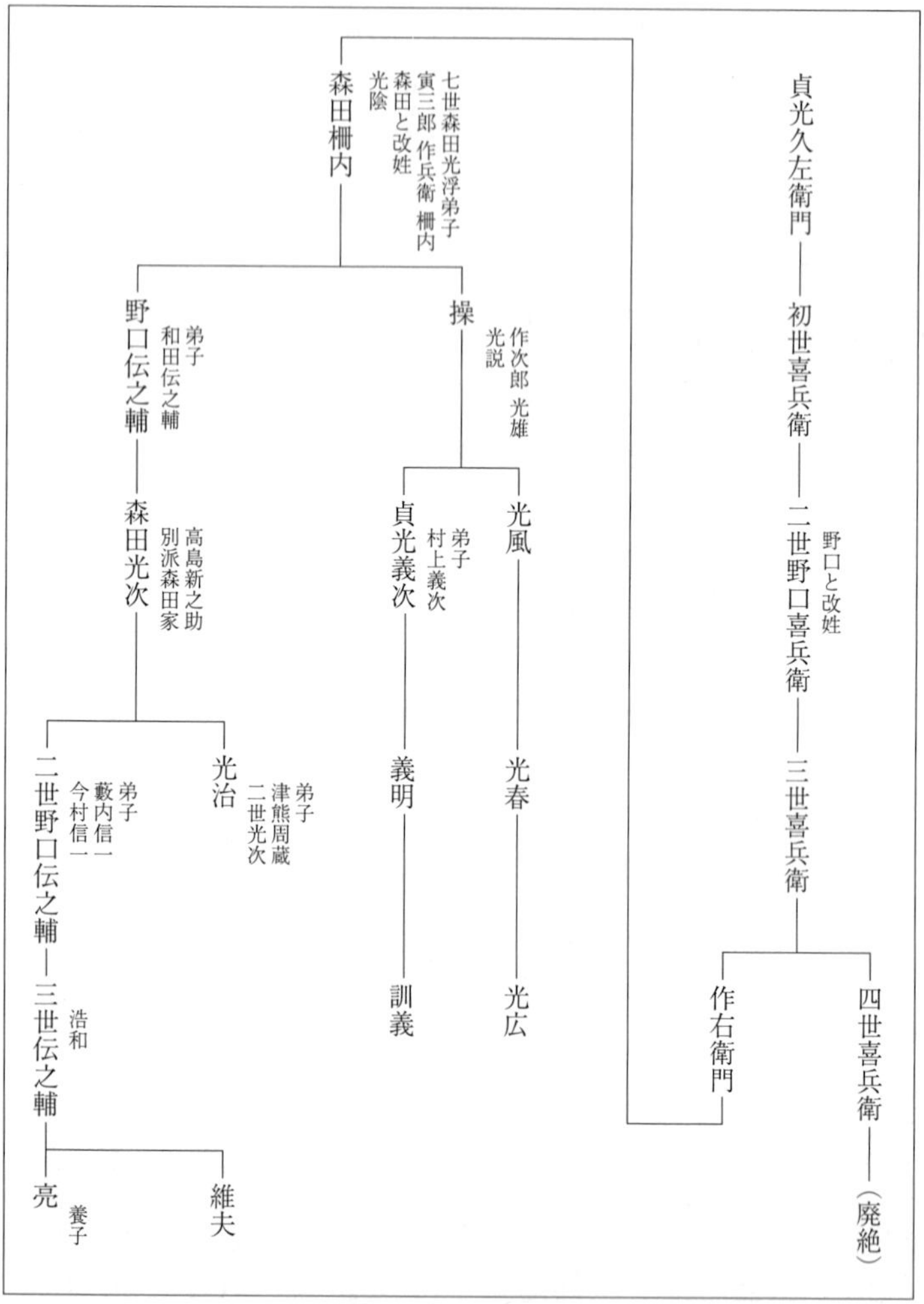

系図5　森田流分家分流

この系図は、『能楽全書』二（東京創元社、1981年）と『能楽大事典』（筑摩書房、2012年）掲載の「能楽諸家系図」を参照して作成した。

の森田家を創始した。そして光次が没すると、再び観世流シテ方手塚亮太郎の斡旋により、光次の弟子の津熊周蔵（後、森田光治／一九〇〇～七七）が二世光次を、同じく弟子の藪内信一（一八九八～一九七二）が二世野口伝之輔を襲名した。現在はその子の三世伝之輔（一九三二～）である。

そのほか、滋賀県では西村咸三が晩年の九世初太郎に貢献した功績を認められ、京都で森田咸三家を起こしている。現在は子の順人の代である。

このような様々な背景を持つことにより、現行森田流には系統が複数ある。地域や家によって演奏技法の細部も異なるとされるが、それについては本章第四節にて後述したい。活動地域は東京都、関西地方、北陸地方を中心とし、能楽協会には平成二九年（二〇一七）現在、四〇名が登録されている。シテ方観世流宗家が森田流宗家預りのため、職分会が流務を決定している。

二　常用曲目の特徴

本節では、能において奏する能管の常用曲目の特徴を概観し、流儀によって常用曲目の演奏技法にどのような違いがあるのかを検証する。(16)

先述の通り、現行の能管の演奏技法は三流儀で大筋が一致しているといわれるが、これまで研究対象とされてきたのは主に囃子のみによって進行する「囃子事《はやしごと》」という小段《しょうだん》である。後述するように、能管は囃子事だけでなく、謡によって進行する「謡事《うたいごと》」の小段でも奏するが、謡事における能管の具体的な働きや常用曲目については未解明なところが多い。また、能管の旋律が句の組み合わせで成り立つ構造を有することを踏まえれば、旋律構造に着目しながら常用曲目の特徴を検証していく必要もあるだろう。こうした点に留意し、本節では囃子事と謡事の両方を考察対象に据え、かつそれぞれの旋律構造にも言及しながら、現行三流儀の演奏技法の特徴を紐解く。

（1） 常用曲目の範囲

小段の分類

検証に先立ち、能管を奏する構成場面を確認しておきたい。

まず、能一曲の劇構造は「場」を最も大きな構成要素とする。シテの中入を境に前場《まえば》と後場《のちば》に分かれる二場物と、シテが中入をしない一場物とがある。そして、「場」は数個の「段」に分かれ、シテの登場する段やワキの登場する段などがある。さらに、段は「小段」と呼ばれる単位に細分される。横道萬里雄によれば、小段は演奏様式の違いによって〔図2〕に示す三種類に大別される。すなわち、謡を主とする「謡事」（演者の所作や囃子の有無に関わらず謡が謡われる）、囃子を主とする「囃子事」（謡はない）、演者の所作のみで進行する「無言事《しじまごと》」（謡と囃子はない）である。(17) 小段は能の中核をなす単位であり、小段を積み重ねることで一曲の能は構築されている。

さて、小段には能の曲趣や登場人物の役柄に応じて様々な種類がある。例えば、謡事には〔次第《しだい》〕〔上歌《あげうた》〕〔下《さげ》歌《うた》〕〔クセ〕〔ロンギ〕〔中《ちゅう》ノリ地《じ》〕〔ノリ地〕〔一《いっ》セイ〕〔ワカ〕〔クリ〕〔サシ〕〔クドキ〕〔問答〕〔掛合〕〔語リ〕〔名《な》ノリ〕〔着ゼリフ〕など、囃子事には〔次第〕〔一声《いっせい》〕〔出端《では》〕〔早笛《はやふえ》〕〔大《おお》べシ〕〔名ノリ笛〕〔送リ笛〕〔来序《らいじょ》〕〔序ノ舞〕〔真ノ序ノ舞〕〔中《ちゅう》ノ舞《まい》〕〔早舞《はやまい》〕〔男舞〕〔神舞〕〔急ノ舞〕〔楽《がく》〕〔神楽〕〔羯鼓〕〔猩々乱〕〔獅子〕〔乱拍子《らんびょうし》〕〔舞働〕〔カケリ〕〔切組〕〔祈リ〕〔立回リ〕など、そして、無言事には素ノ出、素ノ中入、素ノ物着などがある。謡事・囃子事・無言事の三種類のうち、能管を奏するのは謡事と囃子事であるので、先述の通り、本節では謡事と囃子事を考察対象として

小段 ─┬─ 謡事
　　　├─ 囃子事
　　　└─ 無言事

図2　能の小段の分類

横道萬里雄『岩波講座　能・狂言Ⅳ　能の構造と技法』（岩波書店、1987年、参照は1999年、329頁）を再構成して示した。

能管の常用曲目の特徴を把握することを試みる。

ところで、能管には「合ワセ吹キ」と呼ばれる吹き方と、「アシライ吹キ」と呼ばれる吹き方の、二種類の吹き方がある。これは、拍の取り方の違いから吹き方を分類したものである。合ワセ吹キは「拍の規定されている吹き方」で、他の囃子の拍に合わせて吹くが、アシライ吹キは「拍をとらず自由なリズムで吹き流す吹き方」で、打楽器や謡のリズムに合わせることなく吹き、拍節感を明確には感じさせないように奏する。[18]謡事ではアシライ吹キで奏し、囃子事ではアシライ吹キと合ワセ吹キの両方を用いている。

旋律の性質

次に、謡事と囃子事のそれぞれで奏する旋律の性質を捉えておこう。

まず、謡事では、全てアシライ吹キにて奏するが、そこでは旋律型と呼ばれる短い旋律を吹くことになっている。序章で述べたように、旋律型は謡事で情景を表出するための演出上の定型として機能し、多くが「中ノ高音」や「上ノ高音」などの固有の名称を持っている。[19]

一方で、囃子事はアシライ吹キと合ワセ吹キの二種類を用いて奏するが、基本的に各囃子事に固有の旋律で構成されている。ただし稀に、アシライ吹キをする囃子事の旋律の一部に、謡事で奏する旋律型を借用することがある。一例を挙げれば、「中ノ高音」を〔一声〕という囃子事の旋律の一部で吹くなどである。この場合、「中ノ高音」も〔一声〕もアシライ吹キにて奏する点が共通しているので、謡事や囃子事などの小段の垣根を越えた借用が可能となっているのである。なお、囃子事の旋律の一部として吹く場合には、とくにその旋律型を「中ノ高音」などの名称を使って呼ぶことはしない。

このように、能管の旋律の性質は、謡事と囃子事のどちらの曲目で吹くのかということと、アシライ吹キと合ワセ吹キのどちらで奏するのかということの、二つの事柄が相互に関わることで決まる。このことは現行の能管の常用曲目の大きな特徴である。

常用曲目の呼称

ところで、謡事で奏する能管の曲名は、旋律型の名称を用いて、「中ノ高音」などのようにいい表している。それに対して、囃子事の曲目は一般的に、囃子事の小段の名称をそのまま用いて〔次第〕や〔序ノ舞〕のように表す。以下、本書で能管の曲目をいい表す際にも、旋律型の名称と、囃子事の小段の名称とを用いて表すこととする。

（2）　囃子事の常用曲目

ここでは、囃子事における能管の常用曲目の特徴を考えていく。

まずは、囃子事が能一番で担っている役割を捉えておきたい。横道萬里雄は、囃子事をその機能によって〔図3〕のように三分類して捉えている。それによれば、まず、演者の入退場に伴う囃子事を「出入事」とし、その下位区分として登場に伴う囃子事を「出《で》端《は》事《ごと》」、退場に伴う囃子事を「入《いり》端《は》事《ごと》」とする。続いて、演者が位置を移動したり、装束を一部変えたりするあいだに奏する短い囃子事を「繋《つな》ギ事《ごと》」とする。そして、演者が舞台上を動き回る演技をするものを「動《うご》キ事《ごと》」とし、その下位区分として、形式舞踊的な所作をみせるものを「舞事」、具象的な動きを見せるものを「働《はたらき》事《ごと》」とする。

以上の囃子事の機能に則って、囃子事における能管の常用曲目を一覧に示したのが【資料1】である。【資料1】は、東洋音楽学会編『能の囃子事』の研究成果を用いて、能管に関連する曲目に絞って再構成したもので

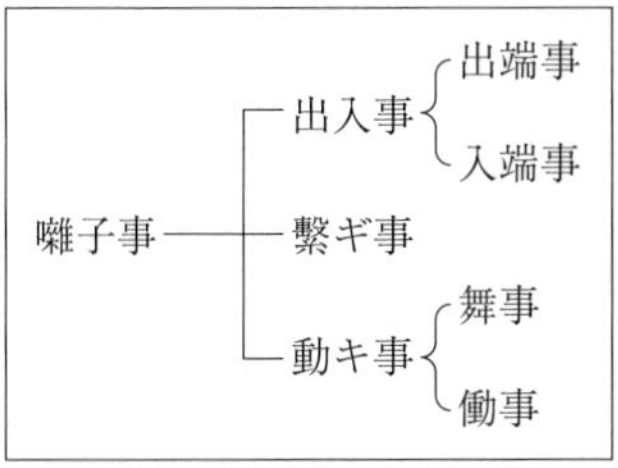

図3　常用曲目の分類

横道萬里雄『岩波講座　能・狂言　Ⅳ　能の構造と技法』（岩波書店、1987年、参照は1999年、336頁）を再構成して示した。

ある。[20]

これをみると、能管の基本的な曲目は「出入事」と「動キ事」に多く、「繋ギ事」が最も少ないことがわかる。ただし、ここに挙がっている曲目には、流儀により演奏しない曲目もあるので注意する必要がある。例えば、「出入事」の〔アシライ出シ〕は藤田流と森田流にはあるが、一噌流にはない。さらに、森田流には夢幻能の中入で吹く「出入事」の〔送リ笛〕がない一方、一噌流と藤田流にはない〔アシライ中入〕があるなどである。[21]〔アシライ出シ〕〔送リ笛〕〔アシライ中入〕はいずれもアシライ吹キの曲目で、他の打楽器のリズムに合わせることなく独自に吹き流すことが可能である。いい換えれば、アシライ吹キの曲目には能管の流儀の主張を強調しやすい面があるといえ、それゆえ流儀差が目立っていると考えられる。

舞事の流儀差

次に、「動キ事」に分類される舞事の流儀差をみておきたい。

舞事には大きく「呂中干《りよちゆうかん》」形式の舞事と、「非呂中干《ひりよちゆうかん》」形式の舞事の二種類がある。中心となるのは「呂中干」形式の舞事で、これには〔序ノ舞〕〔盤渉《ばんしき》序ノ舞〕〔真ノ序ノ舞〕〔中ノ舞〕〔天女ノ舞〕〔早舞〕〔黄鐘《おうしき》早舞〕〔男舞〕〔神舞〕〔急ノ舞〕〔盤渉急ノ舞〕〔破ノ舞〕〔盤渉神舞〕などが当てはまる。基本的に、能管は黄鐘基調で奏するが、例外として、曲名に「盤渉」とつく〔盤渉序ノ舞〕〔盤渉急ノ舞〕〔盤渉神舞〕や、〔早舞〕などは盤渉基調で奏する。そして、優美な女性の舞う〔序ノ舞〕、老体の神の舞う〔真ノ序ノ舞〕、武将の舞う〔男舞〕というように、舞事により演者の役柄も様々である。舞事の速さは〔中ノ舞〕を中庸として、それよりも軽快で淀

動キ事	舞事	黄鐘早舞（異表記：〔黄渉早舞〕、別称：〔破ガカリ早舞〕）
		男舞
		神舞
		急ノ舞（別称：〔急急ノ舞〕）
		盤渉急ノ舞
		破ノ舞（異表記：〔端ノ舞〕〔羽ノ舞〕、別称：〔二ノ舞〕）
		下リ端ノ舞（別称：〔天女ノ舞〕〔下リ端〕〔渡リ拍子〕）
		楽（別称：〔黄鐘楽〕）
		盤渉楽
		神楽
		総神楽（異表記：〔惣神楽〕、別称：〔五段神楽〕〔草ノ神楽〕）
		鞨鼓（異表記：〔羯鼓〕、別称：〔鞨鼓舞〕）
		鷺乱（別称：〔鷺ノ乱〕）
		猩々乱（別称：〔乱〕）
		獅子（異表記：〔獅々〕、別称：〔獅子舞〕）
		乱拍子（異表記：〔蘭拍子〕）
		盤渉神舞
		素囃子
		双調ノ舞
	働事	舞働（別称：〔働〕）
		静カナル舞働（別称：〔玉井ノ舞働〕）
		打合働（別称：〔打合〕〔舞働打合〕）
		カケリ（異表記：〔翔リ〕、別称：〔本ガケリ〕）
		追打ノカケリ（別称：〔善知鳥ノカケリ〕）
		イロエ（異表記：〔彩〕〔彩色〕）
		切組ミ（異表記：〔斬組ミ〕、別称：〔カケリ〕〔切組ミノカケリ〕）
		イノリ（異表記：〔祈リ〕、別称：〔祈働〕）
		立回リ

〔凡例〕

・この表は、能の囃子事で奏する能管の常用曲目を一覧にしたものである。
・東洋音楽学会編『能の囃子事』（東洋音楽選書四、音楽之友社、1990年）67〜68頁をもとに、能管に関連する曲目を再構成して示した。
・囃子事の分類・名称は『能の囃子事』に従った。表記は基本的に『能の囃子事』に倣ったが、一部改変を加えたところもある。

【資料1】 能管の常用曲目（囃子事）

囃子事		
出入事	出端事	次第
		習ノ次第
		真ノ次第（別称：〔大臣次第〕）
		アシライ出シ
		一声
		真ノ一声（別称：〔本ノ一声〕〔五段ノ一声〕）
		習ノ一声
		出端（異表記：〔出羽〕）
		イロエ出端（新名称）（別称：〔イロエル出端〕〔出端イロエ吹〕〔出端ニ同ジキイロエ〕）
		早笛（別称：〔小ベシミ〕）
		大ベシ（異表記：〔大癋〕、別称：〔静カナル早笛〕）
		下リ端（異表記：〔下リ羽〕〔低端〕、別称：〔渡リ拍子〕）
		名ノリ笛（異表記：〔名乗笛〕〔名宣笛〕、別称：〔名ノリ〕）
		置鼓（別称：〔音取置鼓〕）
		真ノ来序
		乱序
		懺法
		恋ノ音取
		梓ノ出
	入端事	アシライ中入（異表記：〔会釈中入〕、別称：〔送リ笛〕〔アシライ込〕〔大小送リ込〕）
		送リ笛（別称：〔送リ〕〔送リ込〕）
		来序（異表記：〔雷序〕、別称：〔門守〕〔中入来序〕）
繋ギ事		アシライ歩ミ（別称：〔歩ミノアシライ〕〔歩ミ〕〔アシライ〕）
		アシライ物着（別称：〔物着〕〔物着アシライ〕）
		車出シ（別称：〔車出シアシライ〕）
		短冊ノイロエ（別称：〔短冊ノ段〕）
		イロエ物着（別称：〔物着ノイロエ〕〔太鼓入リ物着〕〔太鼓入リイロエ〕〔イロエ〕）
		序ノ舞
		盤渉序ノ舞
		真ノ序ノ舞
		中ノ舞
		天女ノ舞
		早舞（別称：〔盤渉早舞〕〔盤渉舞〕）

みなく奏するのを〔神舞〕、ゆったりと奏するのを〔序ノ舞〕というように役柄により異なっている。

このような違いはあるが、「呂中干」形式の舞事は構造的には「呂《りょ》」「呂《りょ》ノ中《ちゅう》」「干《かん》」「干《かん》ノ中《ちゅう》」の四種類の旋律を繰り返す点で違わない。つまり、四種類の旋律を繰り返すことで段落を取り、段落を重ねることで一つの舞事を形成しているのである。段落を四つ取り、カカリ・初段目・二段目・三段目・四段目の五節に分かれるのはシテの流儀が上掛《かみがか》リ（観世流・宝生流）の場合であり、段落を五つ取り、カカリ・初段目・二段目・三段目・四段目・五段目の六節に分かれるのはシテの流儀が下掛《しもがか》リ（金春流・金剛流・喜多流）の場合である。また、「呂中干」形式の舞事では舞い手のシテが主導権を握るので、能管の流儀に関係なく、現行ではシテの舞う型に合わせて舞の構造が決まっている。そして、初段目・二段目・三段目の各冒頭には「オロシ」と呼ばれる特別な旋律を挿入し、その舞事を特徴づけている。

さて、「呂中干」形式の舞事においては、能管の流儀差は旋律の細部にみられるに留まる。具体的には、「オロシ」の旋律のリズムや長さが少し異なり、そこに流儀の主張を汲み取ることができる。例えば、〔中ノ舞〕の「二段オロシ」の旋律を一噌流と藤田流では三クサリの長さで奏するが、森田流ではそれより一クサリ長い四クサリにて奏する〔譜例1〕。また〔早舞〕では、「二段オロシ」の直前で一噌流と森田流は「干ノ中」の旋律（一噌流：ヲヒヤイヤイウリ、森田流：オヒーヤーイヤリウヒ）を奏するが、藤田流では「呂」の旋律（オヒリーホウホウヒ）を吹く〔譜例2〕。そして、「オロシ」全体の長さも森田流は一噌流と藤田流より一クサリ長いなどである。

これに対して「非呂中干」形式の舞事では、能管の流儀差が際立っているといってよい。すなわち、能管は「非呂中干」形式の舞事ではそれぞれの舞事に固有の旋律を奏するが、流儀により旋律を奏する順番や繰り返す回数が異なるなどしている。具体的な相違については、高桑いづみ『能の囃子と演出』[22]によって詳細に説明されているので、ここで詳しく述べることはしないが、例えば、唐人の舞う〔楽〕では、一噌流の「二段オロシノ

譜例1〔中ノ舞〕二段オロシ

一噌流

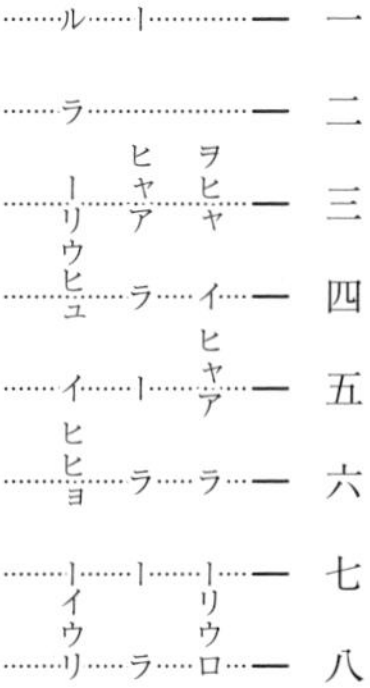

藤田流

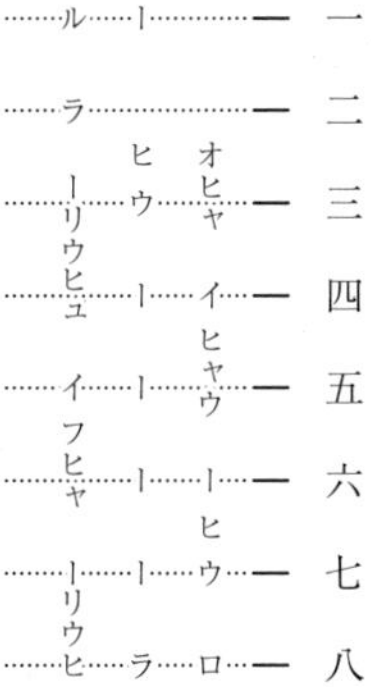

森田流

譜例2〔早舞〕二段オロシ

一噌流

藤田流

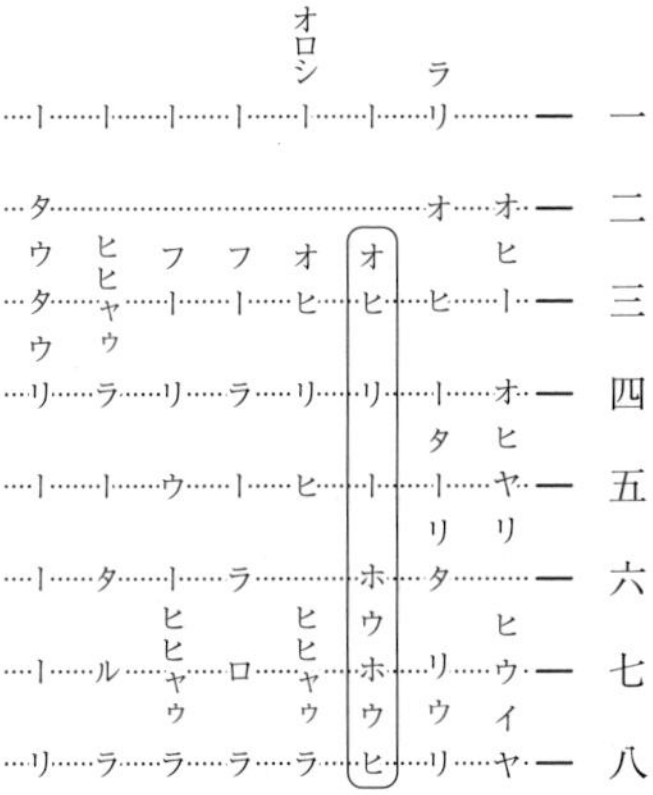

森田流

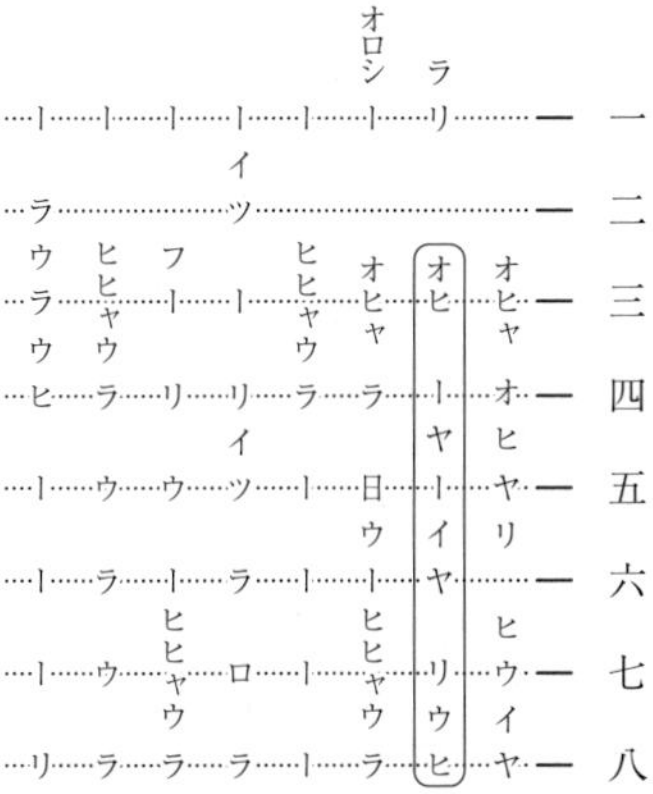

地」の旋律を藤田流と森田流は「三段オロシノ地」として奏し、一噌流の「三段オロシノ地」の旋律を藤田流と森田流は「二段ヒラキノ地」として奏している。そして、〔楽〕のヴァリエーションで、基調が黄鐘調ではなく盤渉調になる〔盤渉楽〕でも、一噌流の「二段オロシノ地」の旋律を森田流は「初段オロシノ地」とし、一噌流の「二段ヒラキノ地」の旋律を藤田流と森田流は「三段オロシノ地」として奏する。また、巫女や女神の舞う〔神楽〕にて、一噌流の「二段ヒラキノ地」の旋律を藤田流と森田流は「直リノ地」として奏しているなどである。いずれも旋律を奏する順番が異なっている。

また、〔猩々乱〕では、初段目より奏する〔猩々乱〕の「地」の繰り返し方に、三流儀で相違がある。すなわち、一噌流では「地」の旋律に「甲」と「呂」の二種類を用い、四段目を除く段で「甲」を吹いて、四段目のみを「呂」とする。一方、藤田流では各段で異なる「地」を奏し、森田流では「地」に長さの異なる「短ノ手」と「長ノ手」の二種類を用いて両者を交互に奏している。

このような、「非呂中干」形式の舞事にみられる旋律の順番の違いや、旋律の繰り返し方の相違は、舞事の構造に直接関わる問題である。舞い手のシテや他の囃子（小鼓・大鼓・太鼓）にも影響を与えるので大きな相違ということができる。高桑は、三流儀を比べると全般的に一噌流の独自性が際立つとしている。

（3）　旋律型の常用曲目

続いて、旋律型の常用曲目の特徴についてみていきたい。

先述の通り、旋律型の常用曲目についてはこれまで詳細な検討がなされていない。というのも、旋律型は、同一流儀内でも家によって異同が大きく、全体像を把握するのが難しいからである[23]。本書における考察に際しては、『一噌流笛頭附[24]』や『篴格[25]』をはじめ、『森田流奥義録[26]』、『能楽叢書要技類従[27]』などを参照するとともに、一噌流笛方藤田次郎、藤田流笛方藤田六郎兵衛、森田流笛方杉市和の諸氏に直接ご教示を賜ることができた。しかし、旋律型の種類や総数については、残念ながらなお不明なところが大きいといわざるを得ない。

そのため、ここでは、旋律型の常用曲目の傾向が三流儀で異なることを指摘しておくに留めておきたい。演出傾向の相違を確認するために、一例として「高音」という種類の旋律型を挙げてみよう。「高音」の演奏では、一噌流は「中ノ高音」「上ノ高音」「日吉《ひしぐ》上ノ高音」、藤田流は「中ノ高音」「高音ノ三」「ヒシグ高音」の、それぞれ三種類を基本としている。それに対し、森田流（杉家）では「中ノ高音」「高音三クサリ」「日吉高音《ひしぎたかね》三クサリ」を中心に、「日吉高音四クサリ」「日吉高音五クサリ」「高音五クサリ」なども用いた演出を行っている。「高音」に限っていえば、森田流の方が種類が多く演出が豊富であるといえるだろう。「高音」は旋律型のなかで最も吹奏頻度の高いものの一つで、打楽器の「打切」「打込打返」や、謡事の［上歌］［クセ］［二段グセ］などで吹く重要な旋律型である。そのため、ここでの演出の違いは聞き手には大きな相違として聴こえてくる。

ところで、旋律型の豊富な演出を可能にしているのは旋律型の旋律構造に拠るところが大きい。というのも、「日吉高音四クサリ」と「日吉高音五クサリ」は、「日吉高音三クサリ」と旋律構造が極めて似ているので、「日吉高音三クサリ」のヴァリエーションとして派生したものと位置づけられるからである。その旋律構造を明確にするために、「日吉高音三クサリ」「日吉高音四クサリ」「日吉高音五クサリ」の唱歌を次に示し、それぞれで共通する句に二重線、実線、点線、波線、一点鎖線の五種類の傍線を引いて表してみよう（傍線は引用者）。

「日吉高音三クサリ」

オヒャーラー、オヒャーローヒウーヒョーィ、ヒヒョールリー

「日吉高音四クサリ」

オヒャーラー、オヒャーロー日ウーヒョーィ、
ヒヒョーィヤーラーローィ、ツローィヤー

「日吉高音五クサリ」
オヒャーラー、オヒャーロー日ウーヒョーィ、ヒヒョールリー、
ヒヒョーィヤーラーリローィ、ツローィヤー

「オヒャーラー」と「オヒャーロー日ウーヒョーィ」が「日吉高音三クサリ」「日吉高音四クサリ」「日吉高音五クサリ」の全てに共通している。そして、「ヒヒョールリー」が「日吉高音三クサリ」と「日吉高音四クサリ」に、「ツローィヤー」が「日吉高音四クサリ」と「日吉高音五クサリ」に用いられているのがわかるだろう。つまり、「日吉高音三クサリ」「日吉高音四クサリ」「日吉高音五クサリ」を構成する小さな句は重複しており、それぞれの旋律型は句の組み合わせ方と組み合わせる句の個数を変え、三句→四句→五句というように少しずつ長さを違えているのである。このように、旋律型は句を連ねていくことにより生まれ、句の組み合わせ方の違いによりヴァリエーションを展開している(28)。

演出の違い

旋律型の演出趣向にみられる流儀差は、能の演目の曲趣に応じても見出すことができる。

まず、一噌流では、「六《ろく》ノ下《げ》」「クリ」「留」などの旋律型に、神の登場する脇能で奏するための特別な譜を設けている。具体的には、脇能で「六ノ下」を奏するときには「真ノ六ノ下」、脇能で「クリ」を奏する際には「真ノクリ」、脇能の「留」では「真ノ留」というように別の譜を奏しているのである。そして、旋律型の名称に

は「真」を加え、通常のものと真草の区別をつけて扱っている。(29)

このことを、「六ノ下」を一例に挙げて説明してみよう。通常の「六ノ下」は左のような唱歌で表している。

ヒャアリウイヤ、リウヒューイ、ヒヒョーイヤーラーリウローイ、ツローイヨ

これに対して、次に示す脇能の「真ノ六ノ下」では、主に冒頭の二つの句の唱歌が変わってくる。

ヒャアリウロ、ロルフヒューイ、ヒヒョーイヤーラローイ、ツローイヨ

とりわけ重要な違いは、二句目に加わった「ロルフ」(傍線部、太傍線は引用者)という唱歌である。低い音から一気に高い音に吹き上げるこの箇所は非常に耳に立ち、音高や音色の急な変化は神の登場する脇能としての荘厳な雰囲気を感じさせるものとなる。このように、一噌流では脇能の演目に重きを置いたヴァリエーションを展開し、脇能という曲趣に応じたより効果的な表現を求めている。

一方で、藤田流と森田流では、とりわけ優美で幽玄な世界を表す鬘物《かずらもの》の能にてヴァリエーションを展開している。藤田流と森田流では、「中ノ高音」や「六ノ下」に鬘物用の替えの譜を用意しており、藤田流では「下ヨリ中ノ高音(別称：鬘ノ中ノ高音)」「鬘ノ六ノ下」、森田流では「鬘中ノ高音」「鬘六ノ下」がある。名称には「鬘」が付され、通常の「中ノ高音」や「六ノ下」とは別の旋律型として扱われているのである。

その一例として、森田流の「中ノ高音」と「鬘中ノ高音」を紹介しておこう。

「中ノ高音」

ヒヒョールーリー、　ヒヒョーィヤー

「鬘中ノ高音」

ヒウヒョールーリー、ヒヒョーィヤー

両者の違いは、「鬘中ノ高音」の一句目に「ウ」という唱歌（傍線部、太傍線は引用者）が加わっていることである。非常に細かい相違であるが、「ウ」という唱歌が入ることで唱歌を唱える心持ちがゆったりとしたものに変わる。さらに、それが鳴り響きとなったときには、唱歌の唱え方の違いが鬘物としての微妙な陰影を生み出し、優美さや寂しさを感じさせる音のニュアンスとなって響くのである。

このように、旋律型の常用曲目では一噌流が脇能に重きをおき、藤田流や森田流が鬘物に特別な重みをおいた演出を行っていることが特徴である。

下《しも》ノ高音《たかね》

最後に、名称が同じでも流儀により音楽的な意味の異なる旋律型があるので紹介しておく。それは「下ノ高音」である。「下ノ高音」は、名称に「下」とあるように、「中ノ高音」より低い音から吹き始めるものである。一噌流ではこの違いを受け、本来は「中ノ高音」を吹くべき箇所で、例外的に謡の音程が中音でなく下音から始まる箇所に「下ノ高音」を代用することにしている（能〈井筒〉〈唐船〉など）。それにより、謡をより引き立てる効果を上げている。

一方で、藤田流と森田流では、「下ノ高音」を旋律型としてではなく、間狂言で吹くいわゆる「知ラセ笛」として用いている。

一噌流

ヒヤアーヒョールリー、ヒヒョーイヨー

藤田流

ヒウヒョーリーリー、オヒャーロールーリー、
ヒョーローイツーイヤーラーリウーローイ、
ヒホーラーラー、ラウー、ローイヨイヤーラー、
ヒウーラーリウーローイ、ヒホーイヤー

森田流

ヒウヒョーラー、オヒャーロールリー、
ヒウヒューイヤーラーリウローィ、
ツローラーラーリウローリヨーィヤーラー、
ヒウラーリウローィ、ツローィヤー

唱歌をみると、藤田流と森田流の譜は一噌流の譜より格段に長く、両者は明らかに別物と捉えられるだろう。名称が同じであっても、譜と音楽的な意味が流儀によってこれほど違う場合もあるのだ。

「下ノ高音」のような、名称が同じであっても指し示す音楽的な意味が異なるものの存在は、旋律型の伝承を歴史的に紐解いてみれば、名称と音楽的な意味とが収斂する複数の道筋が存在したことを推測させる。旋律型が現行の形に定まる以前には、一つの旋律型が複数の用途で用いられるなど、旋律型に対応する唱歌は一通りでなかった可能性が示唆されるだろう。そして、そうしたなかから定型としての枠組みが確立した結果、旋律型の名称が同じであっても流儀間で示す唱歌や音楽的な意味が異なったり、逆に、旋律型の名称が異なっても流儀間で唱歌や音楽的な意味が同じになったりするような現在の状況が生まれたのではないかと想像される。その歴史的な伝承の展開については、第五章第二節にて後述したい。

三　現行唱歌譜

本節では、現行唱歌譜の概要と収録曲の特徴を考察し、現行唱歌譜の性質を捉えることを通して現行三流儀の主張を読み解く(30)。

一噌流と藤田流では現在、宗家の監修により流儀の規範とする唱歌譜があり、刊行されている。しかし、シテ方観世流宗家が宗家預りである森田流では流儀の規範を示す特定の唱歌譜はなく、家ごとに個別に刊行ないし配布をしている。従って、森田流については家ごとの差異も視野に入れながら検討を進める。分析対象とするのは、次の現行唱歌譜である。一噌流：『一噌流唱歌集』上・下（一九三六）、『一噌流笛指附集』（一九四〇）、『五流対照一噌流笛の覚え　金春流太鼓手附入』（一九九四）、藤田流：『藤田流笛唱歌集』（一九六〇）、『五流対象　藤田流笛の覚え』（一九九四）、森田流：『森田流奥義録』（一九八〇）、森田流笛方杉市和（一九五二〜）の唱歌譜、『森田流能笛の譜』（発行年不詳）、『森田流笛傳書唱歌集　龍風能管譜』（一九四三）、『観世流寸法　森田流笛の唱歌』（一九九三）。以下、順に紹介する。

（1）一噌流

『一噌流唱歌集』（略称：「ア」、〔図4〕）

一二世一噌又六郎（一八七二〜一九三八）監修、一三世一噌鍈二（一九一〇〜四五）校閲、江島伊兵衛編。昭和一一年（一九三六）、わんや書店刊。B6判横本、上下二巻。現在、一般的に用いる唱歌譜である。素人弟子と玄人弟子両方の教則本として広く用いる。次に紹介する『一噌流笛指附集』という指付譜（指使いを記した譜本）と内容的には相互補完の関係にあり、教習にあたって両者を併用することが多い。収録曲は、〔中ノ舞〕〔楽〕〔早笛」〔下リ端〕などの基本的な囃子事一八曲（部分的記述や小書き等を含むと三〇項目以上）である。そして、片仮名を用いて唱歌を表記する。

さて、この唱歌譜では唱歌を一つ書きにて体系的に記している。一つ書きとは、最初に曲名を記し、その後に相応する唱歌を示す形式で、当該の旋律をそこに示す一通りの唱歌で吹奏することを指示するものである。一つ書きによって記すこの唱歌譜は、当流の様式を強く打ち出し、それを規範的なものとして記録するために編まれたと考えられる。

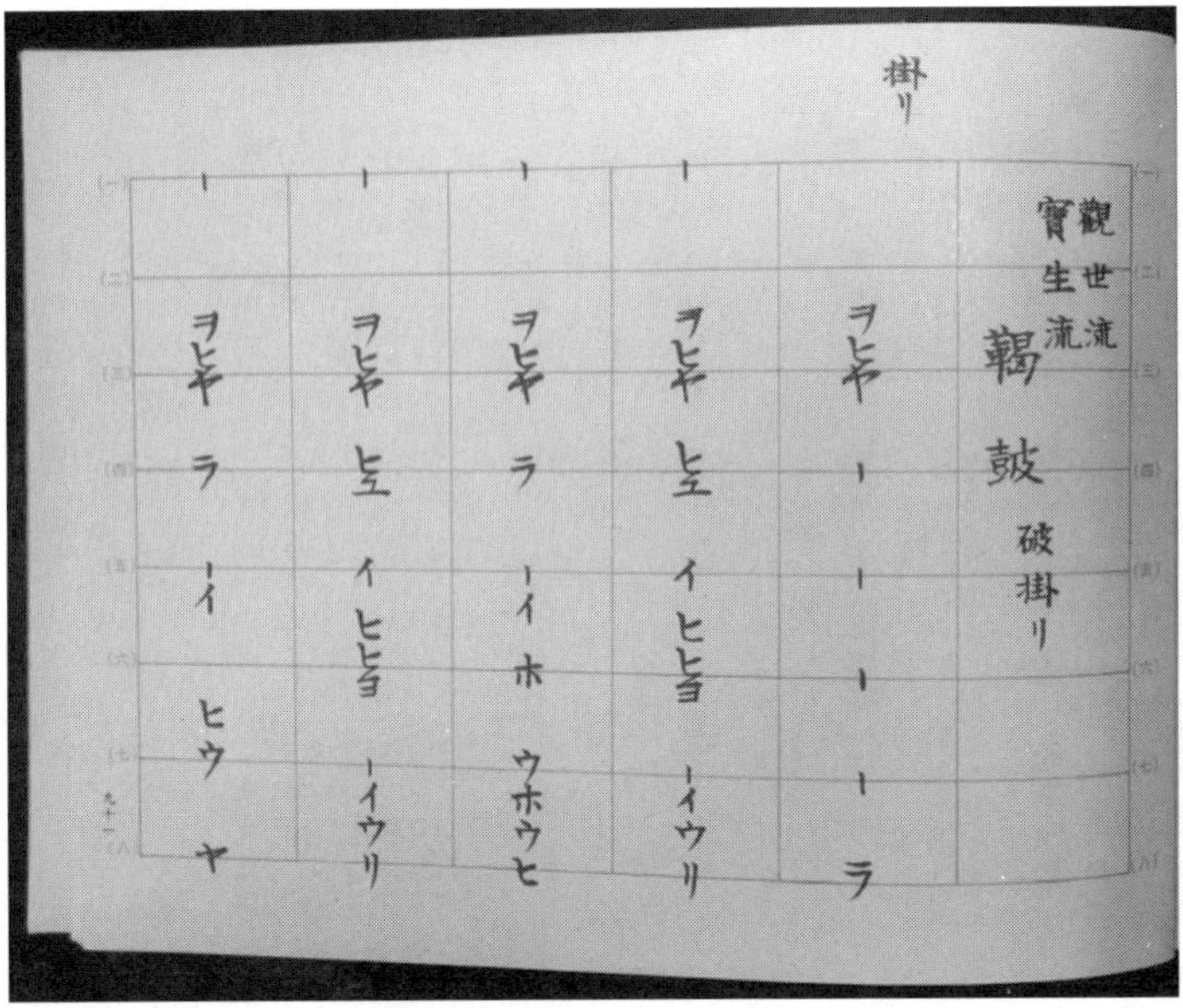

図４　『一噌流唱歌集』（部分／わんや書店、1936年）

また、唱歌を八割《やつわ》リ形式にて記すのも特徴である。八割リ形式では一句を一～八の算用数字に割り付けて、八拍子のリズムを八つの線上に表記する。そのため、唱歌譜を一見するだけでおおよその拍節感を知ることができる。

ところで、当流の現行様式を示すこの唱歌譜は、流儀の唱歌譜として初めて出版されたものである。そして、出版を通して全国の教習の場で一般的に用いられるようになった。筆者は、この唱歌譜が刊行され全国に流布したことが、結果として現行伝承におけるこの唱歌譜の位置づけを強めたと推測している。つまり、この唱歌譜の刊行が、これまでの伝承体系における口頭伝承と書記伝承のバランスを変え、さらには、それまでの演奏体系にも影響を与えたと考えている。その詳細は、第五章第一節にて後述する。

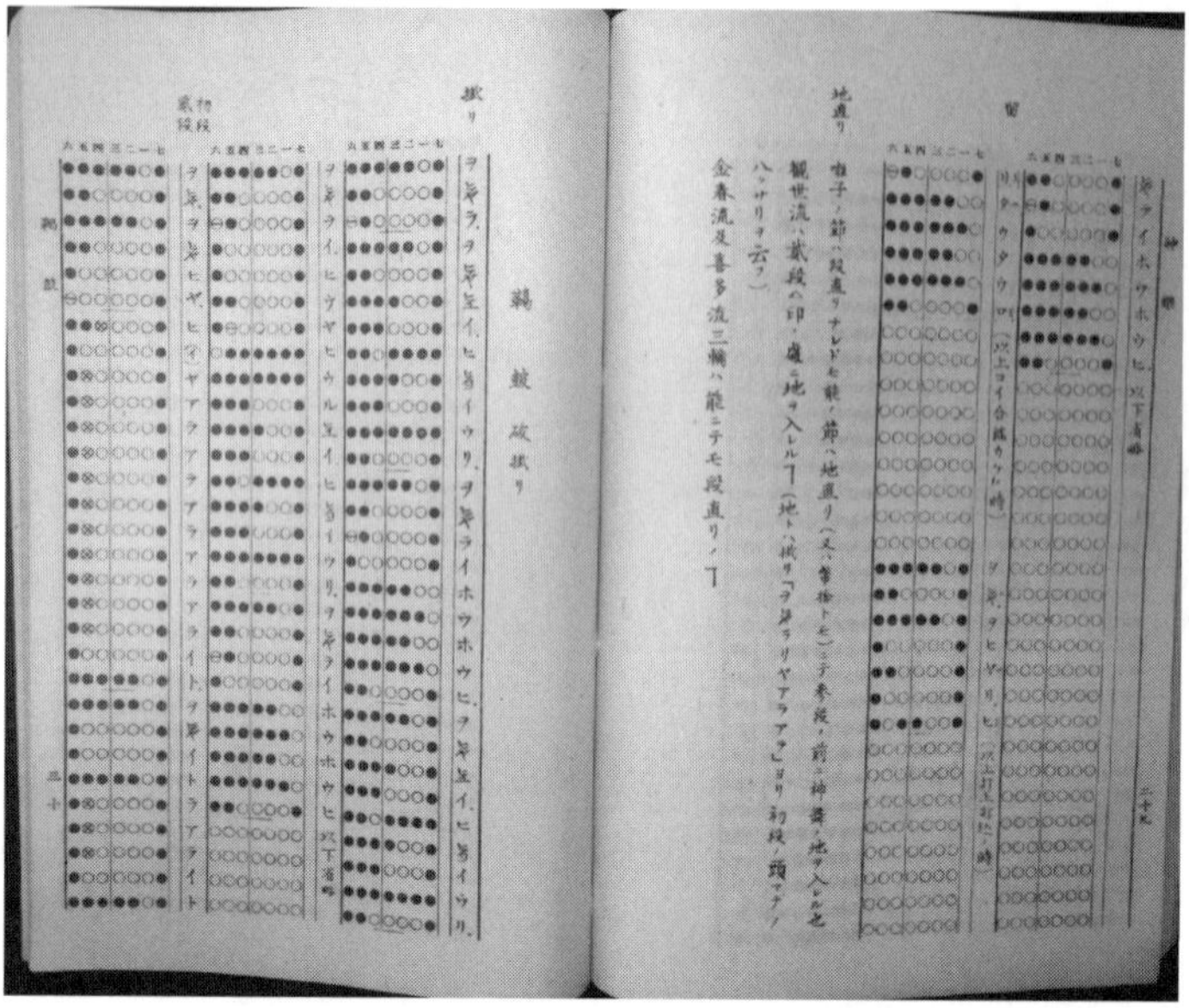

図5　『一噌流笛指附集』（部分／一樹会、1940年。三版以降はわんや書店刊）

『一噌流笛指附集』（略称：「イ」、〔図5〕）

指付譜。ここでは指付の横に併記する唱歌を考察対象とする。一三世鉄二校閲、森川荘吉編著。昭和一五年（一九四〇）初版、一樹会刊。昭和二九年（一九五四）三版以降はわんや書店刊。先述の通り、教習の際には「ア」と併用し、素人弟子と玄人弟子両方の教則本として教習全般で広く用いる。収録曲は、舞事や登場楽など一六曲と、旋律型など二六曲であり、秘事を除く基本的な曲目を網羅的に扱う。

この指付譜は、素人弟子の森川荘吉が稽古の控えとして作っていたものに宗家が手を加えて編纂された。森川は素人弟子として一噌流に精通していただけでなく、幼少から宝生流の謡と仕舞を嗜み、能を数十番舞うほどの力量の持ち主でもあった。そして、中国の大連市を拠点に実業界で活躍する傍ら、大連市に能楽堂を建設するなど、能楽全般の普及にも貢献している。この指付譜は、もともと森川が稽古に際し個人的に書き控えていたものであったが、森川が一噌流に入門して二五年経ったことを記念して、一三世鉄二の校閲を経て刊行されるに至った。

最後に、この指付譜の記譜体系について述べておく。まず、唱歌は片仮名で示される。そして、対応する指使いを「○」（開孔）、「●」（閉孔）、「⊗」（打つ）、「⦶」（打ってすぐ閉じる）などの記号を用いて表している。この記号は森川の考案に拠るものである。

一三世鉄二はこの指付譜の冒頭に「讃序」を寄せている。そこで「流儀指附の範ともなるべきか」と記しており、この指付譜を流儀の規範的な指使いを示すものとして位置づけている。

『五流対照　一噌流笛の覚え　金春流太鼓手附入』（略称：「**ウ**」）

一四世一噌庸二（一九四〇～）監修、太鼓方金春流二二世金春惣右衛門国長（一九二四～二〇一四）作成。平成六年（一九九四）、日本芸術文化振興会国立能楽堂の調査養成課の養成資料として作成され、主に玄人弟子の教習の場で用いられる。一噌流の唱歌には金春流太鼓の譜を併記している。非売品。B5判横本、八割リ形式。収録曲目は囃子事に限るが、入端事、繋ギ事、旋律型は記載しない。〔中ノ舞〕〔楽〕〔早笛〕〔下リ端〕などの基本的な囃子事のほか、〔盤渉楽〕〔鷺乱《さぎみだれ》〕〔養老　水波ノ伝〕〔杜若　恋ノ舞〕などの秘事や特殊演出などの計二五曲の唱歌を記載する。

以上みてきた一噌流の現行唱歌譜では、三点で最も成立の早い「**ア**」を典拠にして、その後「**イ**」と「**ウ**」が成立した。三点に共通するのは、宗家が監修ないし校閲していることであり、「**ア**」と「**イ**」が先代と先々代の宗家、「**ウ**」が現在の宗家に拠っている。このうち、「**ア**」と「**イ**」は刊行され、素人と玄人の教習の場で普及している。また、収録内容は、舞事と働事を主体とするのが「**ア**」、出入端事、繋ギ事、旋律型などを収録するのが「イ」であり、両者を併用すれば、秘事を除く基本的な常用曲目のほとんどを習得できる。

（2）藤田流

『藤田流笛唱歌集』（略称：「エ」）

一〇世藤田六郎兵衛重明（一九〇八〜八〇）監修。昭和三五年（一九六〇）、藤田流笛唱歌集刊行会。B6判横本、八割リ形式。〔中ノ舞〕〔楽〕〔早笛〕〔下リ端〕などの基本的な囃子事と、〔盤渉楽〕などの習いの舞事の計一八曲（部分的記述や小書きを含むと二〇項目以上）を収載する。〔猩々乱〕や〔獅子〕、出入端事、入端事、繋ギ事、旋律型などは記載しない。

『五流対象　藤田流笛の覚え』（略称：「オ」）

一一世藤田六郎兵衛重昭（一九五三〜）監修、太鼓方金春流二二世金春惣右衛門国長作成。平成六年（一九九四）、日本芸術文化振興会国立能楽堂の調査養成課の養成資料として作られた。主に、玄人弟子の教習の場で用いる。非売品。B5判横本、八割リ形式。藤田流の唱歌に金春流太鼓の譜を併記するもので、収録曲と書式は日本芸術文化振興会国立能楽堂の調査養成課の作成した一噌流の「ウ」と、後述する森田流の『観世流寸法　森田流笛の唱歌』（「コ」）とほとんど同じである。(31)

これら二点の藤田流の現行唱歌譜は、「エ」が先代の宗家の監修により、「オ」が現在の宗家の手による。「エ」も「オ」も舞事を中心に収載するが、「エ」では「オ」の記載する〔破ノ舞〕〔鷺乱〕〔猩々乱〕〔獅子〕などの習い事の曲目を記載しない。そのため、「エ」は「オ」よりも基本的な内容といえる。

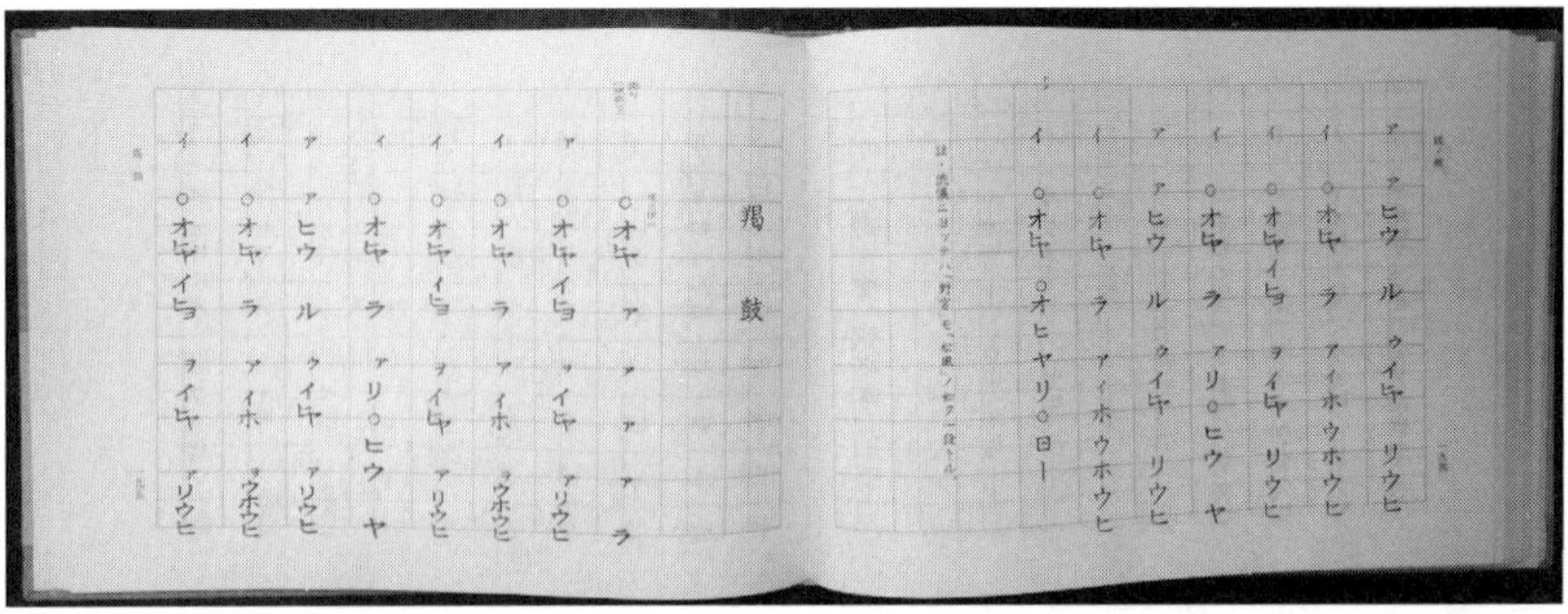

図6　『森田流奥義録』（部分／能楽書林、1980年）

（3）森田流

森田柵内家『森田流奥義録』（略称：「カ」、図6）

関西の分家である森田柵内家の三世森田光風（一八九二～一九六六）の遺稿集。四世森田光春（一九一六～九二）の編集による。四世光春の跋文によれば、戦前に光風が刊行した『森田流唱歌集』（一九三七年）という一番綴りの一連の唱歌譜を一冊にまとめ、遺稿より一部補って刊行したものである。昭和五五年（一九八〇）、能楽書林刊。

内容は三部構成となっている。まず、第一部「舞の要技解説」では各舞事の本意を詳説する。ついで第二部「森田流笛唱歌集」では、基本的な囃子事と〔猩々乱〕〔鷺乱〕〔三番三《さんばそう》〕などの習い事の計二五曲の唱歌を八割リ形式で収載する。(32) 最後に第三部「譜指附律度法秘書」は、「譜指附律度法秘書」「笛の作者」「明和年間徳川家書上／七十種銘管録」「森田流の由来及家系」「森田流職分家一覧」「森田流の特色」「蠟の話」の七章から成り、古伝書史料の解説から刊行当時の森田流職分家の内情にもふれる。このうち「譜指附律度法秘書」と「森田流の特色」は四世光春による記述であるが、その他の部分は家伝の書物と森田操の遺稿集『千野の摘草』(33)の記述をもとにまとめられたと思われる。

当家は流儀の史料を相当数伝えているが、跋文によれば、三世光風は引退後、流儀の奥儀を集大成して相伝するために家伝の史料の整理と記録に専念した。この唱歌譜は、そうした三世光風の研究成果によるものである。

杉家　杉市和の唱歌譜（略称：「キ」）

京都在住の杉家の当主、杉市和（一九五二〜）による唱歌譜。杉の素人弟子である筆者が杉の指導を受けた際に杉より配布されたものを参考資料として扱う。杉の作成した唱歌譜を筆者が個人的に保管していたもので、刊行されたものではない。一番綴りのB６判、八割リ形式。現在、手元には一六曲の基本的な囃子事のほか、〔杜若　澤辺ノ舞〕〔杜若　袖神楽〕〔安宅　延年ノ舞〕〔安宅　瀧流〕〔融　舞返〕〔融　十三段ノ舞〕〔三輪　神遊〕〔三番叟《さんばそう》〕などの習い事の唱歌譜がある。杉は四世光春に師事したことから、現在の杉家の唱歌は他の森田流諸氏よりも森田柵内家の『森田流奥義録』（「カ」）に近い（後述）。

野口伝之輔家『森田流能笛の譜』（略称：「ク」）

大阪府在住の野口伝之輔家の現行唱歌譜。野口伝之輔著、刊行年不詳、私家版。A４判横本、二巻。八割リ形式。第一巻では、〔中ノ舞〕〔神舞〕〔楽〕などの基本的な囃子事一五曲（部分的記述や小書きを含めると四〇項目以上）を記載。第二巻では、旋律型や出入端事などの四一曲と、〔盤渉楽〕〔猩々乱〕などの習いの舞事六曲（部分的記載や小書きを含めると二〇項目程度）を収載する。〔石橋　師資十二段之式〕や〔菊慈童　遊舞之楽〕などの特殊演出の曲目も所収するのが特徴である。また、曲目によっては押さえる指孔を数字譜を用いて示している。

寺井久八郎家『森田流笛傳書唱歌集　龍風能管譜』（略称：「ケ」）

東京都在住の寺井久八郎家の現行唱歌譜。寺井啓之（一九一二〜九七）著、寺井久八郎（一九三九〜）校閲・編著。

昭和一八年（一九四三）初版、平成元年（一九八九）訂正初版。私家版。森田流笛の会・龍風会発行。B6判横本。序によれば、『森田流唱歌集』(34)（嘉永五年成立）を典拠としている。

全体は三部から成る。第一部「龍風能管譜」は「一　舞物の構成について」「二　解説　舞物の曲目」「三　解説　出の囃子事」「四　解説　狂言の囃子事」「五　解説　狂言の舞（曲）」の五章構成であり、曲目の由来や意味を解説する。ついで第二部「能管譜　森田流笛傳書唱歌集」では、八割リ形式にて唱歌譜を記載する。収録曲は、〔中ノ舞〕〔楽〕などの基本的な囃子事一九曲（部分的記述や小書き、流儀別記載を含むと五〇項目程度）と、旋律型一五曲、出入端事四曲、習事の舞事四曲（流儀別記載を含むと五項目程度）である。そして、第三部「龍能抄――花を散らさぬように――」は、「伝統の美「能の笛」の話」「森田流の笛」「参考資料　森田家略系図」「寺井家の笛」「参考資料　寺井家略系図」「能管の作者」「寺井家所有能管（銘管）」の各章から成り、能管の構造、素材、演奏方法、森田家と寺井家の由緒、能管の作者などを解説する。

この唱歌譜の特徴は、単に唱歌を収載するに留まらず、曲目の構造や意味、さらには編者である寺井家の歴史や由緒についても深く言及していることである。従って、この唱歌譜は寺井家の伝書として編まれたものと位置づけられる。

中谷明監修『観世流寸法　森田流笛の唱歌』（略称：「コ」）

東京都在住の中谷明（一九三二～）と内潟慶三（一九四七～）の監修、太鼓方金春流二二世金春惣右衛門国長作成。中谷と内潟は寺井政数（一九〇五～八三）の門弟である。平成五年（一九九三）、日本芸術文化振興会国立能楽堂の調査養成課の養成資料として作成された。主に玄人弟子の教習の場で用いられている。非売品。B5判横本、八割リ形式。森田流の唱歌に金春流太鼓の譜を併記する。そして収録曲とその書式は、同じく養成資料である一噌流の「ウ」や藤田流の「オ」とほとんど同じである。

以上、五点の森田流の現行唱歌譜を紹介してきた。すでに述べたように、森田流ではシテ方観世流宗家が森田流宗家預りであるため、流儀の規範を示す特定の唱歌譜はない。いずれの唱歌譜も家ごとに監修しているが、このことは流儀内で芸風の異なる森田流の現状をそのまま反映している。また、「カ」と「ケ」には故実や家の由緒も添書されており、唱歌譜それ自体が各家の主張となっている。しかし、収録曲の傾向をみると、「カ」「ク」「ケ」が一様に舞事と働事を中心に出入端事、繋ギ事、旋律型なども収載する点で大差はない。そして、舞事を中心とする養成資料の「コ」の収録曲も「カ」「ク」「ケ」のそれと大きく違わない。従って、唱歌譜は家ごとに監修されているものの、その主義主張の違いは収録曲の傾向からは窺い知れない。

また、いずれも基本的な曲目を中心に編んでいるので、公開を前提に主に素人弟子の教習の場で使うことを目的としていると考えられる。

（4）　まとめ

本節では、諸流で用いる現行唱歌譜の性質を捉えてきた。一噌流と藤田流では唱歌譜を宗家の監修ないし校閲により編纂しているが、森田流では家ごとに編んでおり、現行唱歌譜のあり方は流儀によって異なることを改めて確認した。しかし、収録曲としては、基本的な出入端事や舞事を中心とし、秘事の曲目を積極的には収載しない点でどの唱歌譜も大きく違わない。秘事をほとんど収載しない理由としては、現行唱歌譜が玄人弟子だけでなく素人弟子の教習にも対応させるべく公開を前提に編纂されていることがあると考えられる。そのことからは、現行唱歌譜が流儀あるいは家の規範を示し、権威づけるために編まれているという実態が示されたといえる。

四　唱歌の仮名表記にみる流儀の特徴

繰り返しになるが、現行三流儀の演奏技法の大筋は同じである。しかし、実演奏を耳にすると、流儀によって聴こえてくる音の印象が異なるように感じられる。演奏技法の大筋は同じはずなのに、その流儀を特徴づける独自の鳴り響きというものが確かに存在しているように思えるのである。それは微細なことであるので、ある種の印象論として感覚的に片づけてしまうこともできるかもしれない。しかし、本節では流儀による細やかな鳴り響きの差異を、唱歌譜に記された唱歌を解析することで検証したい。

そのために、ここでは、唱歌の子音が旋律の音色に、母音が旋律の高低に深く関与していることに着目し[35]、唱歌を構成する仮名を丹念に解析する。序章で確認したように、現行では旋律を構成する句を単位にして指使いや鳴り響きが確定するので、句を分析単位に据え、句ごとに仮名表記の異同を検証する。なお、唱歌の分析には第三節で紹介した三流儀の現行唱歌譜全一〇点を網羅的に用いる。

(1)　仮名の種類

まず、現行の唱歌で用いる仮名の種類をみておきたい。現行の唱歌では、流儀を問わず日本語の二六種の仮名から特定の数文字のみを用いる。すなわち、ア行では「ア」「イ」「ウ」「オ」、タ行では「タ」「ツ」「ト」、ハ行では「ヒ」「フ」「ホ」、ヤ行では「ヤ」「ユ」「ヨ」、ラ行では「ラ」「リ」「ル」「ロ」、ワ行では「ヲ」を使い、エ母音の仮名は用いない。これらの仮名に加えて、森田流では「チ」を用いる。「チ」は「丁《チョウ》」(「チョウ」、「丁《チョ》ウ」)という唱歌で使う。

また、同じ句の仮名表記が流儀によって異なることもある。例えば、藤田流と森田流で「オヒャ」と表記する旋律を、一噌流ではワ行の「ヲ」を用いて「ヲヒャ」と表記する。また、能管の最高音である「ヒシギ」という音を、藤田流と森田流では「日《ヒ》」や「ピ」、一噌流では「ヒ」を用いて表記するなどである。(36) しかし、これらは表記上の相違であり、鳴り響きは本質的に違わない。

(2) 仮名表記

「オヒャ」と「ヲヒャ」の事例にみるように、句を形作る仮名表記は流儀によって実に様々である。句はいくつかの仮名が連なって構成されるが、句をみると、どの仮名をどの順序で配列しているのかというところに流儀の特色が映し出されているように思われる。そこで、ここでは句を単位に分析して各流儀にある仮名表記の用法を導くが、分析に先立ち、唱歌譜によって表記レベルが異なっていることにふれておきたい。

例えば、一噌流に「トウロ」という句があるが、森田流ではここに「ヲ」を加え、さらに「ウ」の代わりに「ル」を用いて、「トヲルロ」〈早笛〉と表記している。「トウロ」と「トヲルロ」は一見すると別の句のようにみえるが、ここで森田流の用いる「ヲ」は、前の「ト」を唱えて延ばしたときに生じる生み字の母音を表記したものに過ぎない。従って、「ヲ」の有無は、生み字を表記するのか否かという表記上の違いとして捉えられ、鳴り響きに本質的に直結するような相違とはいえない。そのため、本節ではこのような生み字による表記の違いを分析対象から除くこととする。(37) 一方、唱歌において子音は旋律の音色に、母音は旋律の高低に深く関わり、子音や母音の相違は鳴り響きに直に関係しているので、本節では子音や母音を中心に仮名表記の相違を分析することとする。

さて、宗家の監修によって成立した一噌流と藤田流の現行唱歌譜では流儀内の仮名表記をほぼ統一して示すが、森田流では家ごとに様々に表記している。(38) 一例として、〈序ノ舞〉の「地」〈呂ノ中〉の旋律を紹介して示してみよう（太傍線は引用者）。

一噌流

「ア」　ヲヒヤヒユイ　ヒヒヨイウリ

「イ」　ヲヒヤヒユイ　ヒヒヨイウリ

「ウ」　ヲヒヤヒユイ　ヒヒヨイウリ

藤田流

「エ」　オヒヤヒユイ　ヒヒヤリウヒ

「オ」　オヒヤヒユイ　ヒヒヤリウヒ

森田流

「カ」　オヒヤイヒヨィ　ヒヒヤリウヒ

「キ」　オヒヤイヒヨィ　ヒヒヤリウヒ

「ク」　ヲヒヤイヒヨィ　ヒヒヤァリウヒ

「ケ」　ヲヒヤイヒヨイ　ヒヒヨリウヒ

「コ」　オヒヤイヒヨイ　ヒヒヨリウヒ

一噌流と藤田流では一種類の表記を一貫して用いているので、唱歌の仮名表記には流儀の規範とする表記が存在している。一方、森田流では太線部で唱歌の母音の用法が異なり、「ヲ」と「オ」、あるいは「イ」と「ィ」、「ヤ」と「ヤァ」と「ヨ」などの細かい部分に表記のばらつきがある。従って、この事例をみる限りでは、森田流では仮名表記の細部は家ごとに決められていると考えられる。

こうした微細な点を突き詰めるために、唱歌から同一の句を抜き出して仮名表記の異同を分析し、流儀ごとの

【資料2】同一句における仮名表記の相違

曲名		一噌流（ア・イ・ウ）	藤田流（エ・オ）	森田流 カ	森田流 キ	森田流 ク	森田流 ケ	森田流 コ
早笛		トウロ	トルロ	トヲルロ	トヲルロ	トヲルロ	トヲルロ	トヲルロ
		ヒヨ	ヒヒョ	ヒヒョ	ヒヒョ	ヒヒョ	ヒヨ	ヒヨ
		ラウラ	ラウラ	ラウラ	ラウラ	ヒャウラ	ラウラ	ラウラ
		トヒ	トリ	トヒ	トリ	トヒ	トリ	トリ
大ベシ		ヲヒャルラ	オヒャラ	オヒャリヤ	オヒャリヤ	オヒャリヤ	ヲヒャリヤ	オヒャリヤ
		トウロ	トルロ	トヲルロ	トヲルロ	トヲルロ	トヲルロ	トヲルロ
		ラウラ	ラウラ	ラウラ	ラウラ	ヒャウラ	ラウラ	ラウラ
下リ端		ヲヒャラトロ	オヒャラロロ	オヒャアラトロ	オヒャアラトロ	ヲヒャアラトロ	ヲヒャラトロ	オヒャラトロ
		ヲヒャイ	オヒャイ	オヒャイ	オヒャイ	ヲヒャアイ	ヲヒャラリ	オヒャラリ
		ヒャアロラ	ヒウロラ	ヒウロラ	ヒウゥロラ	ヒウロラ	ヒウロラ	ヒウロラ
		リウヒョロ	ラウヒョロ	ルトロ	ルトロ	ラトロ	リウトロ	ルトロ
		ヲヒャ	ヒユヤ	ヒユヤァ	ヒユヤァ	ヒユヤァ	ヒユイヤ	ヒユイヤ
序ノ舞	（呂）	ヲヒャライ	オヒャライ	オヒャラァイ	オヒャラァイ	ヲヒャラァ	ヲヒャライ	オヒャライ
	（呂ノ中）	ヲヒャヒユイ	オヒャヒユイ	オヒャイヒョィ	オヒャイヒョィ	ヲヒャイヒョィ	ヲヒャイヒョイ	オヒャイヒョイ
	（呂ノ中、干ノ中）	ヒヒョイウリ	ヒヒャリウヒ	ヒヒャリウヒ	ヒヒャリウヒ	ヒヒャアリウヒ	ヒヒョリウヒ	ヒヒョリウヒ
	（干）	ヲヒャライ	オヒャラリ	オヒャラァリ	オヒャラァリ	ヲヒャラァリ	ヲヒャラリ	オヒャラリ
盤渉序ノ舞	（呂）	ヲヒリ	オヒリ	オヒャラァイ	オヒャラァイ	ヲヒリィ	ヲヒリ	オヒリ
	（呂ノ中、干ノ中）	ヲヒャイ	オヒ　リヤリ	オヒィ　ヒャァイ	オヒィ　ヒャァイ	ヲヒィ　ヒャァィ	ヲヒ　ヒャィ	オヒ　ヒャリ
	（呂ノ中、干ノ中）	ヲヒャイヨリ	ヤリウヒ	ヤァリウヒ	ヤァリウヒ	ヒャアリウヒ	ヒャリウヒ	ヒャリウヒ
	（干）	ヲヒリヲヒャルラ	オヒリヒトルラ	オヒャラァロルラァァ	オヒャラァロルラァァ	ヲヒリィロルラァ	ヲヒリロルラ	オヒリロルラ
中ノ舞	（呂）	ヲヒャライ	オヒャライ	オヒャラァィ	オヒャラァイ	ヲヒャラァ	ヲヒャライ	オヒャライ
	（呂ノ中）	ヲヒャヒユイ	オヒャヒユイ	オヒャイヒョヲイ	オヒャイヒョヲイ	ヲヒャイヒョヲィ	ヲヒャイヒョ	オヒャイヒョイ
	（呂ノ中、干ノ中）	ヒヒョイウリ	フヒャリウヒ	ヒャァリウヒ	ヒャァリウヒ	ヒャアリウヒ	ヒャリウヒ	ヒャリウヒ
	（干）	ヲヒャライ	オヒャラリ	オヒャラァリ	オヒャラァリ	ヲヒャラァリ	ヲヒャラリ	オヒャラリ

早舞	（呂）	ヲヒリ	オヒリ	オヒヤラァィ	オヒヤラァィ	ヲヒリィ	ヲヒリ	オヒリ
	（呂ノ中、干ノ中）	ヲヒヤイ	オヒタリ	オヒィヤァイ	オヒィヤァィ	ヲヒィヤァィ	ヲヒイヤァリ	オヒヤリ
	（呂ノ中、干ノ中）	ヤイウリ	タリウヒ	ヤリウヒ	ヤリウヒ	ヒヤリウヒ	ヤリウヒ	ヤリウヒ
	（干）	ヲヒリトルラ	オヒリヒトルラ	オヒヤラァロルラァ	オヒヤラァロルラァ	ヲヒリィロルラァ	ヲヒリロルラ	オヒリロルラ
神舞	（呂ノ中）	ヲヒャヒュイ	オヒャヒュイ	オヒャイヒョヲイ	オヒャイヒョヲイ	ヲヒャイヒョヲィ	ヲヒャイヒョヒ	オヒャイヒョイ
	（呂ノ中、干ノ中）	ヒョイウリ	ヒャリウヒ	ヒャリウヒ	ヒャリウヒ	ヒャリウヒ	ヤリウヒ	ヒャリウヒ
	（干）	ヲヒャライヒウヤ	オヒャラリヒウヤ	オヒャラァリヒウヤ	オヒャラァリヒウヤァァ	ヲヒャラァリヒウヤァ	ヲヒャラリヒウイヤ	オヒャラリヒウイヤ
神楽		ヒヒャイウリ	ヒヒャリウヒ	ヒヒャァリウヒィィ	ヒヒャァリウヒィィ	ヒヒャァリウヒィ	ヒヤリウヒ	ヒヤリウヒ
		ヒウヤ	リウヤ	ヒウヤァァ	ヒウヤァァ	ヒウヤァ	ヒウイヤ	ヒウイヤ
鞨鼓		ロウ	ロル	ロル	ロル	ロル	ロウ	ロウ
		ヒヒョウラツ	トルライフ	ヒヒョウロツ	ヒヒョウラツ	ヒヒョルラツ	ヒヤウラツ	ヒヤウラツ
		ロイヤ	ロリヤ	ロリヤ	ロリヤ	ロリヤ	ロリヤ	ロリヤ
		ウラ	ルラ	ルラ	ルラ	ルラ	ウラ	ウラ
		ヒヒャウラツ	トルライフ	ヒヒャルラツ	ヒヒャウラツ	ヒヒャルラツ	ヒヤウラツ	ヒヤウラツ
		トウラツロ	フヒャリイツホ	トルラツロ	トルラツロ	フルラツロ	トウラツロ	トウラツロ
猩々乱		ヒュヤ	ルラ	ルラァ	／	ルラァ	ルラ	ルラ
獅子		ロウ	ルロ	ロル	／	ロル	ロル	ロル
		ヒヤアヒユイヤ	フヒユイタ	ヒウヒュイヤ	／	ヒヒョヲイヤァ	ヒヒユイヤウ	ヒヒョイヤウ
		ヒヤアヒユイヤ	なし	ヒヒユイヤ	／	ヒヒョヲイヤァ	ヒヤァウヒユイヤウ	ヒヤウヒユイヤ
		ヒュイタルラ	ヒュイタルラ	ルイタルラ	／	ルイタルラ	ルイタルラ	ルイタルラ

〔凡例〕
・この表は同一句における唱歌の仮名表記の相違を示したものである。
・仮名表記は原典に従った。
・記載のない場合は斜線を引いた。

相違としてまとめたのが【資料2】である。[39] 森田流については家ごとに相違を示してある。この表より、現行三流儀の仮名表記にみられる差異として次のような傾向を確認できる。

一、「イ」母音の仮名

・イ母音の仮名を扱う場合、「イ」、「ヒ」、「リ」の三文字の仮名の適用に差異が大きい。とくに「呂中干」形式の舞事に顕著である。

例：「トヒ」↕「トリ」（早笛、以下傍点部が当該箇所、傍点は引用者）、

「ロイヤ」↕「ロリヤ」（鞨鼓）など

・一噌流の唱歌譜では、他流儀の唱歌譜より「リ」の使用が少ない。

二、「ラ」行の仮名

・「ラ」行の仮名の適用に異同が目立つ。とりわけ、ウ母音の仮名を用いる場合に顕著である。

例：「ヒャウラ」↕「ラウラ」（大ベシ）、

「ウラ」↕「ルラ」（鞨鼓）、

「ヒュイタルラ」↕「ルイタルラ」（獅子）など

・一噌流の唱歌譜では、他流儀の唱歌譜より「ラ」行の使用が少ない。

三、「ヒャ」行と「ハ」行の仮名

・「ヒャ」行と「ハ」行の仮名の適用に異同が多い。

例：「ヒャアロラ」↕「ヒウロラ」「ヒウゥロラ」（下リ端）、

「ヒヒャウラツ」↕「ヒヤウラツ」（鞨鼓）、

「ヒョイウリ」↕「ヒャリウヒ」（神舞）など

以上の傾向を踏まえ、今度は流儀ごとに仮名表記の特徴をまとめると次のようになる。

①一噌流：他流儀より「ラ」行の仮名の使用が少ない。
　例：〔早笛〕で他流儀が「トリ」と表記する旋律型を「トヒ」するなど

②森田流：他流儀より「ラ」行の仮名の使用がかなり多い。
　例：「ルイタルラ」〔獅子〕など

③藤田流：「タ」と「フ」の仮名を特徴的に用いる。
　例：「フヒャリウヒ」〔中ノ舞〕、「タリウヒ」〔早舞〕、「トルライフ」〔鞨鼓〕など

ここで指摘した各流儀の仮名表記の特徴は、同一句を抽出して仮名を詳細に分析することで見出せる小さなものであるが、唱歌を実際に唱え、さらには楽器を使って演奏する際には音楽表現の微細なニュアンスの違いとなって表れてくるものである。

以上みてきたように、現行の唱歌の仮名表記には流儀の特徴が存在している。このことは、過去の唱歌を遡ってみた場合にもそこに何らかの流儀差が存在したことや、流儀差が成立するに至る歴史的な伝承過程があったことを示唆しているだろう。従って、現行の仮名表記がどのような伝承過程を経て成立したのかを明らかにすることが肝要であり、仮名表記の歴史的変容を検証する必要がある。それについては第三章で後述したい。

(3)　森田流の仮名表記

流儀内で表記を統一する一噌流や藤田流と違い、森田流では家により仮名表記には差異があると思われる。ここでは森田流の内部に焦点を当て、【資料2】を参照しながら森田流の特色をまとめておきたい。

まず、「カ」と「キ」では細部に渡って唱歌の特徴が一致している。例えば、〔早舞〕の「呂」の「地」の旋律

を他家では「ヲ（またはオ）ヒリ（イ）」とするのに対し、「カ」と「キ」では「オヒャラァイ」とするなど、枚挙に暇がない。そのため、「カ」と「キ」はほぼ同一の特徴を持った極めて相似的な唱歌譜と捉えて問題ない。このことは、「キ」の著者である杉市和が「カ」の著者の四世森田光春に師事したという師弟関係に由来していると考えられる。

また、「ケ」と「コ」にも、共通した特徴が数多くみられる。例を挙げると、他家で「トヒ」とする句を「トリ」（早笛）としたり、「ロル」を「ロウ」（鞨鼓）としたりするなどである。しかし、舞事の中心的な存在である「呂中干」形式の舞事にて、「ケ」が「ヲヒャイヒョヒヤリウヒ」とする旋律を「コ」では「オヒャイヒョイヒャリウヒ」としており、目立った違いと捉えられるものもある。「ケ」の著者の寺井久八郎と、「コ」の著者・監修者の中谷明・内潟慶三は寺井政数の同門であったので、「ケ」と「コ」は細部に共通した特徴を有すると思われるが、同じ師に師事しながらもここにみられるような差異も生じており、こうしたところに森田流の流儀としての自在性が窺える。家や個人様式の確立といった視点からも今後、注目しておきたい。

最後に、「ク」には他家にはない独自性が際立っている。例を挙げるとすれば、他家では「ラウラ」とする句を「ヒャウラ」（早笛）（大ベシ）に、「ヤリウヒ」を「ヒャリウヒ」（早舞）に、「トル（またはウ）ラツロ」を「フルラツロ」（鞨鼓）にするなどであろう。

以上を踏まえると、森田流の現行唱歌譜で使われる仮名表記の傾向は、「カ」「キ」／「ク」／「ケ」「コ」というように大きく三分できる。そして、「カ」と「キ」はほぼ同一の特徴を持つものであること、そして「ケ」と「コ」も互いに相似するが、その近似性は「カ」と「キ」の関係より遠いものであるといえる。

また、詳細にみれば、ここで確認した差異の多くは仮名の母音というよりむしろ子音に基づいたものである。それゆえ、唱歌の子音は旋律の音色に、母音は旋律の高低に深く関与していることを踏まえれば、ここでの相違は旋律の音高の推移よりも旋律の音色面に際立つものと考えられる。しかしそうはいっても、常用曲目や囃子事の構造面では森田流という流儀の主張は流儀内で一貫している。従って、ここに示された音色の違いはあくまでも森田流という枠に収まる芸風の相違と位置づけられる。

これまで森田流については、関東の寺井家と関西の森田光春系とで芸風が異なることが指摘されてきた[40]。本節の検証からは、関西系の「カ」・「キ」と、関東系の「ケ」・「コ」とにそれぞれ類似性が認められ、東西の演奏技法の二分化を現行唱歌から具体的に裏づけるものとなった。しかし、関東系の中でも「ケ」と「コ」が完全に一致するわけではないことや、関西系の「ク」には他家にない独自性を持つことも確認された。また、細かい点ではやはり家ごとに差異があり、とりわけ、先述の寺井政数門下の寺井久八郎（「ケ」）と中谷明・内潟慶三（「コ」）にみられる仮名表記が同門でありながらも相違している様子からは、将来的にみれば家ごとの差異はさらに拡張していく可能性もあると考えられる。

（4） まとめ

一噌流と藤田流では現行唱歌譜を宗家の監修ないし校閲により刊行しており、一般的な教習の場で用いている。両流儀には現行唱歌譜の唱歌で用いる仮名表記に流儀の支配する規範というものがあり、仮名表記は一つに統一されている。このことは、いい換えれば、現在の一噌流と藤田流では特定の音楽実体を特定の唱歌を用いて表し得る状態にあるといえるだろう。一方で、現行森田流には宗家がいないこともあり、現行唱歌譜は家ごとにまとめられている。流儀の規範となる仮名表記は大筋で一致するものの、流儀内が複数の系統に分かれているため、演奏技法の細部を示す仮名表記には家により差異があることも示された。

能管の現行伝承はあくまでも口頭伝承を主とするので、唱歌譜に記されたものは伝承において従として位置づけられている。しかし、本節の考察結果からは、現在伝承では唱歌の仮名一字の持つ意味は決して小さくはなく、伝承において記された唱歌に基づく書記伝承が思いのほか大きいことを認識させる結果となった。演奏技法を構築する最小単位の句の分析から明らかになったこれらの結果は細かな違いに基づくものではあるが、現行においては、唱歌のそうした微細な違いが旋律の形、音色、音高などの実際の鳴り響く音に反映され、流儀独自の鳴り響きを形成していると思われる。

(1) 金春惣右衛門・増田正造監修『能楽囃子体系』(レコード解説書)、ビクター、一九七三年。
(2) 横道萬里雄『能劇の研究』岩波書店、一九八六年。
(3) 東洋音楽学会編『能の囃子事』東洋音楽選書四、音楽之友社、一九九〇年。
(4) 横道萬里雄『岩波講座　能・狂言Ⅳ　能の構造と技法』岩波書店、一九八七年。
(5) この項は、主に三宅晶子「一噌流初期三代」(法政大学能楽研究所編『能楽研究』第九号、一九八三年)、竹本幹夫・三宅晶子「一噌流笛伝書『矢野一宇聞書』」(『中世文学　資料と論考』笠間叢書一〇九、笠間書院、一九七八年)、「四諸座・諸役・諸流の消長」(表章・天野文雄『岩波講座　能・狂言Ⅰ　能楽の歴史』岩波書店、一九八七年。参照は一九九九年)、小林責・西哲生・羽田昶『能楽大事典』(筑摩書房、二〇一二年)より「一噌正之助」(四二頁)・「一噌又六郎」(四二頁)・「一噌要三郎」(四三頁)・「一噌庸二」(四三頁)・「一噌流」(四三頁)・「檜垣本彦兵衛」(七四二～七四三頁)・「[九]　能楽書家系図　笛方」(一〇六八～一〇六九頁)の各項目を参照して記した。
(6) 註(5)竹本・三宅論文。
(7) 観世庄右衛門元信編著『四座役者目録』(法政大学能楽研究所観世新九郎家文庫蔵)、上冊は「四座役者目録　上」、下冊は「近代四座役者目録　下」と題する。一六五三年までに成立。田中允編『改訂増補　校本　四座役者目録』能楽史料第六編(わんや書店、一九七五年、一五一～一五四頁)の翻刻と解題を参照した。
(8) 註(5)三宅論文、一八四頁。

（9）註(5)三宅論文、一八八頁。
（10）註(5)三宅論文、一八九頁。
（11）註(5)表・天野著書『岩波講座　能・狂言Ⅰ　能楽の歴史』。
（12）註(5)三宅論文、一八九頁。
（13）八世一噌又六郎政香の没年については、『能楽全書　二』（東京創元社、一九八一年）の「能楽諸家系譜」（西野春雄作表）をはじめ、『能楽大事典』（筑摩書房、二〇一二年）掲載の「[九]能楽書家系図　笛方」などの従来発表されている各種系図類では「延享二年」となっている。しかし、「延享二年」は没年ではなく生年とするのが正しく、「没年」は誤植であることを山中玲子氏よりご教示賜った。
（14）この項は、主に「四　諸座・諸役・諸流の消長」（表章・天野文雄『岩波講座　能・狂言Ⅰ　能楽の歴史』岩波書店、一九八七年。参照は一九九九年）と、小林責・西哲生・羽田昶『能楽大事典』（筑摩書房、二〇一二年）より「藤田流」（七七七頁）・「藤田六郎兵衛」（七七七頁）・「[九]能楽書家系図　笛方」（一〇六八頁、一〇七二頁）の各項目を参照して記した。
（15）この項は、主に「四　諸座・諸役・諸流の消長」（表章・天野文雄『岩波講座　能・狂言Ⅰ　能楽の歴史』岩波書店、一九八七年。参照は一九九九年）と、小林責・西哲生・羽田昶『能楽大事典』（筑摩書房、二〇一二年）より「野口伝之輔」（六九六頁）・「森田初太郎」（八八五頁）・「森田操」（八八五頁）・「森田光風」（八八五頁）・「森田光次」（八八五〜八八六頁）・「森田光治」（八八六頁）・「森田光春」（八八六頁）・「森田流」（八八六〜八八七頁）・「[九]能楽書家系図　笛方」（一〇六八頁、一〇七〇〜一〇七一頁）の各項目を参照して記した。
（16）狂言で奏する能管の常用曲目は考察対象としない。
（17）註(2)横道著書、註(3)東洋音楽学会編著書、註(4)横道著書。
（18）横道萬里雄「能の音楽」『能』（レコード解説書、一九六三年。同『能劇の研究』再収、一〇八〜一〇九頁）。「合ワセ吹キ」と「アシライ吹キ」という用語は横道による。
（19）旋律型には、ごく僅かではあるが無名称のものもある。
（20）【資料1】に示した曲目の名称は『能の囃子事』に従った。名称の多くは『能の囃子事』によって新たに考案されたもので、演者のあいだではこれとは別の名称を使うこともあることを断っておく。囃子事における能管の曲目は本来、現行する一噌流・藤田流・森田流の三流儀において呼称がまちまちであったが、研究者と演者とのあいだに共通の基盤をつくるために、『能の囃子事』によって統一した呼称が提唱されたという経緯があるためである。

例えば、「出入事」の「入端事」に分類される〔来序〕は、実際には一噌流で〔中入来序〕、森田流で〔門守〕（別称：〔中入来序〕）、藤田流で〔狂言門守〕と呼ばれることがあり、また、「繋ギ事」に分類される〔短冊ノイロエ〕も、一噌流では〔短尺之段〕、森田流では〔短冊の段〕、藤田流では〔短冊のイロエ〕などといわれることがある。さらに、「出入事」の〔音取〕は〈清経〉という演目におけるシテ方の特殊演出であるが、この曲目を森田流の演者のあいだでは、シテ方が観世流の場合には〔恋ノ音取〕、宝生・金春・喜多流の場合には〔音取〕、金剛流の場合には〔披講之出端〕というように、舞台を共にするシテ方の流儀により変えていい表すことがある。

(21) しかし、現在では、森田流においても、演者によって、〔送リ笛〕を優美な女性を主人公とする鬘物の夢幻能で奏することもある。

(22) 高桑いづみ『能の囃子と演出』音楽之友社、二〇〇三年。

(23) 家ごとの相違とは、例えば杉家で「日吉高音四クサリ」「日吉高音五クサリ」「高音五クサリ」を吹く箇所を、森田光風『篴格』（森田柵内家）では「日吉高音三クサリ」という別の旋律型を吹くなどである。このように、旋律型を用いる演出それ自体が異なる場合もある。

(24) 森川荘吉編『一噌流笛頭附』一樹会、一九四〇年。

(25) 森田光風『篴格』今村屋謡曲用品部、一九三〇年。

(26) 森田光春編『森田流奥義録』能楽書林、一九八〇年。

(27) 森田光風『能楽叢書要技類従』広島光風会、一九六一年。

(28) ちなみに、句の組み合わせや個数をかえてヴァリエーションを増やしていく旋律構造は、能管の旋律全般に共通するものである。実際の演奏に際しても、アシライ吹キの囃子事の〔一声〕や〔出端〕などでは、演者の登場を見計らう目的で、様々な句を適宜加えたり減らしたりしながら演奏を調整している。いくつもの句を連ねて旋律を作り上げるこのような構造は、能管の旋律が形成された歴史的過程を考えるうえでも興味深い。

(29) 一演目のなかで「六ノ下」を複数回奏する場合には、「クセ」の直前で吹く「六ノ下」のみを「真ノ六ノ下」とし、その他の箇所では通常の「六ノ下」とするようである。
(30) 管見に入った唱歌譜が現行する流儀（ないし家）を代表するものとは限らないが、ここではあえて網羅的に扱う。また、今回収集できなかった現行唱歌譜が存在する可能性もある。
(31) 収録曲で相違するのは、「**ウ**」の〔鶴之舞〕、「**オ**」の〔安宅　トリの掛リ〕、「**コ**」の〔カケリ〕のみである。
(32) 狂言の曲目を含めると三八曲である。
(33) 森田操著、森田光風編『千野の摘草』ぺりかん社、一九八六年。
(34) 編者・所蔵等の詳細は不明。筆者は未見である。
(35) 茂手木潔子「唱歌（仮名譜）についての一考察」『音楽学』第二四巻第二、一九七七年。David W. Hughes, "The Logic and Power of Acoustic-Iconic Mnemonic Systems." *British Journal of Ethnomusicology* 9-2, 2000.
(36) ただし、「**エ**」では「日」を用いずに「ヒ」とし、「**ケ**」では「ヒ」も用いる。
(37) 生み字を表記するか否かという表記上の相違としては、この他に、「ァ」の扱い方を巡り、「**カ**」と「**ク**」が「ヒュヤァ」（〔下リ端〕）とする句を「**ケ**」と「**コ**」では「ヒュィヤ」とするなどがある。
(38) 藤田流の「**エ**」と「**オ**」では仮名表記が統一されているが、音を延ばす際に生じる生み字や装飾音を表記するか否かという点で若干の相違が存在する。しかし、単なる表記上の違いであるため、本節では「**エ**」と「**オ**」の仮名表記をほぼ同一であると判断し、以下「**エ**」と「**オ**」を「藤田流」として一括して扱った。参考までに「**エ**」と「**オ**」にみられる僅かな相違を列記しておく。
・黄鐘基調の「呂中干」形式の舞事の「段ノ譜」を、「**エ**」は「ヒウヤラリ」とするが、「**オ**」は「ヒウイヤラリ」とする。
・〔早舞〕の「二段オロシ」の旋律を、「**エ**」は「フリウヒヒャウラ」とするが、「**オ**」は「フリイウヒヒャウラ」とする。
・〔神楽〕の「序」の旋律を、「**エ**」は「リツリツラロルラ」とするが、「**オ**」は「リツリイツラロルラ」とする。
・〔楽〕の「序」の旋律を、「**エ**」は「ホヒ、オヒャロルラ」とするが、「**オ**」は「フホヒ、オヒャロルラ」とする。

・〔盤渉楽〕で「エ」が「ヒュイタルラァァヒ、オヒヤリ」とする旋律を、「オ」は「ヒュイイタルラァァヒ、オヒヤリ」とする。
・〔盤渉楽〕の「三段オロシ」の旋律を「エ」は「ヒヒャウライツライツヒュ、ヒュイヤラルラ」とするが、「オ」は「ヒヒャウライツライツヒャ、ヒュイヤラルラ」とする。
なお、一噌流の「ア」～「ウ」には差異は確認できなかった。それゆえ、本節では「ア」～「ウ」の比較検証を割愛し、「ア」～「ウ」を一括して「一噌流」とした。

(39) 「呂中干」形式の舞事については、〔序ノ舞〕〔盤渉序ノ舞〕〔中ノ舞〕〔早舞〕〔神舞〕の五曲を分析対象とした。その理由は、この五曲がリズムと調子の両面から「呂中干」形式を代表するものと捉えられるためである。一方で、〔楽〕のように「地」の旋律が段によって変化する舞事は分析の対象外とした。

(40) 高桑いづみ「平岩流唱歌をめぐる一考察」『能研究と評論』月曜会雑誌一五、一九八七年。註(22)高桑著書、再収。

〔謝辞〕 杉市和氏、藤田次郎氏、藤田六郎兵衛氏には常用曲目についてご助言をいただき、また、唱歌譜の収集にあたってもご厚意を賜った。また、唱歌譜の収集と閲覧に際し、高桑いづみ氏、藤田隆則氏、独立行政法人文化財研究所東京文化財研究所無形文化遺産部にお世話になった。山中玲子氏には、八世一噌又六郎政香の生没年に関してご教示いただいた。ここに記して謝意を表したい。

第二章　演奏体系

はじめに

本章では、唱歌を具現するとどのような演奏の広がりが生まれるのかということに焦点に当て、現行の演奏技法の特徴を演奏実践の面から紐解く。それにより、現行の能管の演奏のしくみを明らかにする。

横道萬里雄が「唱歌は、基本的な奏法に付けた口唱譜だから、装飾的な旋律は示されていない(1)」と述べているように、現行の唱歌はふつう旋律の基本的な部分のみを示すことになっている。ところが、実演奏では、演者が唱歌そのままに演奏することはほとんどない。演者は唱歌の示していない音を様々に響かせ、鳴り響きは演者の数だけ異なったものとなる。さらに、演者は演奏のたびに装飾の技巧を変化させてもいる。つまり、現行の唱歌は固定した一種類の演奏だけを伝えようとしているのではなく、即興演奏による様々なヴァリエーションの生成を可能にしているといえる。

しかし、その演奏体系については演者個人のわざとして秘められた部分が多く、これまで考察の対象となることはほとんどなかった。横道萬里雄・蒲生郷昭『口唱歌大系：日本の楽器のソルミゼーション(2)』にて、唱歌を唱えた声と実際に楽器を持って奏した際の鳴り響きとを比較した事例がいくつか紹介されているが、唱歌が実演奏でどのような体系に基づきヴァリエーションを生み出しているのかという演奏の実際に関わる部分は明らかになされていない。唱歌が文字通り、「唱え歌」として声に出して唱えられて機能することに鑑みれば、能管の演奏体系は実践の場で演者がいかに唱歌を唱えているのかというところに拠るところが大きいと考えられる。それゆえ、演奏体系は唱歌が声を介して音楽実体を伝える媒体になる過程も含めて検討するべきである。

こうした点を踏まえ本章では、記された唱歌から実際に音が鳴り響くまでの過程を明らかにしていきたい。とくに、唱歌が口頭伝承される際にいかに唱えられ、それが実際の鳴り響きとしてどのように具現されているのかについて、唱歌・声・鳴り響きの相互の関係に着目して導く。

まず第一節では、唱歌を唱える声の働きに焦点を当て、記された唱歌が声を介して音楽を具現する媒体に変化する過程を検証する。次に第二節では、記された唱歌を演奏する際の演者の即興演奏の体系について考察する。最後に、第三節では旋律を彩る具体的な技巧を分析し、演者のヴァリエーション豊かな演奏の実像をみていく。第二節と第三節では、実際の舞台上演をもとに分析を進める。以上の検証によって、これまで明らかにされてこなかった演者個人がわざを生み出す演奏体系が映し出されると思われる。

一　唱歌と声のイメージ

唱歌は、教習の場で師匠から弟子へと一節ずつ口頭で伝えられる。唱歌の性質について、徳丸吉彦が「声による楽器の代替物(3)」といい表しているように、唱歌は本来的に声に出されることで音楽実体を伝達する媒体となる。口頭伝承を経験した者は、記された唱歌を目でみるだけでその唱歌を唱えた際の自身の声をイメージでき、そのイメージをもとに、記された唱歌を再現してみた時の自分の演奏も想像できる。唱歌を具現するには唱歌を唱える声が仲立ちとなり、その声を再現する形で鳴り響きが生まれていくのである。それゆえ、口頭による教習を経験していない者が、記された唱歌を目でみてそこから音楽実体を想像しようとするのはほとんど不可能である。唱歌から音楽実体を導くうえでは、唱歌を唱える声をイメージできるかどうかということが非常に重要になってくるといえるだろう。

現行の能管の伝承が口頭伝承を主としているとはいえ、しかしながら、伝承が口頭だけに拠る場合はむしろ稀であり、多くの場合が記されたものを用いる書記伝承も使っている。ウォルター・J・オングは伝承方法に orality と literacy という対概念を提唱し、文化にはそれぞれに基づいた「声の文化」と「文字の文化」があることを指摘している(4)。また、徳丸吉彦は orality と literacy に「口頭性」と「書記性」という訳語を当て、音楽の伝承方法もこれらの二つによって成り立つことを示した。そして、音楽の伝承における「記されたもの」と「口で伝えられるもの」について論じ、「書記伝承の方法をもつ様式でも、実際の伝承過程では、書記伝承と口頭伝承の両者がさまざまなバランスで使われている(5)」との見解を示した。

能管の現行伝承も、記された唱歌に基づく書記伝承と師匠から口伝えされる口頭伝承の両方を用いているので、二つの伝承方法の間には何らかのバランスが保たれていると考えられる。そこでまず、記されたものとして『一噌流唱歌集』(「ア」、概要は第一章前述)という一噌流の現行唱歌譜を一例に取り上げ、そこで書記伝承されている音楽情報を整理し、現行伝承における書記伝承の位置づけを探る。第一章で述べたように、「ア」は現行一噌流の演奏技法の規範を示すものとして、教習の場で一般的に用いられており、書記伝承の分析には好事例と判断した。

次に、口頭伝承における唱歌を唱える声の働きを検証し、現行伝承における口頭伝承の位置づけを考察する。口頭伝承において、演者がある種、感覚的に捉えてきた声が伝えるイメージを実証的に検証するのは容易とはいえないが、一つの方法として本書が提示したいのは、筆者が一噌流笛方藤田次郎（一九五二〜）から教授を受けた際に藤田が「ア」に任意に書き入れた記述を読み解くというものである。その記述は、藤田が筆者へ口頭伝承する際に、もともと「ア」には書かれていなかった情報をその場で新たに補って書き込んだものである。(6)「ア」に記される唱歌を声に出して唱えた際に書き加えられたので、藤田の書き込みは、唱歌が単なる文字として記されたものから、声を介して音楽実体をイメージさせるものへと転換した際に、演者自身の声が表出したものと捉えられるだろう。従って、藤田の記述を抽出し詳細に分析することによって、記された唱歌が声を介して伝えようとする、口頭伝承に基づく情報を実証的に導くことができると考えられる。そしてそれにより、唱歌が音楽実体を具現する媒体へと変化する過程が明らかになると思われる。

以上を踏まえ、「ア」の書記伝承する音楽情報と藤田の書き加えた情報とを比較検討することによって、現行伝承において書記伝承と口頭伝承がどのような割合で混在しているのかが浮かび上がり、現行の伝承体系のあり方も提示されることになるだろう。

（1）書記伝承の情報

最初に、「ア」にて書記伝承される情報を整理しておく。

「ア」では旋律を縦書きの八拍に割り付けて唱歌を示す〔図7〕。この形式を八割リ形式という。譜に横線を八本引き、それらの横に「一」〜「八」の数字を付して拍を示している。拍の表間に当たる仮名を線上に配し、裏間に当たる仮名を線と線との間に記す。そして、拍を跨いで仮名を延ばすときには「｜」を用いる。こうして唱歌を八拍に割り付けて、唱歌を唱える大まかなリズムを伝えている。

また、ここに示される唱歌は旋律の大枠を表すものであり、装飾的な音は表していない。先述したように、現

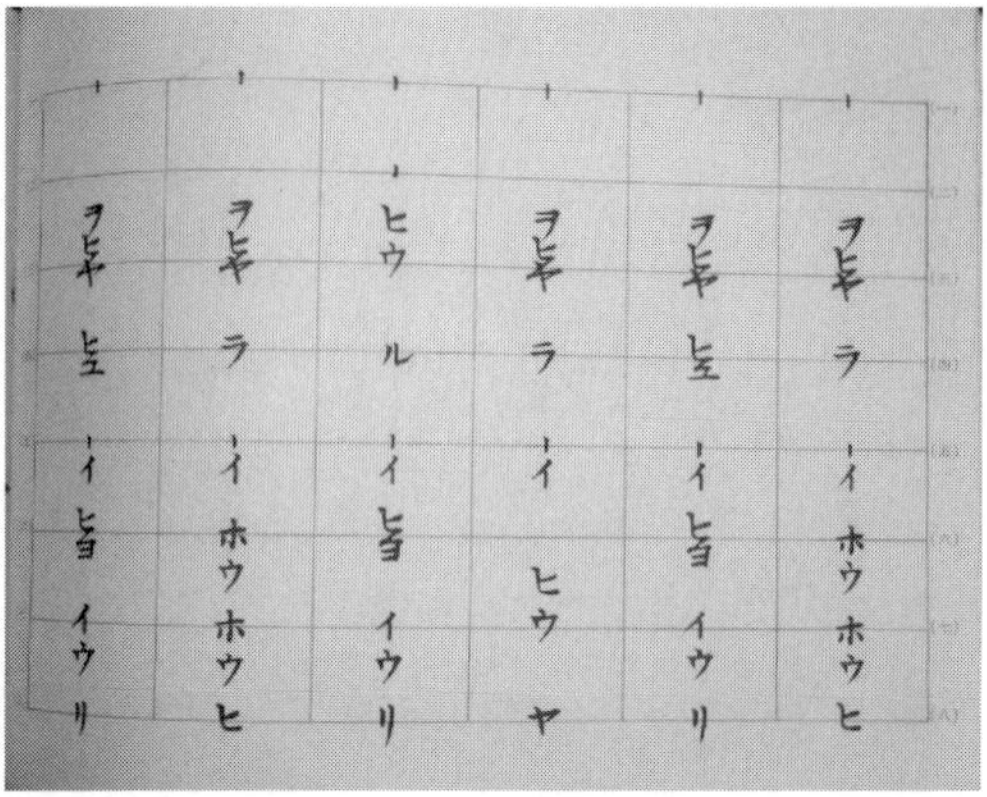

図7　八割リ形式の例（『一噌流唱歌集』わんや書店、1936年）

行唱歌譜に記される唱歌は、主に基本的な奏法に付けたものであることを改めて確認しておきたい。

譜面に注記を付す場合もある。全体を通じて五〇種類以上の注記を用いており、「掛リ」「初段」「留」「序」「地」「観世流コ、ニテ留」「船弁慶計リ掛リニ日吉不吹」「海士能ノ節ハ掛リ二句目ニ「（唱歌）」ノ一句ヲ入レル」などのように、主に楽曲の基本的な構造を示すものを用いている。その他に、「呂」「中」「下」のような音高を示す注記も僅かではあるが使用している。

このようにみると、「ア」の書記伝承する情報は、旋律の基本的な奏法を表す唱歌と、そのおおよそのリズム、そして楽曲構造の大筋などに限られていることがわかる。そこから、実際に唱歌を唱える速度や息継ぎの箇所を窺い知ることはできず、楽器を用いて再現した際の鳴り響きの音色やニュアンスなども推し量ることはできない。従って、記されたものから読み取れることは驚くほど少なく、口頭伝承されることなしに、記されたものをみるだけで演奏することは難しいといえる。もっとも、実際の伝承においては、書記伝承と口頭伝承とが相補いながら働いているので、次項では声を介して伝達される内容をみていくことにしたい。

（2）唱歌を唱える声のイメージ

ここでは、記された唱歌が口頭伝承によって音楽を具現する媒体に変化する過程を考察する。方法としては、

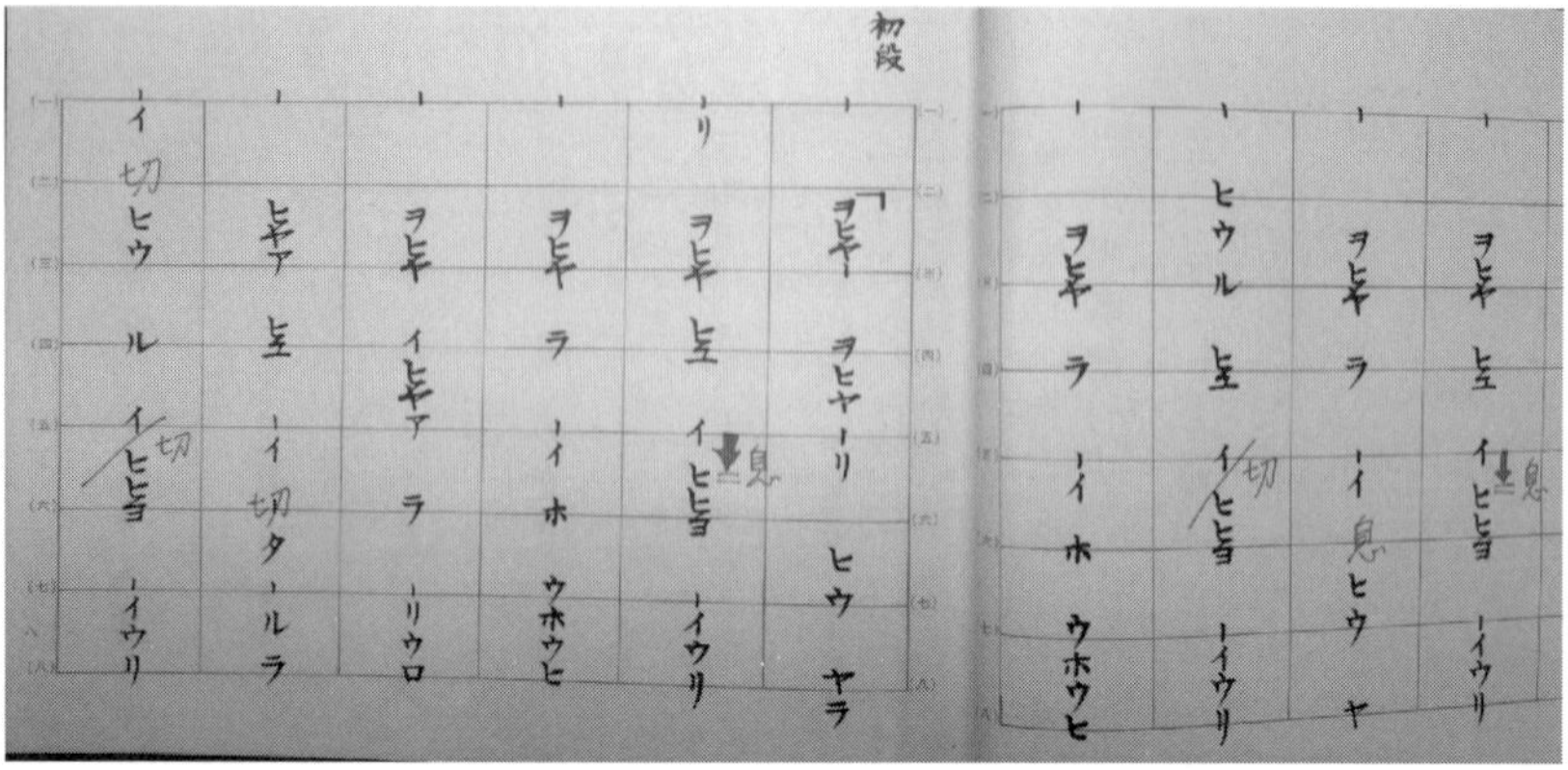

図８　息継ぎの例（『一噌流唱歌集』わんや書房、1936年）

先述のように、筆者が一噌流笛方藤田次郎の口頭伝承を受けた際に、藤田が実際に唱歌を唱えながら、その唱歌をいかに唱えるべきかをその場で「ア」に書き入れた記述を分析していく。藤田が「ア」に書き入れた情報は唱歌を具現する藤田の声が表出したものなので、それを分析すると唱歌が声を介して伝えようとしている情報が明らかになるはずである。以下では藤田の書き入れた内容を、①息継ぎ、②速度、③抑揚、④仮名、の四つに分類し、順に取り上げる。

①息継ぎ

藤田は、息継ぎをするべき箇所に、独自に考案した記号を記している〔図８〕。記号には、「↓═息」、「息」、「╱切」、「切」の四種類があり、それぞれが少しずつ異なる文脈で用いられている。すなわち、「息」「↓═切」は直前まで前の音を延ばしすばやく息継ぎすること、「息」はたっぷり息を継ぐこと、「╱切」はすばやく息を継ぐこと、「切」は旋律を一端おさめてから改めて息継ぎをすることである。いずれも細かい違いではあるが、実際に演者が息の継ぎ方や吹き込み方に留意して唱歌を唱えていて、唱歌が音として再現されたときにもそうした呼吸の妙が多様な間合いを生み出している様子が窺い知れる。これらの息継ぎは、八拍子の拍節感に基づいて、八拍ないしその半分の四拍を単位になされている。拍節感に基づいた息継ぎは、拍の規定される合ワセ吹キの旋律に共通していることである。

一方で、拍の規定されないアシライ吹キの旋律で息継ぎをする箇所に対しては、藤田は「／」という別の記号を用いて示している。アシライ吹キの旋律では、合ワセ吹キの旋律のように拍節を感じながら呼吸できないので、初心者はともすると息の続く限り吹き流し、苦しくなったところで思わず呼吸をしてしまう。それにより、旋律に不自然な切れ目が生じ、聞き手も旋律の全体像を想像するのが難しくなる。それを避けるため、実践の場では句を目安にして息継ぎするのがよいとされている。つまり、句を単位に息を継げば、いくつかの句の連続として一つの長い旋律を伝えることができるのである。

一例として左に示すのは、〔イロエ掛リ中ノ舞〕で吹くアシライ吹キの旋律の一部に藤田が息継ぎの記号を書き込んだものである。

ヒョロイヒョ／ルリヤヒュイ／ヒヒョ／リリ

ここでの「／」も、よくみれば句を単位に書き込まれていて、旋律の全体像を掴むことのできる息継ぎを促している。(7)

以上みてきたような息継ぎの方法やタイミングの違いは、旋律に多様な間合いを生み出し、より効果的な表現を創り上げていくうえで重要である。しかし、いつ・どこで・どのように呼吸するのかということは、師匠から直接唱歌を一節ずつ口頭伝承されて初めて認識できる性質のものである。師匠とともに唱歌を唱えて体得した呼吸が、演者の身体に息継ぎのイメージを刷り込んでいくことになるといえよう。

②速度

藤田は、唱歌を唱える速度についても書き込んでいる。もっとも、その箇所は緩急の変化の目立つ例外的な数箇所に留まる。書き込みには、「シッカリ」「元に戻す」「早め」「位ス、ム」「位静マル」の五種類がある。「シッカリ」「位ス、ム」「位静マル」などは聞きなれない言葉かもしれないが、「シッカリ」は「ゆっくり」や「はっきり」、「位ス、ム」は「次第に速度が速くなる」、「位静マル」は「次第に速度が遅くなる」などを意味する能の専門用語である。これらはある程度、書き手の個人的な感覚がもとになっていて、絶対的な速度を指定するものではない。それだけに、口頭伝承を受けていない者が唱歌をみるだけでは感じ取れない性質のものである。

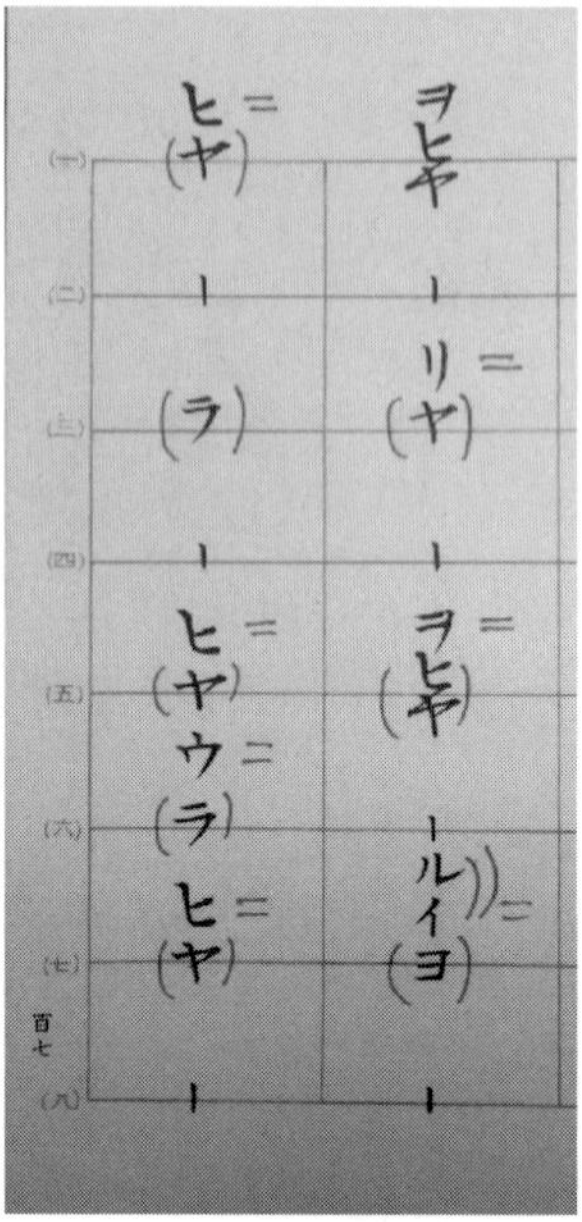

図9 〔楽〕の抑揚の例（『一噌流笛唱歌集』わんや書店、一九三六年）

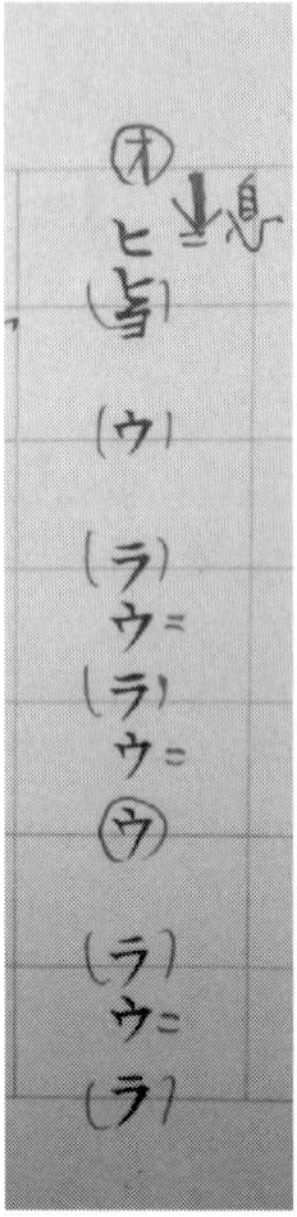

図10 〔早笛〕の抑揚の例（『一噌流笛唱歌集』わんや書店、一九三六年）

③抑揚

抑揚に関係する書き込みもある。これは当該の仮名をどのような抑揚で唱えるべきかを示したものである。藤田は「‖」「┃」「☽」「☽《まとめる》」「()」「○」の六種類の記号を独自に考案して用いている。ここではそれらを内容から大きく三つに分類し、〔楽〕〔図9〕と〔早笛〕〔図10〕を事例に挙げて、そこでの使い方を順に紹介していく。

まず「‖」は、一拍の裏拍に書き込まれ、一拍の半分の「半間」を示すものとして使われている。〔楽〕と〔早笛〕の両方の事例にみられる。八割リ形式の譜では拍の表間に線が引かれるので、視覚的にはどうしても拍の表間が強調されてしまう。これに対し、「〓」の記号には裏間で唱える仮名を目立たせる働きがある。このことは、演者が当然のことながら裏間も大切に唱え、演奏に臨んでいることを表している。つまり、唱える息遣いを工夫して裏間に抑揚を与え、表間と裏間の力の拮抗により音楽的な流れを生み出そうとしていることが窺い知れる。

次に「()」と「○」は、「㋶」や「㋒」のように唱歌の仮名を囲んで強調してみせるもので、一種のアクセント記号である。「()」を〔楽〕と〔早笛〕の両方に〔図9・図10〕、「○」を〔早笛〕で用いている〔図10〕。主に表間に書き込み、拍感覚を際立たせる働きがある。能管ではタンギング奏法をしないので、拍を強調するためには息遣いを工夫し、吹込みを強くするなどして抑揚を作り出す必要がある。

最後に、〔楽〕の事例にみられる「☽」は、二つの仮名を「まとめて」唱えることを促すものである〔図9〕。半音ないし四分の一音（半音の半分）の二つの仮名を素早く連続して唱えることを示す。なお、〔図9〕には写っていないが、他に「☽《まとめる》」という記号が「☽」と同義で使われている。

このように、旋律の抑揚は演者が唱歌を声に出して唱える息遣いによって生み出されている。息遣いの妙は口頭伝承により演者自身の身体に刷り込まれ、イメージとして記憶される。そして楽器を持って息を吹き込む際には、唱歌を唱える息遣いがそのまま再現されて具体的な抑揚を伴う鳴り響きとなるのである。

④仮名

〈生み字〉

唱歌の右側に小文字の仮名を書き込む場合もある。記述の形態により、「ア」「イ」「ウ」「オ」の仮名をそのまま書き込むものと、「㋐」「㋑」「㋒」「㋔」のように仮名を丸で囲んで示すもの、さらに、仮名の右側に矢印記号を付して「↗《イ》」「↗《ウ》」のように示すもの、の三つに分類される。それぞれの使い方を〔楽〕〔図11〕と〔猩々乱〕

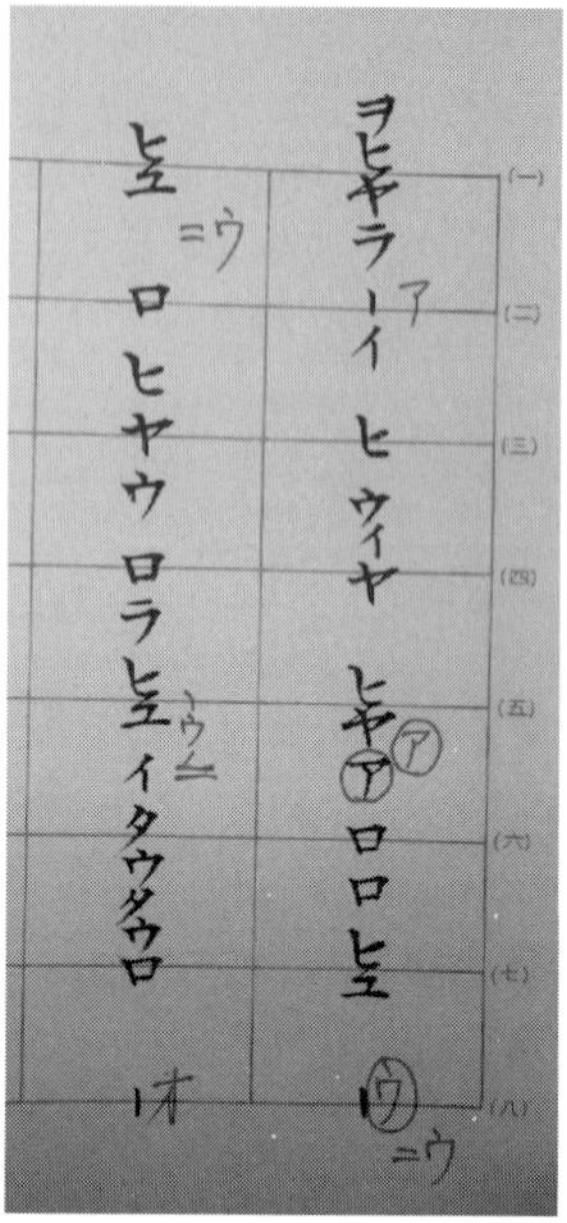

図11 〔楽〕の生み字の例（『一噌流唱歌集』わんや書店、一九三六年）

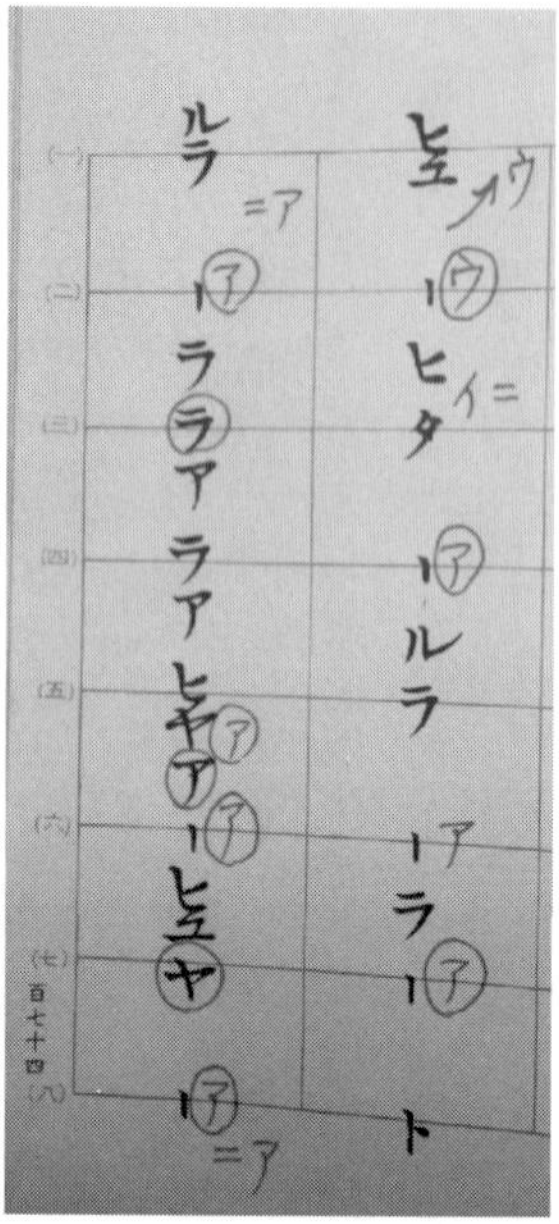

図12 〔猩々乱〕の生み字の例（『一噌流唱歌集』わんや書店、一九三六年）

〔図12〕を例に挙げてみていく。

まず、「ア」「イ」「ウ」「オ」と「㋐」「㋑」「㋒」「㋔」は、唱歌の母音を延ばしたときに生じる生み字を書き込んだものである〔図11・図12〕。両者の用法に大差はなく、いずれも生み字を強調し、抑揚を強くつけて唱えることを指示している。

これに対し、矢印記号を用いた「↗《イ》」「↗《ウ》」は、生み字を唱えるあいだに息の量を増やすように指示するものである。実際に楽器で吹奏すると、息を吹き込む量を増やすにつれて鳴り響きの音高は高くなっていく。一例として示す〔図12〕では「↗《ウ》」という記号が書き込まれているが、矢印記号が上向きであることが示すように、この記号はここでの音高の変動を視覚的にイメージさせるものであるだろう。音高を変動させるこの奏法は特殊な演奏技法なので、〔神楽〕や〔猩々乱〕などの舞事に限って使われる。

このように、小文字の仮名は演者が心のなかで強調して唱えている生み字が書き表されたものである。生み字を強調して唱えると、息遣いや息の量が調整され、実際の楽器の鳴り響きにはナビキが生じ、一つひとつの音が際立って拍が明確となる。それにより、旋律に抑揚や揺れが生まれ、聞き手は表現に面白みを感じ、小鼓・大鼓・太鼓の演者は笛の演者から間合いの主張や音楽的な合図として受け留めることになる。管楽器の能管にとって息遣いは唱歌に生命を吹き込み、音楽に気迫を生みだす非常に重要な要素であり、それだけに唱歌の生み字の扱いは重要である。ただし、こうした生み字はどんなに強調して唱えても、旋律の音数に直接影響を与えることはない。つまり、ここで紹介した生み字には、基本的な奏法として奏する旋律に新たに音を加えて彩るような性質はない。

〈差し指〉

一方で、藤田は、装飾的な奏法を用いて旋律に新しく音を加えるための仮名も書き込んでいる。装飾的な奏法は「差し指」と呼ばれる。差し指は、「動きが細かく、半ば即興的な装飾音を奏する指づかい(8)」により、基本的な奏法で奏する旋律に装飾音を加え、旋律の音数やリズムに変化を与えるものである。

横道萬里雄が唱歌には「装飾的な旋律は示されていない(9)」と述べているように、現行唱歌譜（「ア」）においても、唱歌は基本的な奏法を表すものとして記され、差し指による装飾的な奏法に唱歌を当てることはしていない。しかし、装飾的な奏法は唱歌や唱歌を唱える声とまったく無関係のところに存在しているわけではない。というのも、実践の場では、差し指による装飾的な奏法は、基本的な奏法を示す唱歌の唱え方を工夫することで表されているからである。例えば、基本的な奏法を示す唱歌を唱える声そのものに装飾的な抑揚を付け加えて唱えるなどしている。

さらに踏み込んでみてみれば、実際のところ、差し指による装飾的な奏法に唱歌を新たに創って当てることもしばしば行われている。すなわち、差し指による装飾的な旋律の動きに合わせて、聞こえてくるままに演者が個人的に唱歌を当てはめて唱えることもなされているのである。もっとも、装飾的な奏法は演者の個人的なもので

図13 「リヨ」の例（『一噌流唱歌集』わんや書店、一九三六年）

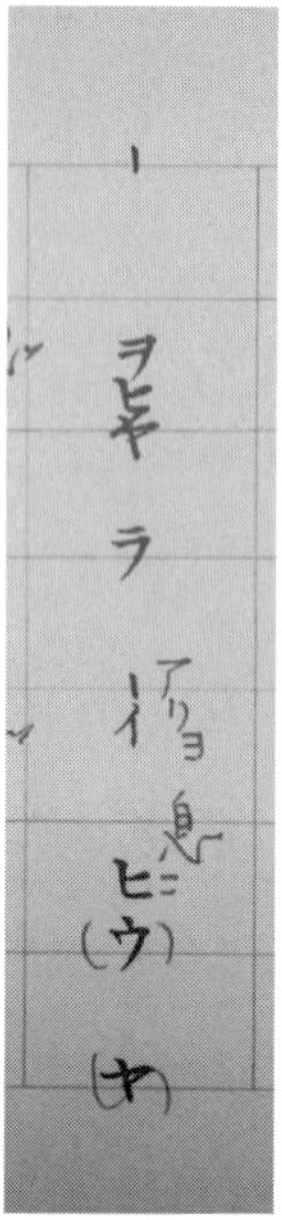

図14 「ライ」の例（『一噌流唱歌集』わんや書店、一九三六年）

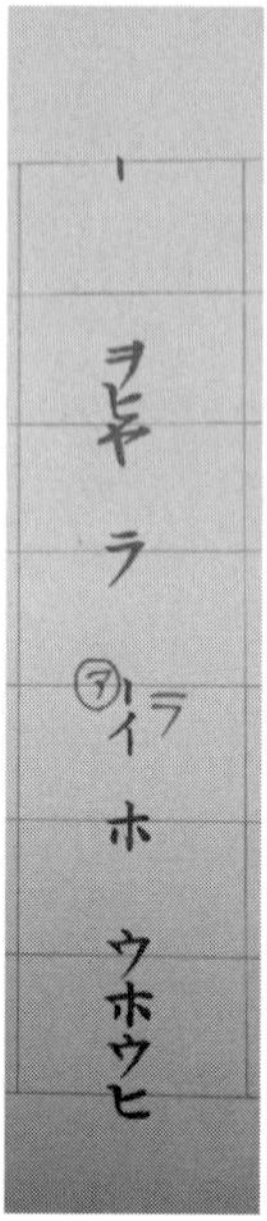

あるのでそこに流儀の定めるような性質はなく、それゆえ装飾的な奏法に新たに当てられた唱歌も演者の個人的なものである。藤田も差し指に新たに唱歌を創って当てているのでここでその一部を紹介することにしたいが、当然のことながらその技巧と唱歌は藤田の個人的なものである。藤田から弟子へと伝承されている部分もあるが、一般化される性質のものではない。

具体的には、差し指を示すものとして藤田は「リヨ」「ライ」「ヲオヒヤ」「ヲオヒ」の四種類の唱歌を新たに創って書き入れている。まず、「リヨ」と「ライ」は、〈序ノ舞〉〈中ノ舞〉〈破ノ舞〉などの速度の緩やかな「呂中干」形式の舞事で用いている〔図13・図14〕。「リヨ」も「ライ」も「ヲヒヤラーイ」という句の末尾に加わって、句の形を「ヲヒヤラーリヨ」や「ヲヒヤラーイライ」などのように変化させている。「リヨ」と「ライ」は仮名数に等しい二つの音から構成されるので、これらの音が加わると物静かな舞事の旋律は優雅で華やかなものとなる。藤田によれば、「リヨ」という装飾的な唱歌は現在の一噌流の演者のあいだで比較的広く用いられているが、「ライ」に関しては他の演者は用いておらず、藤田が独自に唱歌を当てたという。

また、「呂中干」形式の舞事で〈男舞〉〈神舞〉〈早舞〉などの速くて力強い舞事では、旋律に勢いを生み出すために息を力強く吹き込むことが重要となる。そのため、藤田は旋律の吹き込みを強調するために「ヲオヒヤ」〔図15〕や「ヲオヒ」〔図16〕を用いている。いずれも、旋律の冒頭の「ヲ」という仮名を強調して唱えるように

図15　「ヲオヒャ」の例（『一噌流唱歌集』わんや書店、一九三六年）

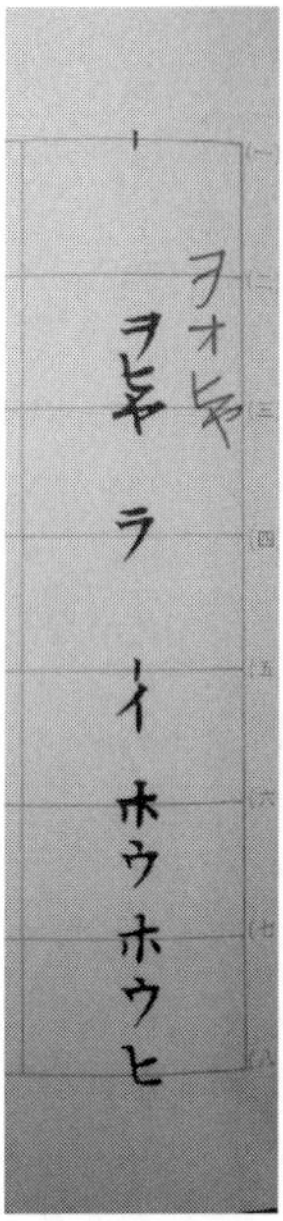

図16　「ヲオヒ」の例（『一噌流唱歌集』わんや書店、一九三六年）

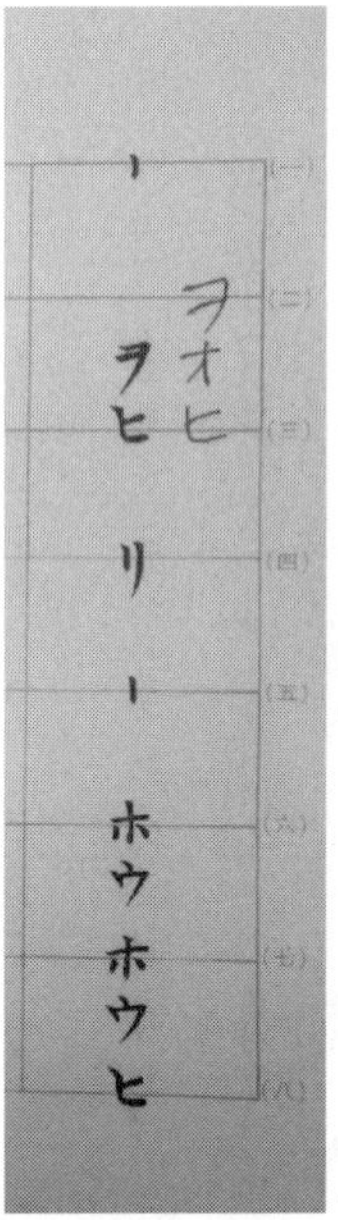

促すものである。実演奏では、「ヲ」の吹き込みを強調した結果、本来より半間早い、第二拍目から吹き出すことになり、リズムにも変化が生じる。

差し指は演者の個人的な技巧であるので、その実際は他人に秘し、師匠から逐一伝授されることもない。それゆえ、藤田もごく初歩的なものとしてこれらの差し指を書き込んでいるに過ぎない。これ以上の技巧になると、師匠から直接伝授されるというよりむしろ、演者自らが造り出していくことになる。なお、実演奏における差し指の具体相については、次節で後述することとしたい。

（3）　まとめ

本節では、現行の伝承体系における口頭伝承と書記伝承の位置づけを分析し、記された唱歌が声を介して音楽実体を具現する媒体に変化する過程の特質を検証してきた。書記伝承の一例として分析した「ア」から読み取れる情報は、流儀の定める旋律の基本的な奏法を示す唱歌とそのリズム、楽曲構造の大筋などに限られていたが、教習の場では口頭伝承と相互に支え合うことにより、息継ぎ、速度、アクセント、抑揚、装飾的な技巧などの様々な要素が加わって伝承されていることが具体的に示された。それらの要素は、師匠から口頭伝承される過程で体得され、声のイメージとなって演者に記憶されていくものである。つまり、演者の持つ声のイメージとは、唱歌を唱える呼吸を通して身体の動きと一体化したものであり、身体に記憶されたものといえる。

現行の唱歌は主に旋律の基本的な奏法を示すので、それだけを表面的にみれば、唱歌が旋律の基本的な奏法しか伝えていないように思えるかもしれない。しかし、口頭伝承を受けた演者はそこに基本的な鳴り響きのみを想起せず、自身の声のイメージに基づいて、唱歌を唱える呼吸の躍動を感じ、唱歌の伝えようとする音楽実体を受け止め、さらには演奏の無限の広がりを予感する。そうして、実際の演奏に臨むときには、演者は自身の身体に刻まれた自らの声をその背景に持って、豊かなヴァリエーションを営んでいくのである。

二　現行の演奏体系

現行の伝承体系と、記された唱歌が声に出して歌われたときに伝えようとしていることを明らかにした前節を踏まえ、本節では鳴り響く音そのものに着目し、記された唱歌がどのような演奏体系に基づいて音として再現されているのかを検証する。

現行の唱歌は、一噌流と藤田流では宗家の刊行する現行唱歌譜をもとに一つに統一され、森田流では家による差異を含む場合もあるが大筋は流儀で統一されている（第一章前述）。そして、現行の唱歌には流儀の規範を示す機能があり、それが基本的な奏法を指し示すものとして認識されている（本章第一節前述）。しかしながら、実演奏で演者は基本的な奏法のみを奏しているわけではなく、唱歌の示していない装飾的な音を即興的に加えて多様な鳴り響きを生み出している。そこでとりわけ重要な技巧は、前節で少し紹介した差し指という装飾的な奏法である。差し指とは、「孔を半開にしたり、唇の当て方などによって音高を微妙に変化させたり、開いている孔を瞬間的に閉じてすぐに開けたり、閉じている孔を瞬間的に開いてすぐ閉じ」[10]たりするような、即興的な指使いである。差し指は、旋律を彩り、旋律の音数やリズムに変化を与え、旋律に艶やかさや華やかさや哀愁など生み出し、能の物語空間を色鮮やかに演出するので、能管の演奏技法のなかで極めて重要なものの一つである。それだけに、創意工夫に基づく演者の個性が端的に表れてもいる。

ここでは、実際の舞台演奏を手がかりにして差し指の技巧を具体的に分析し、基本的な奏法を示す唱歌と、そこに装飾的な奏法が加えられて具現された実音との関係を導いて、その背景にある演奏体系を紐解いてみたい。

（1）差し指のしくみ

まずは、実演奏で差し指を施して演奏するとどのような鳴り響きになるのかをみていく。差し指の技巧は演者によって大きく異なるので、ここでは試聴可能であった六名の演者の演奏を比較しながら検討を進める。すなわち、一噌流笛方の演者A氏（東京都在住）、演者B氏（東京都在住、平成二九年現在故人）、演者C氏（東京都在住）、演者D氏（東京都在住、平成二九年現在故人）の諸氏、森田流笛方の演者E氏（京都府在住）、演者F氏（大阪府在住）の諸氏である。[11] なお、能の上演は一回性のものであるのでここでの上演記録を普遍的なデータとして用いることはできないが、演奏体系を導くには十分であると判断した。

分析事例としては、「高音」と「中ノ高音」の二つの旋律型を取り上げる。「高音」と「中ノ高音」は旋律型のなかで吹奏頻度が最も高いので、分析に適当であると判断した。ここでは、優美な鬘物の能で諸氏の奏した「高音」と「中ノ高音」の演奏を比較し、その結果を便宜上、五線譜に採譜して示した。「高音」の結果を【譜例1】に、「中ノ高音」の結果を【譜例2】に示してある。【譜例1】と【譜例2】の演者は同一である。

採譜の目的は、基本的な奏法を示す現行の唱歌からヴァリエーションが生まれるしくみを明らかにすることであるので、演者が基本的な奏法に即興的に加えている装飾的な音を際立たせる分析をすることを心がけた。そのため、以下の全ての譜例では、基本的な奏法に基づく旋律と、新たに施された装飾的な奏法による音とを区別し

譜例1　「高音」の実演奏

譜例２　「中ノ高音」の実演奏

て表している。両者を一見して区別できるように、基本的な奏法による音を大きい音譜で表し、装飾的な奏法による音を小さい音譜（装飾音符）で示してある。

また、「高音」と「中ノ高音」はアシライ吹キで奏するので、実際には自由リズムとなり、音価は演奏のたびに異なっている。しかし、記譜が煩雑になることを避けるため、基本的な奏法の音価には仮のものを制定し全事例で統一して示した。音価を仮のものに統一することについては、ここでの考察が装飾的な奏法に基づく音を把握するためのものであり、音価を対象としないので問題ないと判断した。

同一種類の旋律型の演奏にも関わらず演者によって実音程が異なるのは、能管という楽器が一管ずつ音律が異なり絶対音高を持たないためである。従って、五線譜に採譜した音高は近似のものを示すに留まる。できるだけ実音に近づけるために、矢印を用いて四分の一音（半音の半分）を示した箇所もある。息継ぎは「，」で示した。その他の、音量や抑揚や音色や速さなどの要素は、ここでの検証に必要不可欠なものではないと判断し、表記していない。なお、採譜をしたのは二〇〇五年であるが、筆者は当時、一噌流の演者に入門して一〇年程、森田流の演者にも入門して五年程を経ていた。二流儀の演奏技法の伝承を受け、唱歌の示す基本的な奏法とそれ以外の装飾的な奏法とを聴き分け、自ら奏することができるだけの演奏技術を習得している。そのような条件のもと、基本的な奏法と装飾的な奏法とを把握したうえで採譜に臨んだ。

「高音」と「中ノ高音」の唱歌の示す旋律

まずは、「高音」と「中ノ高音」の基本的な奏法による鳴り響きからみていこう。

「高音」の基本的な奏法は「オヒャーラー」(12)という唱歌にて示す。「オ」「ヒャ」「ラ」の三つの仮名で構成されるので、三つの仮名に対応する三音を響かせるのが基本である。【譜例1】では、基本的な奏法による三音を大きな音譜（音価を仮に、八分音符、四分音符、二分音符で表した）で示してあるが、音高は多くの場合、第一音が最も低く、続く第二音はそれよりもやや高くなり、最後の第三音は第二音とほぼ同一音高で奏されている。第二音と第三音の音高がほぼ同じになるのは、第三音が第二音の繰り返しであるためである。「高音」の第二音と第三音は黄鐘の指孔によってもたらされる音で、この旋律型で重要な音となっている。[13] なかでも、最初に黄鐘を示す第二音は音楽的に極めて大事な音であり、続く第三音は第二音を強調するための繰り返しと捉えられる。

次に、「中ノ高音」の基本的な奏法は「ヒヒョールリー、ヒヒョーイヨー」[14] という唱歌で示す。「ヒ」「ヒョ」「ル」「リ」「ヒ」「ヒョ」「イ」「ヨ」の八つの仮名で構成され、八つの仮名に対応する八音を奏するのが基本である。【譜例2】においても、八つの音を大きな音譜（音価を仮に八分音符、四分音符、二分音符で表した）で示してある。「中ノ高音」の旋律は二句から成り、第二句は基本的に第一句の繰り返しであるが、第二句の最後の音高が第一句より低く終止するという特徴がある。

「高音」と「中ノ高音」の実演奏

さて、「高音」（【譜例1】）と「中ノ高音」（【譜例2】）の実演奏をみてわかることは、第一に、基本的な奏法に基づく唱歌の音はどの演者も省くことなく演奏していることである。どの事例においても、基本的な奏法を表す大きな音符を必ず奏していて、それが旋律の骨格を形作っている。第二に、差し指による装飾的な音は、基本的な奏法に添える形で施されていることである。つまり、装飾音は基本的な奏法による旋律の外側を加飾している。第三に、装飾音の付け方は演者によって様々であることである。そのため、基本的な奏法を示す唱歌が同じであっても実際の響きは異なるものに仕上がっている。

基本的な奏法に対する装飾的な奏法の位置づけを探るために、「高音」（【譜例1】）の装飾方法から具体的にみてみたい。【譜例1】をみると、六人の演者の装飾方法に一つとして同じようなものがないのがわかるだろう。[15]とくに演者A氏や演者D氏の演奏では装飾音の数も多いので、実際の鳴り響きを聞いた時に、両者を同じ「高音」と認識するのは容易でないかもしれない。そして、さらに細かくみれば、装飾する際の三音の扱いにも違いがあることに気づく。

具体的には、まず第二音には装飾する場合としない場合とがあるのに対して、第三音には多くの演者が複数の装飾音を施している。このことは、第三音には加飾されるべき特別な理由があることを示していると考えてよいだろう。先述したように、第三音は重要な黄鐘の音である第二音の繰り返しであるので、ここに、単純に繰り返すよりも加飾して変化を与えて強調したほうがより面白みが増すという演出上の理由があると思われる。これに対して、吹き始めの第一音は強調しなくても耳に飛び込んでくるので、大げさに彩る必要はない。そのため、軽く一、二音だけを加飾したり（演者A氏・B氏・C氏・E氏・F氏）、装飾を施さずに簡潔に吹き始めたりしている（演者D氏）。また、第一音と第三音の間に位置する第二音は、第一音よりも音高が高くなり、その音は非常に重要な黄鐘音であるため、しばしば音価が三音のなかで最も長くなる（ただし、先述の通り、ここでは全演者の音価を統一して示してある）。そして、演者A氏と演者D氏の演奏では第二音に装飾がなされ、第一音との間で音高に揺れを持たせたり（演者D氏）、第一音から経過的に繋いだりしている（演者A氏）。それにより、鬘物の能により一層、静かな印象をもたらしている。

つまり、装飾的な奏法が基本的な奏法に基づく旋律を最も効果的に響かせることを目的に施されていることがわかるが、興味深いことに、装飾に対する解釈はしばしば演者によって異なる。例えば、「中ノ高音」（【譜例2】）をみると、第二音と第六音を高い音から装飾する演者B氏と、低い音から装飾する演者（A氏・C氏・D氏・E氏・F氏）とがいる。第一音から第二音へ（あるいは第五音から第六音へ）の動きをみると、第二音と第六音を高い音から装飾する演者B氏の演奏では音高が経過的に下がるが、低い音から装飾する演者（A氏・C氏・D氏・E氏・F氏）の演奏では「V」の字を描くように音高が一度下がってから上がる。両者では旋律の音の動き方が異なるだけでなく、実際に鳴り響きのもたらす印象も大きく相違する。この違いは、第二音と第六音に対する演者の解釈が異なることに拠るだろう。つまり、演者は一音一音の効果を計算し解釈しながら差し指を施しているのである。

ところで、差し指を用いて様々に装飾音を加えても、基本的な奏法による旋律が崩されることなく残っている様子からは、唱歌によって表される部分が演奏において規範として機能し、演者を支配していることがわかる。基本的な旋律を奏することがその旋律の骨格を作り上げ、唱歌とそこから立ち上がる音楽実体の同定に繋がっているのである。従って、現行の演奏体系においては、唱歌として記されたものが音楽実体を拘束する力が非常に強いといってよい。一方で、装飾的な奏法が旋律の骨格をなぞるようにして基本的な奏法の外側に施されていることからは、旋律の外郭部分が演者自身の自由に主張できる部分となっていることがわかる。いい換えれば、装飾的な奏法を用いて基本的な奏法の外側をどのように即興的に彩るのかということが、能管の表現に奥行きをもたらし、演劇としての能を演出するうえで重要になる。

（2）指使いの技巧

続いて、差し指の具体的な指使いを紹介し、演者個人の秘められた技巧に光を当てる。指使いの分析は、主に舞台から遠く離れた暗い見所からの肉眼による実地調査（観察）によった。そのため、事例で示した指使いはあくまでも大筋と推測されるもので、二〇〇五年の実地調査当時の一回限りのものであることをご了承いただきたい。[16] ここでは、肉眼による観察の叶った一噌流の演者G氏（東京都在住）、演者H氏（東京都在住）、演者I氏（東京都在住)、森田流の演者J氏(大阪府在住)、演者K氏(京都府在住)、演者L氏(大阪府在住)の諸氏の技巧をみていく。

諸氏が「高音」を奏するときに用いた差し指の指使いを書き取ったのが【譜例3】である。【譜例3】は、実音を五線譜に採譜し、その下に対応する指使いを示して、実音と指使いとを対照させたものである。凡例には、現行一噌流と森田流が規範として定める基本的な奏法の指使いを示した。(17) 指使いは便宜上、全七孔の指孔を「○」で示し、上より右手小指、右手薬指、右手中指、右手人差し指、左手薬指、左手中指、左手人差し指とした。「○」は開孔、「●」は閉孔、「⦶」は打ってすぐ閉じる、「◐」は半開を示す。また、指孔記号の上に縦線を付してある指使いは、旋律の基本的な奏法を表す。一方で、縦線のないものは差し指によって即興的に加えられた装飾的な指使いを表す。

なお、現行の「高音」の基本的な指使いは、凡例に示す通り、一噌流と森田流とで異なる。すなわち、第二音・第三音の黄鐘音を一噌流では左手の指二本(人差し指・中指)を押さえるが、森田流では左手の指三本(人差し指・中指・薬指)を押さえる。森田流では一噌流より一孔多く押さえるため、実音も森田流(演者J氏・K氏・L氏)の演奏のほうが一噌流(演者G氏・H氏・I氏)の演奏よりやや低くなるので注意されたい。

さて、基本的な奏法を「オヒャーラー」という唱歌で表す「高音」は、「オ」「ヒャ」「ラ」の三音に対応する三種類の指使いを施すのを基本としている。それは一噌流も森田流も同じである。ところが、実際には【譜例3】のように、演者は基本的な指使いのうえに様々な指使いを加えている。ここでの指使いの手法に同一のものはみられない。装飾音の多い箇所はすなわち指使いが多いことを意味し、装飾音の音数だけ何らかの指使いが即興的に加わっていると考えてよい。

特徴的な演奏技法として、第二音を延ばしている間に薬指を半分かざして第三孔を半開に変化させ、音程に微

譜例3　「高音」の指使い

[一噌流]

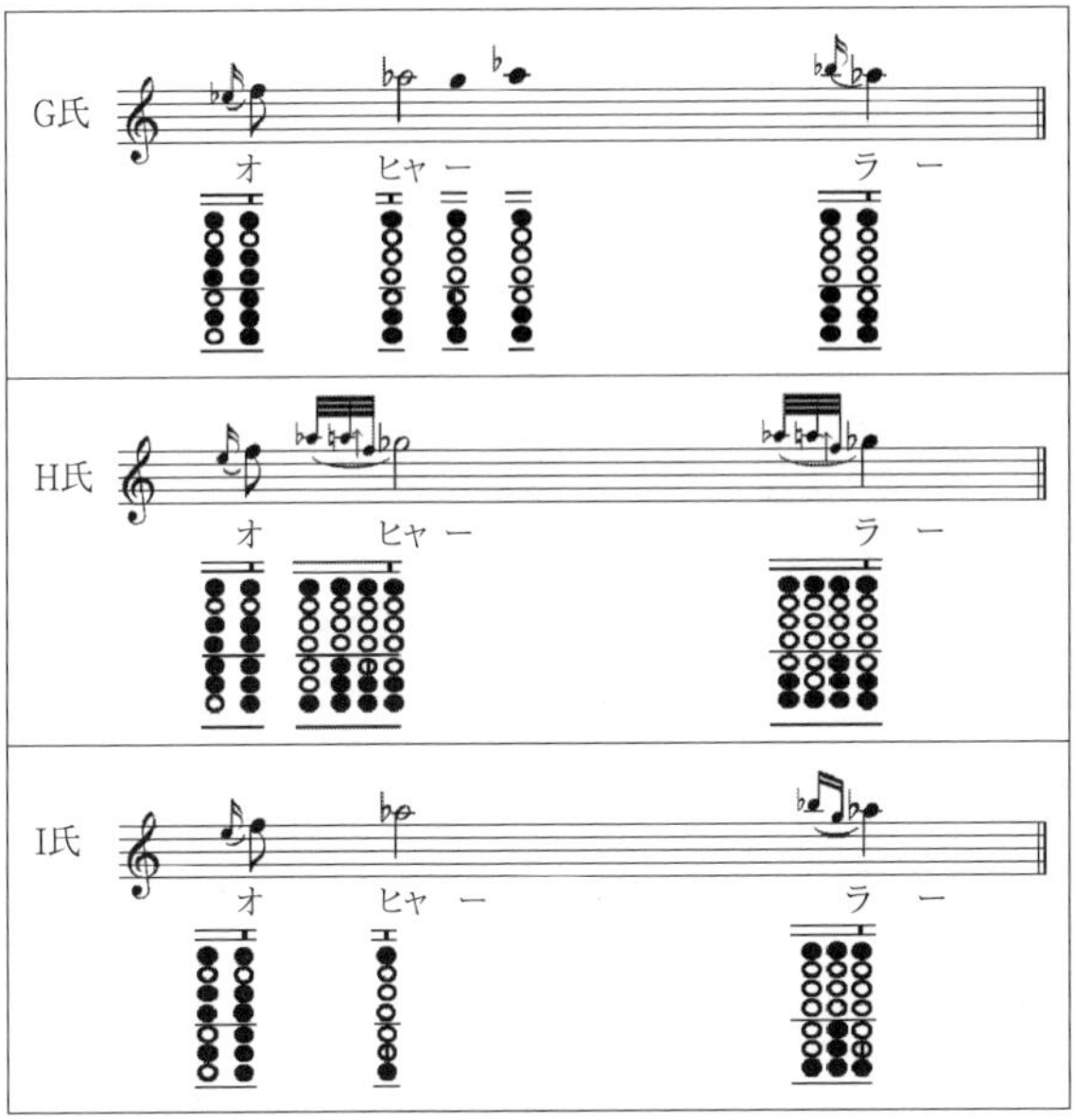

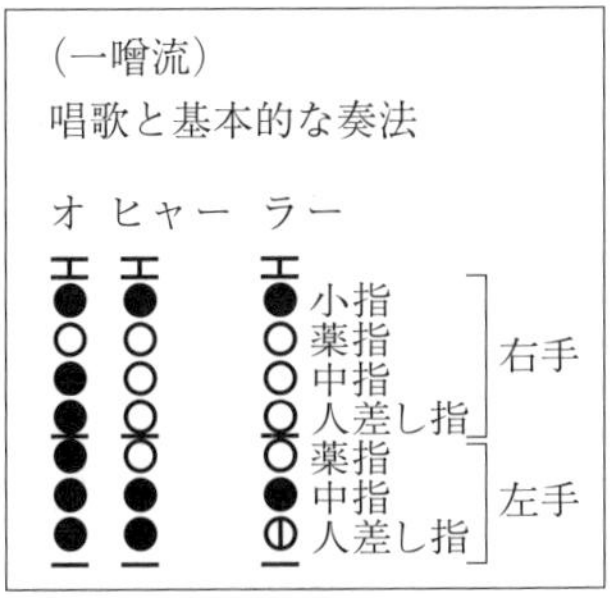

[森田流]

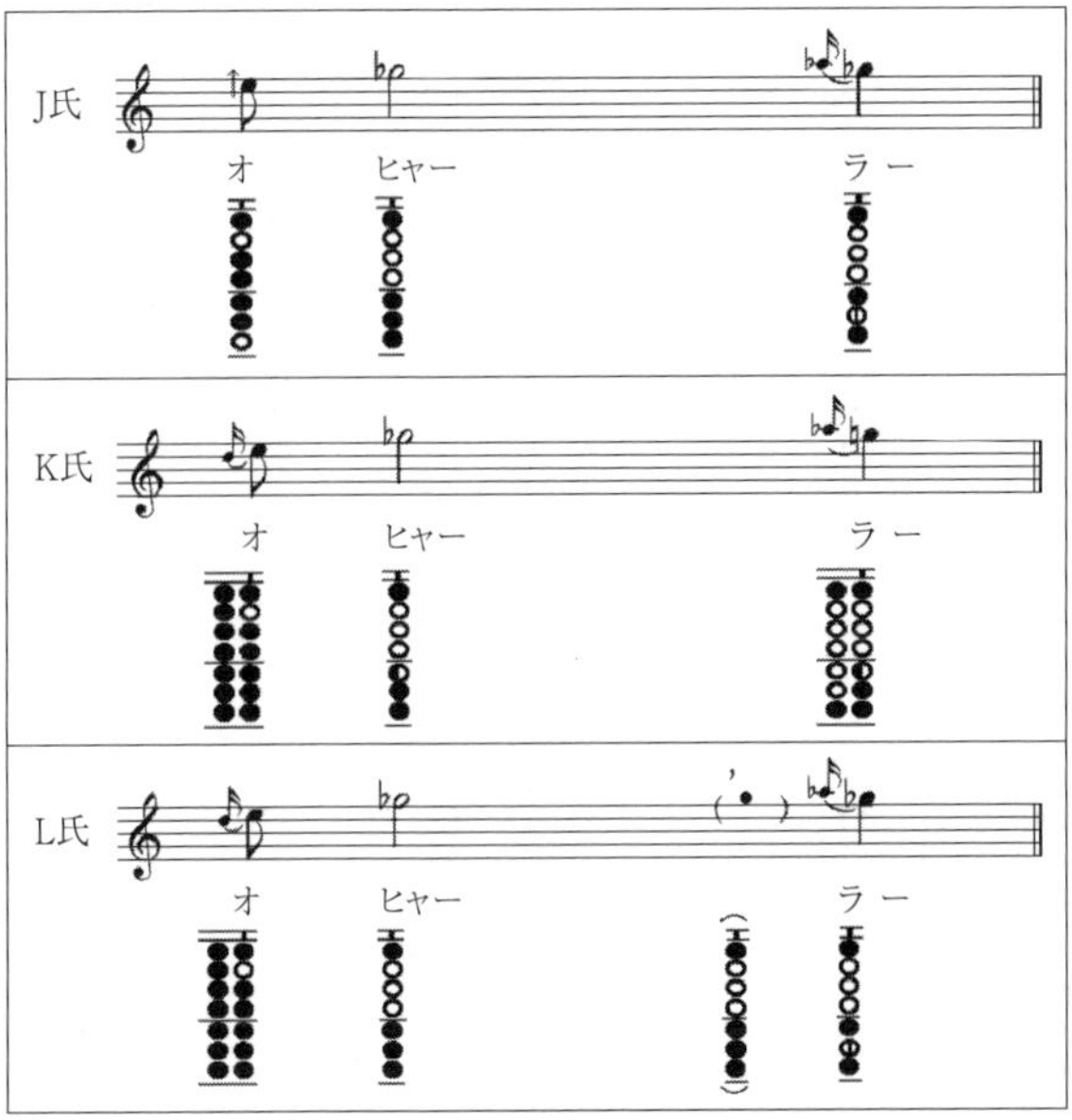

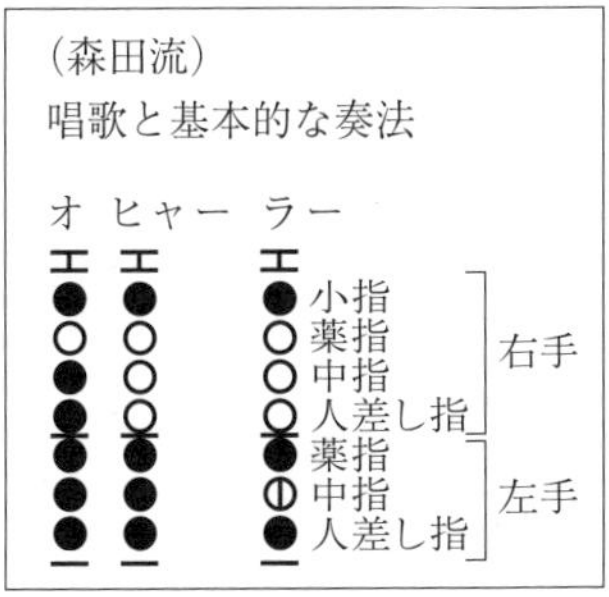

凡例　○ 開孔
● 閉孔
⦶ 打ってすぐ閉じる
◐ 半開

妙な変化をつけるものや（演者G氏）、黄鐘音の繰り返しとなる第三音に差し指を多く施して華やかさを強調しているものなどがある（演者H氏・I氏）。また、森田流では第二音・第三音の黄鐘音で左手の指三本を押さえることを基本とするにも関わらず、薬指を半開にして、あえて規範よりも高音域の黄鐘音を奏しようとするものもある（演者K氏）[18]。

このように、演者は実演奏で様々な指使いを駆使している。指使いの工夫の多い箇所ほど、その音に対する演者のこだわりや主張が強いと考えられるだろう。そして、その手法は演者によって異なるので、演者の数だけ旋律にヴァリエーションが生まれている。

（3） 演者間にみる影響関係

演者の間で、技巧が互いに影響を与え合うこともある。ここで【譜例1】と【譜例2】に戻り、改めて一噌流の演者A氏と演者D氏とを見比べてみたい。両者の差し指の装飾の仕方が非常に類似していることに気づくだろうか。能管は楽器ごとに絶対音高が少しずつ違うので、実演奏の音高が相似することはあまり考えられないことであるが、演者A氏と演者D氏の演奏を比べると、音高が非常に似通っている。さらに、「高音」の第三音のあとを装飾したり（【譜例1】）、「中ノ高音」の第一音と第五音のあとで一端音を切ったりする奏法まで似ている[19]（【譜例2】）。

実は、演者A氏と演者D氏は都内の地理的に近い環境で活躍し、長年の間舞台を共にしてきた。互いの演奏を頻繁に聴取するなかで、相手の演奏を自らのそれと照らし合わせながら演奏技法を育んできた間柄と思われる。二人は師弟関係にもあるので、師匠である演者D氏の技巧が権威あるものとして演者A氏へ受け継がれた部分もあるかもしれない。また、実地調査当時において演者D氏が重要無形文化財保持者各個指定（人間国宝）であり、当代随一の名人であったことも考えれば、その影響関係は師弟関係という枠を越え、名人の技巧がその時代の手法として一般化し、受け入れられていたという可能性もあるだろう。(20)

このようにみると、演者の個性を表す差し指とは、演者個人が好き勝手に個を主張するような性質のものであるというよりむしろ、一定の流儀や地域、師弟の間において共有されているあり方を基盤にして形成される部分を持つと思われる。そして、歴史的にみれば、差し指のあり方には流儀や地域や師弟関係などによって形成されるある種の「流行」のようなものもあると想像され、その流行が時代とともに変容を続け、その時代のヴァリエーションを形作ってきたと考える。

三　実演奏におけるヴァリエーションの広がり

本節では、同一演者の生み出す装飾的な奏法に着目する。そして、同一演者がいかなる演奏体系に基づいてヴァリエーションを展開しているのかを分析し、演者個人の織りなす豊かな演出の広がりを紐解く。

(1)　能の曲趣を捉えたヴァリエーション

最初に、同一演者が能の曲趣の別に応じて同一種類の旋律型をどのように吹き分けているのかをみていく。そのために、曲趣の異なる演目を選び、そこで演奏する同一種類の旋律型を取り上げて分析する。音源資料の制約上、分析は比較視聴の可能であった演目と演者に限られた。

分析する演目として、脇能物〔神霊が登場〕、修羅物〔武士の霊が登場〕、鬘物〔優美な女性の霊や女体の精などが登場〕に属する、全く曲趣の異なる三つを選んだ。すなわち、脇能物の〈高砂〉、修羅物の〈八島〉、鬘物の〈檜垣〉である。そして演者は、東京都在住の一噌流の某演者とする。(21)また、分析箇所は、能一曲の最初の［上歌］

譜例4　演目の曲趣別にみた「高音」

で奏する「高音」とする。最初の［上歌］は初同とも呼ばれ、ワキやシテの登場が済み、両者が問答や掛合を行って応対をした後に、シテの心情を代弁する形で地謡が謡い出すのを典型としている。一曲中で初めて地謡が謡う箇所であるので、その演目の曲趣が色濃く映し出される重要な小段である。なお、能の上演は一回性のものなので、ここでの上演記録を普遍的なデータとして用いることはできないが、演出の相違を導くには十分であると判断した。

さて、この演者が三つの演目の初同で奏した「高音」を分析した結果が【譜例4】である。それをみると、一人の演者にあっても三つの演目で実際に奏した「高音」の技巧が異なることを確認できる。

まず、脇能物の〈高砂〉①では、三音を満遍なく装飾している。とくに、黄鐘音の第二音と第三音において同じように二音の装飾を加えているのが特徴である。能〈高砂〉は、よどみなく爽やかに松のめでたさを称え、天下泰平を祝福する演目であるが、「高音」の核となる重要な黄鐘音（第二音と第三音）を丁寧に繰り返して強調することにより、この曲趣に相応しい重厚な響きを作り出している。

修羅物の〈八島〉②では、第二音を装飾していないのが特徴である。第一音で順次上行する装飾音を施して、勢いよく息を吹き込んだあと、第二音では装飾をせずに一気に第三音へ吹き進んでいる。一貫して気持ちが最後の第三音に向いており、先へ先へと勇ましく進むような気概を感じさせる。そして、流れるような勢いが勇壮な響きを生み出し、源平の合戦の有り様を語る能〈八島〉の曲趣を象徴しているように思われる。

三つ目の、鬘物の〈檜垣〉③では、黄鐘音の第三音に多くの装飾を施しているのが特徴である。三つの装飾音が最後の音の後ろに付け加えられることにより、黄鐘音が長くゆったりと引き伸ばされている。能〈檜垣〉は、業火の燃え立つ釣瓶を死後も手繰り続ける老婆の物語であるが、引き伸ばされたこの「高音」は、どこまでも続く白川の水の流れと、それを汲み続けなければならない老婆の永遠の苦しみを映し出しているように思われる。

このように、同じ［上歌］で奏する「高音」であっても、演者は能の曲趣に応じて基本的な奏法を彩る差し指の装飾を変化させ、異なる音楽空間を演出しようとしている。能の演目の主題は合戦や恋愛など実に様々であり、登場人物にも武士、老婆、優美な女性、狂女、天狗、竜神などの色々な役柄が現れるが、それにも関わらず、現在の能の様式は定型化されていて、能管は［上歌］ではどの演目でも「高音」や「中ノ高音」などの旋律型を奏することに決まっている。そのような定型化された現在の能を様々な世界を描き分ける演劇として成立させるためには、演者が様式を踏まえたなかでそれらを表現し分けることが必要なのである。差し指による装飾的な奏法は、規範として定められた基本的な奏法から演目の曲趣に応じたヴァリエーションを生み出していくことを可能にしている。

譜例５　〈邯鄲　傘ノ出〉の「高音」

（2）　場面の雰囲気を捉えたヴァリエーション

次に、同じ演目のなかで何度か奏する同一種類の旋律型に着目し、差し指による装飾を用いて、演者が各場面をどのように吹き分け演出しているのかを分析する。一例として紹介するのは、演目が能〈邯鄲　傘ノ出〉[22]で、演者は一噌流の演者（平成二九年現在、故人）である。そして、比較分析する旋律型は吹奏頻度の最も高い「高音」とする。能〈邯鄲　傘ノ出〉で「高音」を吹くのは、謡事での四回と、〔次第〕という囃子事での一回の、合計五回である。なお〔次第〕では、〔次第〕の旋律を構成する一つの句として奏する。

さて、五回の「高音」を装飾の方法に着目したところ、【譜例５】に示すように、①②③の大きく三種類に分類できることがわかった。①が〔次第〕・〔道行〕（「住み馴れし国を雲路の跡に見て……」）・〔上歌〕（「玉の御輿に法の道……」）の三箇所での演奏、②が〔上歌〕（「一村雨の雨宿り……」）での演奏、③が〔上歌〕（「国土安全長久の……」）での演奏である。

この結果をみると、演奏箇所によって差し指の装飾の方法が異なるのみならず、その実音も様々であることに驚く。なかでも際立った相違は、第一音と第三音の装飾音の扱い方である。すなわち、差し指の音数が最も多く、華やかさや力強さを感じさせるのが③、差し指が最も少なく、閑寂な印象を与えるのが②、その中間が①である。

実は、①〜③を演奏する場面の雰囲気は大きく異なっている。装飾音の最も多い③は、夢の中で五〇年の間皇帝に即位することになった盧生（シテ）が満ち足りた栄華を味わう［上歌］で吹かれたものであるが、この場面は〈邯鄲〉という能で最も綺羅びやかなところである。ここにおいて③は、華やかな場面を象徴するかのように差し指の音数が多く、鮮やかでかつ重厚な雰囲気を生み出している。一方で、装飾音の最も少ない②は、盧生が雨宿りのために邯鄲の里に立ち寄り、宿で昼寝をする場面の［上歌］で奏されたものである。盧生が王位につく華やかな場面とは対照的に、この場面は雨の音が聞こえてきそうなほどに静かでしっとりとした雰囲気に包まれている。それゆえ、②のような装飾音の少ない旋律が雨による静寂さをいっそう象徴する効果を生んでいる。

このように、演目のどのような場面で奏するのかにより、差し指の装飾の方法は様々になる。旋律の基本的な奏法に即興的に加わった装飾的な差し指は、それぞれの場面に特有の響きを作り、場面に応じた情緒を演出していくのだ。一人の演者が一つの演目のなかで定型として定められた同一種類の旋律型を場面に応じて様々に吹き分けることは、やはり、現在の能が物語を持つ演劇として物語の場面に相応しい演出を求めているからだといえるだろう。差し指による装飾的な奏法は演者の能に対する解釈を示すものであり、能の演出においてかけがえのない音楽効果をもたらしている。

（3）個人様式の経時的な変化

演者が能の曲趣や場面に応じて同一種類の旋律型を差し指を用いて吹き分けていることが明らかになったが、

ヴァリエーションを生み出す装飾的な奏法の技巧も時代とともに変化している。ここでは、一人の演者の個人様式の経時的な変化に着目し、同一演者が同一演目の同一箇所において吹く同一種類の旋律型を抽出して、その装飾的な技巧の変化を捉えてみたい（【譜例6】）。

音源資料には制約があるため、対象とするのは視聴と比較検討の可能な演目と演者に限られた。すなわち、演目は能〈遊行柳〉で、演者は一噌流の演者（平成二九年現在、故人）である。演奏年代は①一九八七年、②一九八八年、③一九九五年、④一九九九年、⑤二〇〇四年、⑥二〇〇五年の、約二〇年にわたる計六回とする。[23] 分析するのは、最初の［上歌］（「げにさぞな所から……」）で吹く「高音」である。先述のように最初の［上歌］は初同とも呼ばれ、その能の曲趣が象徴される重要な小段である。

さて、【譜例6】に示す六回の「高音」の演奏を聴くと、第二音の装飾の方法に変化はないが、第一音と第三音の扱いは少しずつ変化している。具体的には、第一音に装飾を施すのかどうかということと、第三音にどの程度装飾音を加えるのかという点である。すなわち、一九八七年の演奏（①）と一九八八年の演奏（②）と一九九九年の演奏（④）では装飾の方法は全く同じで、三音を満遍なく装飾して華やかな印象を与えている。一方で、二〇〇四年の演奏（⑤）と二〇〇五年の演奏（⑥）では装飾音の数は先の①②④よりぐっと減り、簡素な印象のものに変化しているのである。そして、一九九五年の演奏（③）では第一音を装飾しないが、第三音に二音加えている点で、①②④と⑤⑥の中間といえるかもしれない。

三音それぞれに多くの装飾音を施す①②④と、装飾音の少ない⑤⑥とでは、当然のことながら印象の大きく異なる響きとなっている。繰り返しになるが、「高音」の基本的な奏法は「オヒャーラー」という唱歌の示す三音で表され、旋律型のなかで最も短い旋律型の一つである。従って、短いだけに、装飾の変化は思った以上に大きな違いとなって響く。「朽木の柳」にまつわる閑寂な〈遊行柳〉という演目においてはなおのこと、その響きの

譜例6　〈遊行柳〉の「高音」

変化は耳に立つに違いない。

また、年代別にみれば、八〇年代の二事例（①②）と二〇〇〇年代の二事例（⑤⑥）ではそれぞれで同じ装飾の手法を用いている。それに対して、九〇年代の二事例には相違点が含まれている。こうしたことから、仮に、三音を満遍なく装飾している八〇年代、装飾が大きく減った二〇〇〇年代というように、装飾の特徴を年代別に大きくまとめてみると、九〇年代は装飾の手法においていわばその中間にある時期と位置づけられるかもしれない。とはいえ、ここでの考察が六事例に限られるうえ、能の上演は一回性のものであるので推測に留めたい。

このように、一人の演者の約二〇年に渡る演奏を追っていくと、時代とともに個人のなかでの装飾的な奏法は少しずつ変化していることがみえてくる。対象年数をさらに長くすれば、より長期的な変化を導くことができるだろう。個人様式の変化は演者自身の演目に対する解釈が変化したことを示す可能性もあり、また、演奏時に共演者や観客から受けたインスピレーションによって即興的に対応した部分もあると推測される。つまり、個人のなかでの演奏の変化は、能が一回性の性質を持つことに鑑みれば、単に演者個人の内部で起きたものとして位置づけられるに留まらず、共演者の反応、観客の反応、その時代の演奏観などが複雑に絡み合った総体として映し出されていると考えられる。

おわりに

本章では、記された唱歌から実際に音が鳴り響くまでの過程を検証してきた。現行の伝承体系において記された唱歌にはどのような働きがあるのか、声に出して唱えられると唱歌は何を伝えようとしているのか、そして楽器を持って演奏した際には記された唱歌から鳴り響きがどのように具現されるのか、という視点から演奏体系を捉え、とりわけ差し指の技巧に着目して実演奏の広がりをみてきた。

演者は、自身が師匠から唱歌の口頭伝承を受けた際の声のイメージを呼吸とともに身体に刻んでいる。それゆえ、唱歌を唱える際にはその先のイメージ上に鳴り響く音を追い求めながら唱え、実際に楽器を持って演奏するときには身体に刷り込まれたその声を背景にしてヴァリエーションを展開している。また、実演奏で奏でられるヴァリエーション豊かな演奏は、現行の唱歌が主に旋律の基本的な奏法に付いていることを受けて、基本的な旋律の骨格を保ったままその外側を彩る形で即興的になされている。唱歌の表す基本的な奏法は省かずに保持し、そこを土台にして装飾を加えていく。つまり、唱歌の示す枠組みは常に奏されるので、現行の唱歌が音楽実体に対して極めて強い拘束力を持ち、特定の音楽実体を特定の唱歌の仮名の連なりによって示す傾向にあることがわかる。とくに一噌流や藤田流のように、流儀の規範となる唱歌譜を刊行し、その唱歌譜に基づいて教習を行っている流儀では、記された唱歌が演奏技法の規範としてより強く機能していると思われる。

このように、現行の演奏体系では唱歌が音楽実体に対して拘束力を強く発揮しているが、だからこそ、唱歌に潜在する即興演奏の可能性を感じ、そこから一つの装飾のあり方を選び出して具現していくことが、演者にとって極めて重要となっている。唱歌の示す枠組みが規範として演奏を拘束するなかで能の物語世界を豊かに演出するためには、基本的な奏法をそのまま演奏するに留まらず、その周りを装飾的な奏法を用いて彩り、ヴァリエーションを展開させていくことが必要だからである。そして、演者がその演目の曲趣をどのように捉え、物語をどのように解釈し、そしてその場面をどのように象徴しようとしているのかによりヴァリエーションは広がり、生み出される鳴り響きも多様となる。その結果、唱歌から再現される鳴り響きは必ずしも一つに確定され得なくなるのだ。唱歌のこのあり方こそが、現行の演奏体系を特徴づけているといってよい。そのなかにあって、演者は唱歌の響きの妙を追い、生涯をヴァリエーションの工夫と追究に捧げているのである。

ところで、このような現行の演奏体系のあり方は、果たして「昔」からそうであったのだろうか。現行の演奏体系がどのような伝承過程を経て築かれたのかについては、第五章で検討してみたい。

（1）横道萬里雄「能の音楽」『能劇の研究』岩波書店、一九八六年、一〇八頁。

（2）横道萬里雄・蒲生郷昭『口唱歌大系：日本の楽器のソルミゼーション』（レコード解説書）、CBSソニー、一九七八年。

（3）徳丸吉彦「伝承」『民族音楽学』放送大学教育振興会、一九九一年、七四頁。

（4）ウォルター・J・オング『声の文化と文字の文化』桜井直文、林正寛、糟谷啓介訳、藤原書店、一九九一年。（〔原著〕Walter J. Ong, *"Orality and Literacy: The Technologizing of the Word."* Methuen & Co. Ltd, 1982.）

（5）徳丸吉彦「伝承のしかけ」『芸術・文化・社会』徳丸吉彦・青山昌文編著、放送大学教育振興会、二〇〇三年、四七頁。

（6）本書で紹介する事例と写真は、筆者が藤田次郎氏に一九九六年に入門し最初の手ほどきを受けた頃に藤田氏が書き入れた記述であり、藤田氏独自のものである。弟子への口頭伝承の際に、唱歌譜に加筆しない演者もいる。また、藤田氏の記述においては、弟子への教授をよりよく行うために、現在ではここで紹介する記述方法から少し変化した部分もある。さらに、藤田氏の演奏において、年月とともに解釈が変化している部分もあるかもしれない。従って、本書に示す記述は、筆者が口頭伝承を受けた時点での藤田氏の奏法と捉えるべきものである。なお、写真に掲載した事例には、藤田氏の自筆による書き込みに加え、一部、筆者が藤田氏の記述を書写して書き入れたものも含まれている。

（7）ここでの区切り方は藤田次郎氏によるが、藤田氏自身も曲趣の解釈に応じてこれとは異なる区切り方で奏することもあると思われる。

（8）蒲生郷昭「指し指」『日本音楽大事典』平野健次・上参郷祐康・蒲生郷昭監修、平凡社、一九八九年、一一六頁。「指し指」は「差し指」とも表記し、「添え指」「塩梅」などともいわれる。本書では以下、「差し指」とする。

（9）註（1）横道論文。

（10）横道萬里雄「能管」『日本音楽大事典』平野健次・上参郷祐康・蒲生郷昭監修、平凡社、一九八九年、三二一〜三二二五頁。

(11) 各演者の次の舞台上演での演奏に基づく。
・能〈檜垣〉シテ観世栄夫、ワキ宝生閑、アイ野村万蔵、能管A氏、小鼓北村治、大鼓亀井忠雄、一九九七年一一月一六日、国立能楽堂。
・能〈東北〉シテ三川泉、ワキ宝生閑、アイ野村万之丞、能管B氏、小鼓住駒昭弘、大鼓国川純、宝生月並能、一九九九年一月一〇日、宝生能楽堂。
・能〈二人静〉シテ長谷川晴彦、水野泰志、ワキ和泉昭太朗、能管C氏、小鼓幸信吾、大鼓内田輝幸、梅若研能会、一九九九年二月一一日、観世能楽堂。
・能〈檜垣〉シテ浅見真州、ワキ宝生閑、アイ山本則直、能管D氏、小鼓亀井俊一、大鼓亀井忠雄、第一三回浅見真州の会、二〇〇四年六月一七日、国立能楽堂。
・能〈江口　平調返〉シテ友枝昭世、シテツレ狩野了一、友枝雄人、ワキ宝生欣哉、ワキツレ殿田謙吉、御厨誠吾、アイ野村萬斎、能管E氏、小鼓大倉源次郎、大鼓亀井広忠、第三回亀井広忠の会、二〇〇四年一二月一日、宝生能楽堂。
・能〈夕顔　山ノ端ノ出　法味ノ傳〉シテ三宅昭男、ワキ中村彌三郎、アイ安東伸元、能管F氏、小鼓荒木賀光、大鼓山本哲也、第六六期第二回上野松颯会定期能楽会、二〇〇五年七月一六日、大槻能楽堂。

(12) 「オヒャーラー」を現行一噌流では「ヲヒャーラー」のように「ヲ」を用いて表記している。「オ」と「ヲ」のどちらを用いるかということは表記上の問題であるので、第二章では以下、「オヒャーラー」に統一して表記する。

(13) 能管の旋律は、原則として旋律の最後の音をどの指孔で奏するのかにより、平調、双調、黄鐘、盤渉の四種の基調に分かれる。このうち、最も一般的なのが黄鐘基調である。平調、双調、黄鐘、盤渉は雅楽の十二律の音名に由来しているが、現在の能管に絶対音高はないので、基調を示すに留まる。また、現行森田流では黄鐘の指孔を他流儀より一孔低くとるが、明治時代初年頃までは他流儀と同様に、現在より一孔高い指孔を黄鐘としていた（森田光春編『森田流奥義録』能楽書林、一九八〇年、三五九頁）。

(14) 「ヒヒョールリー、ヒヒョーイヨー」を森田流では「ヒヒョールリー、ヒヒョーイヤー」と表記することもあるが、この違いは表記上のものに過ぎないので、ここでは「ヒヒョールリー、ヒヒョーイヨー」の表記に統一して示した。

(15) 能の上演は一回性のものなので、ここでの事例は一回限りの演奏を採譜したものに留まる。他の舞台で、他者と同じような奏法で奏している可能性はもちろんある。

(16) 各演者の次の舞台上演での演奏に基づく。

[一噌流]

・能〈邯鄲〉シテ田辺哲久、子方観世智顕、ワキ殿田謙吉、アイ山本泰太郎、能管G氏、小鼓森澤祐司、大鼓安福建雄、太鼓観世元則、東京観世会、二〇〇五年七月二三日、観世能楽堂。

・能〈天鼓〉シテ内田成信、ワキ則久英志、アイ小笠原匡、能管H氏、小鼓鵜澤洋太郎、大鼓柿原弘和、太鼓観世元伯、第二回條風会、二〇〇五年九月一〇日、一四世喜多六平太記念能楽堂。

・笛方演者I氏のご協力に基づく個別調査。二〇〇五年七月二五日。

[森田流]

・能〈善知鳥〉シテ上野朝義、シテツレ久保田稔、子方清水雅音、ワキ福王和幸、アイ茂山良暢、能管J氏、小鼓清水皓祐、大鼓上野義雄、第六六期第二回上野松颯会定期能楽会、二〇〇五年七月一六日、大槻能楽堂。

・笛方演者K氏のご協力に基づく個別調査。二〇〇五年七月二二日。

・能〈夕顔　山ノ端ノ出　法味ノ傳〉シテ三宅昭男、ワキ中村彌三郎、アイ安東伸元、能管L氏、小鼓荒木賀光、大鼓山本哲也、第六六期第二回上野松颯会定期能楽会、二〇〇五年七月一六日、大槻能楽堂。

(17) 先述の通り、筆者は一噌流と森田流の伝承を受けており、両流儀の規範とする指使いを把握したうえで分析に臨んでいる。現行の指使いを記載する資料に、一噌流の『一噌流笛指附集』(一噌鍈二校閲、森川荘吉編著、一樹会刊、一九三六年。一九五四年三版以降はわんや書店刊)や、森田流の野口伝之輔『森田流能笛の譜』(刊行年不詳、私家版)などがあり、これらも適宜参照した。森田光春編『森田流奥義録』(能楽書林、一九八〇年)では指使いを記載しないが、指使いに関する記述があるのでそれも参照した。

(18) 指孔の押さえ方を半開に変えているにも関わらず、演者K氏の「高音」の基本的な音高が、他の森田流演者J氏とL氏のそれと変わらないのは、能管が絶対音高を持たない楽器であるので、結果的に他者の実音と同じになる場合があるためである。黄鐘音の指扱いを人差し指から薬指までの三本全てを押さえずに薬指だけを半開にしたり、薬指を押さえなかったりする森田流の演者は他にもいる。

(19)「中ノ高音」にて第一音と第五音のあとで一度音を切る手法を用いるのは、ごく少数ではあるが他の演者にもみられる。

(20) ただし、この点はより多くの演者を対象にして歴史的に検証していく必要がある。

(21) 次の舞台上演での演奏に基づく。
①能〈高砂　八段ノ舞〉シテ大槻文蔵、シテツレ武富康之、ワキ福王茂十郎、ワキツレ福王和幸、福王知登、アイ山本則秀、小鼓曽和正博、大鼓亀井忠雄、太鼓小寺佐七、横浜能楽堂企画公演「ワキとシテ」、二〇〇四年九月一九日、横浜能楽堂。
②能〈八島　那須与一語〉シテ櫻間金記、シテツレ金春康之、ワキ福王茂十郎、アイ三宅右近、小鼓鵜澤速雄、大鼓亀井忠雄、櫻間金記の会、二〇〇一年、九月一六日、国立能楽堂。
③能〈檜垣〉シテ観世栄夫、ワキ宝生閑、アイ野村万蔵、小鼓北村治、大鼓亀井忠雄、一九九七年一一月一六日、国立能楽堂。

(22) 次の舞台上演での演奏に基づく。
能〈邯鄲　傘ノ出〉シテ近藤乾之助、ワキ和泉昭太朗、子方辰巳和磨、アイ山本泰太郎、小鼓鵜澤速雄、大鼓柿原崇志、太鼓観世元信、NHK能楽鑑賞会。NHK放映、一九九九年二月二一日。

(23) 次の舞台上演での演奏に基づく。
①能〈遊行柳〉シテ広田陛一、ワキ西村欽也、アイ善竹圭五郎、小鼓曽和博朗、大鼓山本孝、太鼓金春惣右衛門、国立能楽堂特別公演、一九八七年一〇月三一日、国立能楽堂。国立能楽堂図書閲覧室ビデオ閲覧。
②能〈遊行柳〉シテ観世元正、ワキ森常好、アイ野村万作、小鼓幸義太郎、大鼓安福建雄、太鼓金春惣右衛門、国立能楽堂定例公演、一九八八年九月七日、国立能楽堂。国立能楽堂図書閲覧室ビデオ閲覧。
③能〈遊行柳〉シテ粟谷菊夫、ワキ宝生閑、アイ三宅右近、小鼓北村治、大鼓安福建雄、太鼓小寺佐七、国立能楽堂定例公演、一九九五年六月七日、国立能楽堂。国立能楽堂図書閲覧室ビデオ閲覧。
④能〈遊行柳〉シテ泉泰孝、ワキ宝生閑、アイ大島寛治、小鼓鵜澤速雄、大鼓亀井忠雄、太鼓観世元信、東京清韻会、

一九九九年三月六日、観世能楽堂。

⑤能〈遊行柳　青柳之舞〉シテ関根祥六、ワキ村瀬純、アイ大蔵吉次郎、小鼓鵜澤速雄、大鼓安福建雄、太鼓小寺佐七、東京囃子科協議会定式能、二〇〇四年六月九日、国立能楽堂。

⑥能〈遊行柳〉シテ今井泰男、ワキ宝生閑、アイ野村萬、小鼓幸清次郎、大鼓柿原崇志、太鼓金春惣右衛門、NHK放映、二〇〇五年七月一六日。

〔謝辞〕　本章第二節と第三節は、口頭発表「能の演出における個人の領域——能管を例に——」（東洋音楽学会第五八回大会、二〇〇七年一一月一八日、於上越教育大学）を発展させ大幅に改訂したものである。また、平成一八〜二〇年度文部科学省科学研究費補助金（特別研究員奨励費）「日本中世芸能『能』の音楽研究——能管の音楽伝承とその変容」による成果も一部反映させている。音源視聴の際にお世話になった国立能楽堂図書閲覧室・武蔵野大学能楽資料センターの各位、写真掲載をご快諾いただいた藤田次郎氏に、ここに記して謝意を表したい。

第三章　演奏技法の形成と伝承——一噌流宗家伝来の唱歌譜にみる

はじめに

本章では、演奏技法の成立した歴史的な伝承過程の一端を一噌流宗家伝来の唱歌譜を分析することにより明らかにする。

現行の三流儀は、永正（一五〇四～二一）～天文（一五三二～五五）年間に活躍した観世座笛方の檜垣本彦四郎栄次（通称、笛彦兵衛／一五二七年没）という人物の数名の弟子の流れを汲んでいる。流儀の家祖がいずれも素人出身であるのは、室町時代末期の能が座に所属した玄人役者より手猿楽と呼ばれる素人出身の役者を多く輩出し、素人が玄人以上に活躍していたことを映している。そして江戸時代になると、能は江戸幕府の式楽となり演劇全体の様式を整えていくが、そのなかで能管も演奏技法を確立し、確立した後も演奏技法を少しずつ変化させ現在に至ると思われる。これまでの能管の演奏技法の歴史的研究の主なものは高桑いづみによるものに留まり、能管と一節切《ひとよぎり》との交流を探る研究[1]や、笛方平岩流の演奏技法を探る研究[2]、舞事の形成過程を考察する研究[3]などがなされてきた。しかし、室町時代末期の演奏技法がいまの演奏技法とどのように違ったのか、江戸時代において演奏技法に流儀の特徴がいかに形成され、確立したのかという問題は解明されていない部分も多い。

本章の検証では一噌流宗家の伝承を対象とするが、宗家を特に取り上げる理由は次の二点に拠る。第一に、一噌流の歴代宗家と直に関わる唱歌譜が早稲田大学坪内博士記念演劇博物館や法政大学鴻山文庫などの公的機関に伝存し、一般公開されているという史料研究上の利点が挙げられる。第二には、竹本幹夫、三宅晶子、山中玲子らにより、一噌流系伝書や宗家伝来唱歌譜の紹介と翻刻が積極的になされているためである(4)。以上のことから、一噌流宗家に伝来する現存唱歌譜については、すでに試論を提示するに足る状況に至っているといえるだろう。以下、第一節にて一噌流宗家伝来の唱歌譜を紹介し、第二節以降でそれらの具体的な分析を進める。

一　一噌流宗家伝来の唱歌譜

本節では、一噌流系伝書の系譜を概観し、考察対象とする宗家伝来の唱歌譜の概要を紹介する。

(1)　一噌流系伝書の系譜

一噌流に伝来する伝書の系譜の詳細は、未だ不明な点が多い。残念ながら、筆者自身も現段階では詳細な検証を行うに至っていない。そのため、ここでは主に竹本幹夫「四　室町後期・江戸初期の伝書とその性質(5)」に基づき、先行研究の成果をまとめる形で簡単に概観してみたい。

能管の伝書がみられるようになるのは、室町時代後期になってからである。観世座笛方の日吉左衛門尉国之の口伝が弟子の観世座笛方の笛彦兵衛に相伝され、能管の伝書の系譜が始まる。まず、笛彦兵衛の主要な所説は、素人弟子の中村七郎左衛門尉長親(一五三九年あるいは四〇年没)と、弟子で観世座笛方の千野与一左衛門尉親久とに伝受された。七郎左衛門尉長親へ相伝された所説はその子、一噌流の事実上の初世一噌似斎(一五二五～一六〇〇）へ伝来して一噌流の根本伝書となり、また七郎左衛門尉長親の又弟子の馬淵美作守頼元を経由して下川七左衛門（丹斎）へも伝来して、笛方藤田流の根本伝書となった。一方、千野与一左衛門尉親久に相伝された所説は、その弟子の牛尾彦左衛門重親（玄笛）から毛利藩の家臣の宍戸善兵衛元富（伯耆守）を経て、毛利藩士の笛役者由良瀬兵衛へと伝来し、また宍戸から肥後の能役者中村勝三郎へ、そして瀬兵衛から笛方森田流初世森田庄兵衛光吉へそれぞれ一部が相伝された。

さて、笛彦兵衛から七郎左衛門尉長親へ相伝された一噌流の根本伝書には、『脇能の次第之事』（藤田家蔵）、『中村七郎左衛門伝書』[6]（藤田家蔵、旧蔵武内金平）、『能舞笛秘伝書』（早稲田大学坪内博士記念演劇博物館蔵）、『中村七郎左衛門相伝巻子本笛伝書』（東北大学蔵）などがある。七郎左衛門尉長親自身はあまり実技が得意でなかったとされ、伝書の相伝者として位置づけられる。

その後、これらの根本伝書に初世似斎の芸談を集録した『笛の事』[7]（法政大学鴻山文庫蔵）、『矢野一宇聞書』[8]（早稲田大学図書館蔵）、『一噌流笛秘伝書』[9]（早稲田大学坪内博士記念演劇博物館蔵）、『笛ノ本』[10]（広島大学蔵）などが加わった。新たに加わった初世似斎の伝書は、彼の芸談を筆録した秘伝の集成であり、具体的な演出に言及したものでもある。初世似斎はそれ以前までの伝統的な演奏技法を継承する一方で、新しい奏法を開拓し、それが後の一噌流の奏法の特徴に結びついたとされる。[11]それだけに、初世似斎の聞書を主体とするこれらの伝書は一噌流の演奏技法の変遷を知るうえで重要な史料である。こうして、七郎左衛門尉長親が相伝された古説と、初世似斎という名人の新たな伝書とが一噌流系伝書として継承されていくことになる。

ところで、伝書の体系には「当初は短い口伝の類であったが、次第に肥大化して概説的な内容となり、終にはそこから『付』が分離することにより、江戸期の技法書へと発展的に解消するという流れ[12]」がある。つまり、故実、心得、音律論などの口伝の書付が、後継者によって家伝の書物の記事とともに再編されるようになった結果、演奏技法を書き付けた「付《つけ》」、すなわち譜本が分離していった。この流れは、一噌流系伝書にも当てはまる。初世似斎の伝書のうち、先に紹介した『一噌流笛秘伝書』は文禄五年（一五九六）奥書の書を江戸時代初期頃に書写したものであるが、この伝書では初世似斎の芸談に加えて詳細な唱歌譜も収載している。しかし、それ以降の、例えば二世中村噌庵（一六二七年没）の唱歌譜を書写した『一噌流笛唱歌付』（早稲田大学坪内博士記念演劇博物館蔵）や、八世一噌又六郎政香（一七四五年生）の奥書を持つ『寛政三年平政香笛唱歌』（法政大学鴻山文庫蔵）になると、唱歌譜だけが独立した形で編まれているのである（後述）。伝書から唱歌譜が分離し発展した背景には、竹本によれば「能が技術面で洗練され、役者のあり方が保守化し、技法が習事として固定化していく過程[13]」があったといい、流動的であった演奏技法が確立し洗練された過程があると考えられるが、先述したように具体的な変容の諸相はほとんど明らかになされていない。

（2）宗家伝来の唱歌譜

また、一噌流の歴代宗家による唱歌譜の伝存状況も未だ明らかにされているとはいえない。そのため、管見に入った現存唱歌譜のなかで執筆者や成立年代を特定でき、かつ収曲数の多い、次の唱歌譜を考察対象に据えることとする。これらの唱歌譜を分析することにより、一噌流の初世、二世、五世、八世、一二世の頃の唱歌を辿ることができる。各唱歌譜の成立は室町時代末期（文禄年間）、江戸時代初期（万治年間）、江戸時代中期（宝永年間）、江戸時代後期（寛政年間）、昭和期であり、その間の唱歌の変遷を追う。以下、成立順に概要を紹介する。

『一噌流笛秘伝書』[14]（略称：「サ」、「ス」、〔図17〕）

早稲田大学坪内博士記念演劇博物館蔵。写本。縦二六五×横二〇二㎜。文禄五年（一五九六）奥書の書を江戸

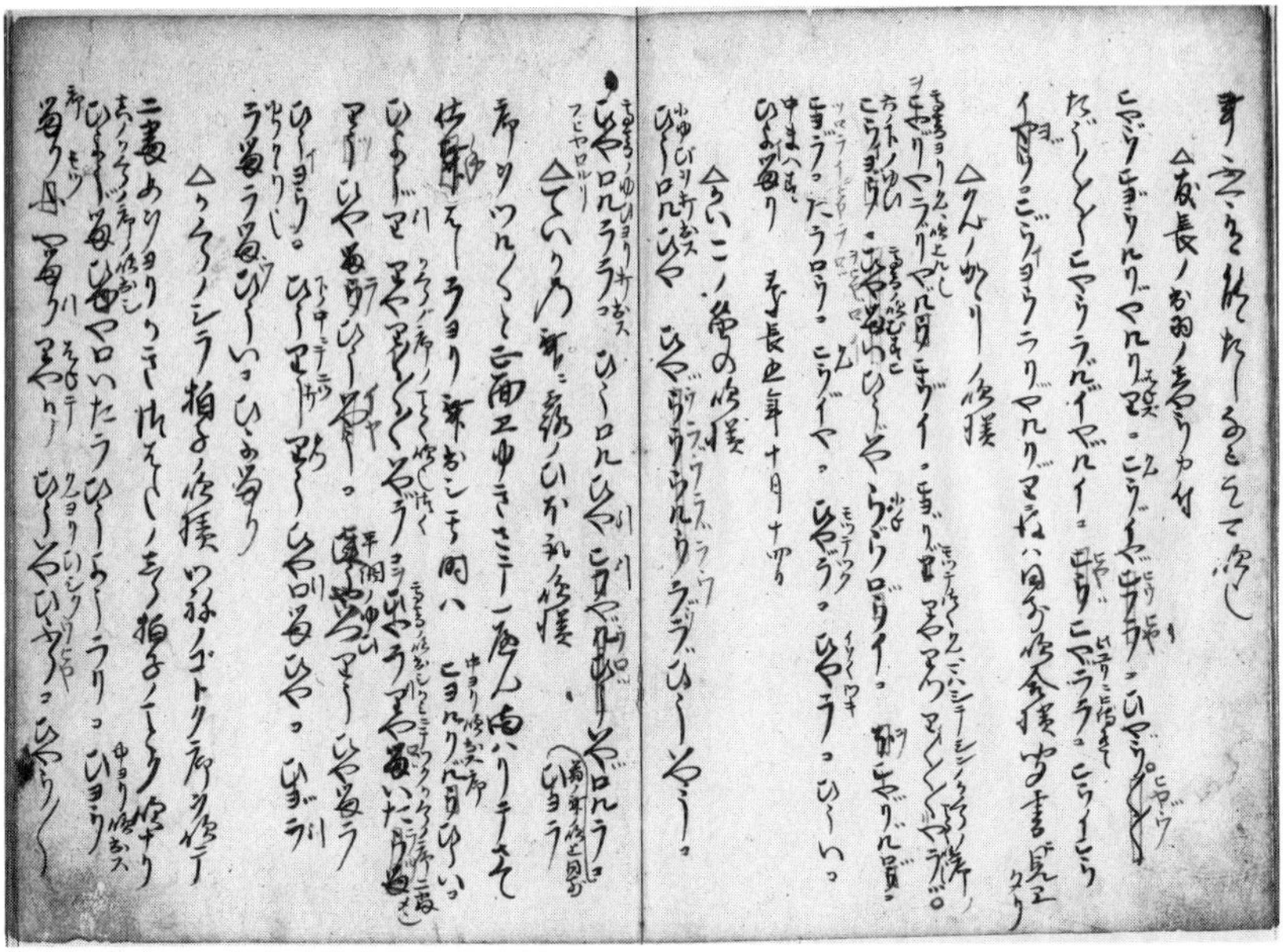

図17　『一噌流笛秘伝書』（部分／早稲田大学坪内博士記念演劇博物館蔵）

時代初期頃に書写したもの。管見に入った一噌流唱歌譜のなかで成立が最も早い。先述のように、前半が初世似斎からの聞書集で、後半が唱歌譜である。聞書集と唱歌譜の記事は必ずしも一致せず、内容的に相互補完の関係にない。そのため、三宅晶子は「記事欠落を推測させる」としている。

前半の聞書集は、「他書にも散見する故実的な節も含むが、演奏にすぐ役立つ心得を、具体的に記したものが大半」である。初世似斎よりの聞書であることを明示するものが一二カ条あるが、その他も初世似斎を話し手とする可能性が高く、初世似斎の演奏を直接みて記録したと考えられる条もある。このことから三宅は、「似斎にかなり近い人物によってまとめられたものではなかろうか」としている。

また、後半の唱歌譜にも初世似斎からの相伝を明記したものや、初世似斎の最晩年に記されたものがある。そのため、三宅は「似斎当時の唱歌付けが中心であると考えられ、まとまった唱歌付と

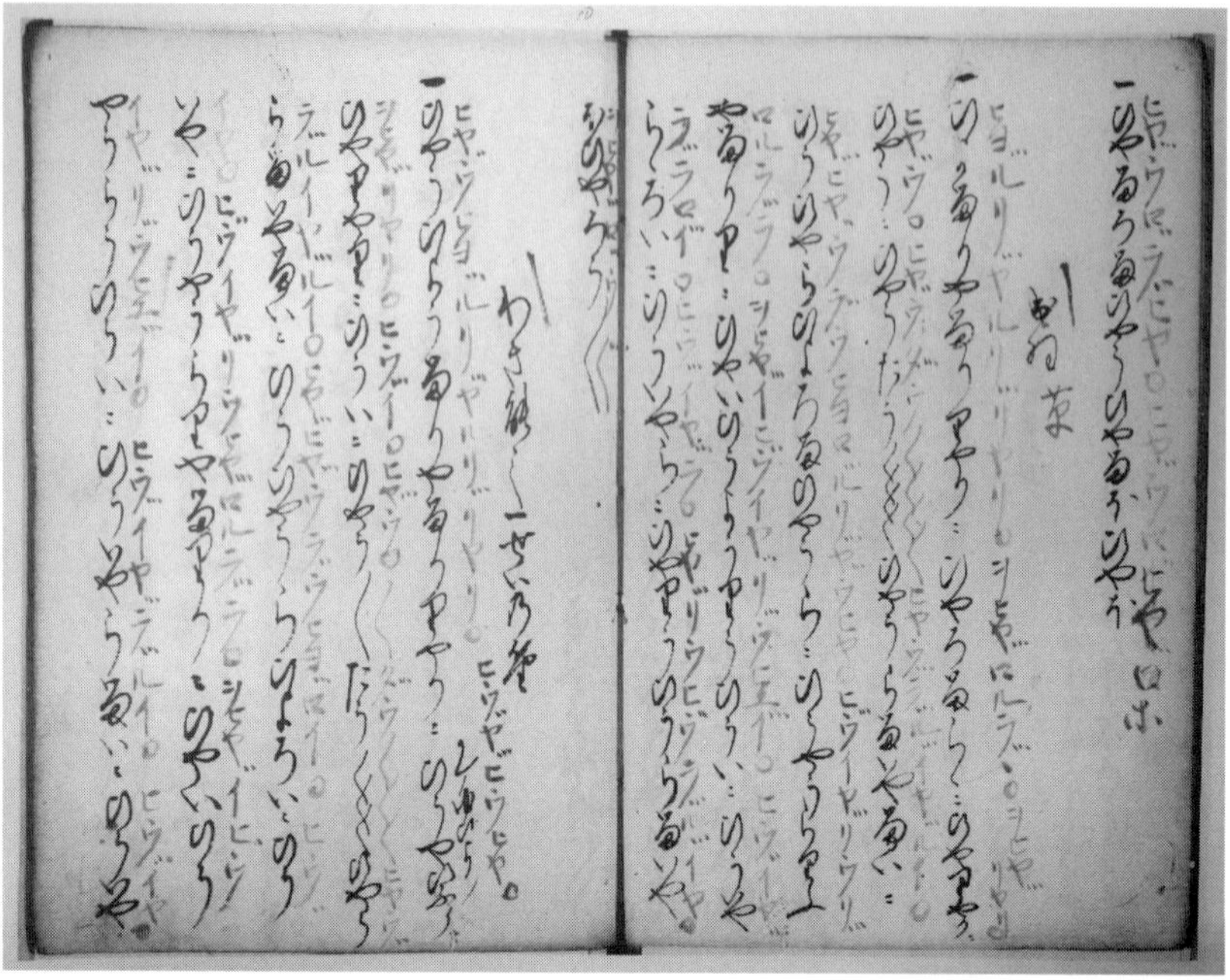

図18　『一噌流笛唱歌付』（部分／早稲田大学坪内博士記念演劇博物館蔵）

しては、もっともはやい時期のもの」とする。一噌流の演奏技法の変容を考察するうえで重要な唱歌譜と位置づけられるだろう。ここに、元禄一七年（一七〇四）に五世又六郎正賢（一七一六年没）が当代との違いを記すために唱歌を一部校合している。さらに、享保三年（一七一八）に六世又六郎政央（一七三二年没）が加筆した朱注も数箇所ある。

本書では、初世似斎の頃の唱歌として文禄五年書写の原本文（略称：「サ」）と、五世又六郎正賢の唱歌として元禄一七年の校合（略称：「ス」）を考察の対象とする。「サ」は主として平仮名、「ス」は主に片仮名で唱歌を表記する。なお、六世又六郎政央の加筆は数箇所に留まるため考察対象としない。

『一噌流笛唱歌付』[15]（略称：「シ」、「セ」、（図18））

早稲田大学坪内博士記念演劇博物館蔵。写本。縦二四三×横一七三㎜。二世噌庵（一六

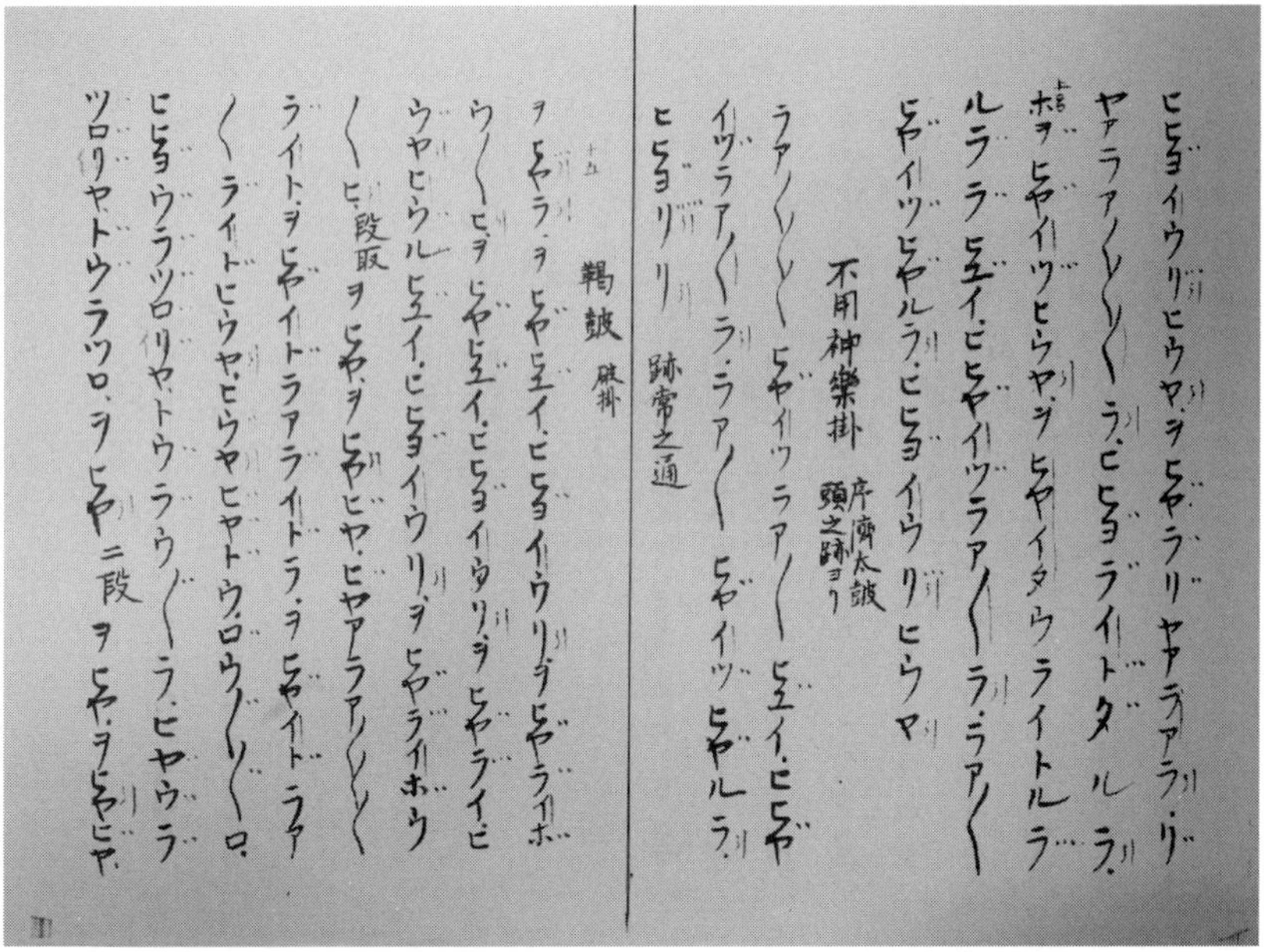

図19　『寛政三年平政香笛唱歌』（部分／法政大学鴻山文庫蔵）

二七年没）の唱歌譜を万治三年（一六六〇）に三世八郎右衛門が書写したものを原本文（略称：「シ」）とする。三世八郎右衛門は寛文四年（一六六四）に四代将軍徳川家綱に召し出され、宝生座付の玄人笛方役者の家柄として一噌流を創生した人物である。その三世八郎右衛門の書写した唱歌譜の本文に、比較対照するために宝永二年（一七〇五）に五世又六郎正賢が朱で加筆（略称：「セ」）している。「シ」は主に平仮名で唱歌を表記し、「セ」では片仮名で記す。

　本書では「シ」と「セ」の両方を考察対象に据える。それにより二世と五世の唱歌の違いを比較できる。

『寛政三年平政香笛唱歌』(16)（略称：「ソ」、（図19））

　法政大学鴻山文庫蔵。縦一七五×横二四八㎜。二冊。序文に「寛政三年辛亥秋七月平政香」とあり、寛政三年（一七九一）八世又六郎政香（一七四五年生）の奥書を持つ。この唱歌譜の序文と唱歌は、後代の現行唱歌譜（「ア」）にそのまま引用されている。そのことから、後述するようにこの唱歌譜は現行唱歌譜の典拠となった重要な唱歌譜である。

また、一つ書きの形式で唱歌を体系的に収載するのも特徴である。一つ書きとは、最初に曲名を記し、その後に相応する唱歌を記す形式で、当該の旋律をそこに示す一通りの唱歌で吹奏することを指示する。従って、一つ書きによって記すこの唱歌譜は、当流の様式を強く打ち出し、それを規範的なものとして記録するために編まれたと考えられる。なお、唱歌は片仮名で表記する。

『一噌流唱歌集』（略称：「ア」）

現行唱歌譜。概要は第一章参照。

『一噌流笛指附集』（略称：「イ」）

現行指付譜（指使いを記した譜本）。指付に併記する唱歌を考察対象とする。概要は第一章参照。

二　唱歌譜の規範化にみる流儀の形成

歴代の唱歌譜をみると、収録曲目やそれを書き記す記譜体系は様々であり、唱歌譜の性質は歴史的に変容を遂げてきたことが推測される。本節では伝存する唱歌譜の性質が歴史的に変化してきた様子を考察し、唱歌譜の規範化とその背景にある流儀の形成を読み解く。

分析対象とするのは、第一節で紹介した唱歌譜のうち、初世似斎の頃の内容の唱歌譜（「サ」）、二世噲庵の唱歌譜を三世八郎右衛門が書写した唱歌譜（「シ」）、五世又六郎正賢が「サ」に校合した唱歌（「ス」）、五世又六郎正賢が「シ」に加筆した唱歌（「セ」）、八世又六郎政香の奥書を持つ唱歌譜（「ソ」）、一二世又六郎と一三世鉄二による現行唱歌譜（「ア」）である。また、一三世鉄二校閲の「イ」は指付譜であるが、教習の場で「ア」と併用することに鑑み、収録曲については参照し考察に加える。

（1）収録曲

収録曲の内容は、唱歌譜によりばらつきがある。ここでは収録曲目の傾向を分析し、唱歌譜の性質が歴史的に変容してきたことをみていきたい。

まず、初世似斎の頃の内容の唱歌譜（「サ」）は、文禄五年（一五九六）奥書の書を江戸時代初期頃に書写したものであり、舞事・働事・登場楽など六〇項目程度の唱歌を収める。一貫して、特殊な曲目の特殊な部分のみを抜き出して記しているのが特徴で、〔乱拍子〕〔短冊ノ段〕などのように特別な演出で吹くものが目立つ。一例を挙げれば、〔序ノ舞〕では〈江口〉〈木賊〉〈遊行柳〉〈関寺小町〉などの能で用いる特殊な「掛リ」や、「段」の譜、「手」などを記載し、また、〔盤渉楽〕では〈富士太鼓〉や〈邯鄲〉などの能で特別に奏する「掛リ」の唱歌のみを部分的に記しているなどである。このように、全曲の唱歌を載せず特殊な部分だけを断片的に記すのは、この唱歌譜が個人の備忘のために記していて、他人にみせることを目的としていないためと考えられる。

その傾向は、二世噌庵の唱歌譜を万治三年（一六六〇）に三世八郎右衛門が書写した唱歌譜（「シ」）と、「シ」に加筆した五世又六郎正賢の唱歌（「セ」）にも当てはまる。どちらも、舞事・登場楽・旋律型・秘事などの唱歌を収め、「シ」が一〇〇項目を超える唱歌、「セ」が八〇項目を超える唱歌を収載するが、一曲の特殊な部分のみを断片的に記しており、体系的にまとめたものではない。例えば、舞事では「序」「掛リ」「段」などの一部分の唱歌を中心に記すに留まる。従って、この唱歌譜も個人が記憶の補助のために記したと考えるべきである。

一方で、寛政三年（一七九一）奥書の八世又六郎政香の唱歌譜（「ソ」）では、それ以前までの唱歌譜とは収録曲が大きく異なっている。二冊から成り、上巻は「舞之部」「会釈之部」「狂言会釈之部」、下巻は「習事相伝之順」「習舞之部」「一管之部」などに分かれ、一〇〇項目を超える唱歌を一つ書きで記す。収録曲目は基本的な舞事・登場楽・旋律型・秘事や替えの演出・狂言で奏する曲・一管の曲など、非常に幅広い。とくに、それまでまとまって収録されていなかった旋律型や、狂言で奏する曲、一管の曲などを収載するのが特徴である。その一部を紹介すると、旋律型には「呂《りよ》ノ吹上《ふきあげ》」「高音」「日吉高音」「馯《はねる》高音」「中ノ高音」「下ノ高音」「草ノ六ノ下」「結《むすぶ》六ノ下」「小手」「替小手」「草《そう》ノ繰《くり》」「替繰ノ干」「呂《りよ》ノ小手《こて》」「上ノ高音」、「ノタレ」「草ノ留」「中ノ高音吹返」「小手呂」「真ノ繰」「真ノ留」など、狂言の曲には〔狂言舞〕〔楽〕〔舞働〕〔鞨鼓〕〔翔《かけり》〕〔下リ端〕〔早笛〕〔舎切《しやぎり》〕〔棒振〕〔狂言之来序〕「双調《そうぢよう》アシライ」「中ノ高音」「上ノ高音」「小手」「高音」など、一管の曲には〔真ノ音取〕〔草ノ音取〕〔結音取〕〔鬘ノ音取〕〔干ノ音取〕〔双調ノ音取〕〔盤渉ノ音取〕〔恋ノ音取〕〔影ノ音取〕〔音取置鼓〕〔序ノ舞〕〔鞨鼓〕〔早笛〕〔神楽〕〔揉ノ段〕〔盤渉楽〕〔津嶋〕〔猩々乱〕〔盤渉序ノ舞〕〔豊後下リ端〕〔獅子〕〔鷺乱〕〔筑紫笛〕などがある。このように収録範囲が極めて広いので、この唱歌譜は当代の能管の曲目を網羅的に扱っていると思われる。

また、特殊な一部分の唱歌を載せるに留まらず、常の演出で用いる唱歌をも記すのも特徴である。一例として〔序ノ舞〕を挙げると、〔序ノ舞〕の一般的な演出として、上巻では「序」の譜、初段から五段までの「段」の譜、「留め」の譜、三通りの「序」、初段の替の八通りの譜、二段の替の三通りの譜、三段の替の二通りの譜を列挙する。加えて下巻の「習舞之部」では、〔序ノ舞〕の特殊な演出として〈江口〉〈木賊〉〈二人静〉〈定家〉〈鸚鵡小町〉などで奏する譜を挙げ、さらに「一管之部」にて一管で奏する〔序ノ舞〕の譜を記すなどしている。つまり、〔序ノ舞〕という一つの舞事をみてもこれだけの種類の唱歌を網羅しているのである。従って、この唱歌譜は当代に用いる譜を体系的にまとめることを意図し、流儀の規範を示すものとして他者への相伝を前提に編まれたと考えられる。

最後に、昭和一一年（一九三六）に刊行された一二世又六郎と一三世鉄二による現行唱歌譜（「ア」）の収録曲をみておく。この唱歌譜は、先述の通り、序文に「寛政三年辛亥秋七月平政香」とあり、「ソ」を典拠にして成立した。上下二巻から成り、〈中ノ舞〉〈楽〉〈早笛〉〈下り端〉などの基本的な囃子事一八曲（部分的記述や小書きを含むと二〇項目以上）を中心に収める。教習では、昭和一五年（一九四〇）に刊行された現行指付譜の『一噌流笛指附集』（「イ」）と併用するのが一般的で、「イ」では、舞事・登場楽など一六曲と、旋律型など二六曲を収録する。「ア」と「イ」の両方を用いると現行の基本的な曲目を網羅することになる。収録曲は典拠とする「ソ」とほとんど同じであるが、異なるのは、「ソ」のように当代の譜を体系的に収載することはせず、常の演出で用いる基本的な譜のみを記す点である。それゆえ、「ソ」の記していた〈翁〉や〈音取〉などの秘事も「ア」と「イ」では記さない。つまり、内容は「ソ」に基づくものの、そこから特殊なものを除き、一般的な譜のみを厳選しまとめているのである。このことは、現行唱歌譜と現行指付譜とが一般の教習を目的に編纂されており、一般に公開できる範囲の内容に留まることを意味している。

このようにみると、宗家伝来の唱歌譜の位置づけは歴史的に変容してきたといえるだろう。まず、初期の唱歌譜は個人の備忘のために曲目の一部を断片的に書き付けたものであったが、江戸時代中期の八世又六郎政香の唱歌譜（「ソ」）の頃には網羅的な記載となり、個人の記憶のための唱歌譜から流儀の様式を相伝するためのものへと規範化された。そして、「ソ」はその後の昭和期初頭に成立した現行唱歌譜（「ア」）の典拠になった。ついで、「ソ」に基づいて成立した「ア」は、素人の教習に対応させるためにより一般的な内容の構成に変わり、さらに、出版を通じて流儀の規範とする演奏技法を日本全国に広めることにもなった。このように、唱歌譜を記す目的は時代とともに変化し、編纂目的によって収載する曲目も取捨選択されている。従って、唱歌譜に記してある曲目がその時代に奏した全ての曲目であるとはいえず、唱歌譜に記していない曲目を実際には奏していたことも推察される。

(2) 唱歌に用いる仮名

仮名の種類

続いて、唱歌譜に記される唱歌の仮名の特徴について分析し、唱歌譜の性質が時代とともに変化したことを導く。

各唱歌譜が共通して用いている仮名の種類は、ア行(「ア」「イ」「ウ」)、タ行(「タ」「ツ」「ト」)、ハ行(「ヒ」「フ」「ホ」)、ヤ行(「ヤ」「ユ」「ヨ」)、ラ行(「ラ」「リ」「ル」「ロ」)であり、その用例にも大差はない。この他に、唱歌譜によっては「ヲ」と「ん」が用いられる場合もある。

まず、「ヲ」という仮名は、元禄一七年(一七〇四)に五世又六郎正賢が「サ」に校合した「ス」と、宝永二年(一七〇五)に同じく五世又六郎正賢が「シ」に加筆した「セ」以降に記されるようになった仮名である。どの事例においても、「ヲ」は「ヲヒャ」という唱歌にて使われており、「ヲ」の発生は「ヲヒャ」という句の成立と関連があるように思われる。「ヲヒャ」は現在、多用される重要な句であるので、この句の発生については次節にて改めて検証することとしたい。

次に「ん」という仮名は、初世似斎の頃の内容の「サ」と二世噌庵の内容の「シ」において「たんたん」という句で用いていた。「たんたん」は旋律を揺らして奏するいわゆるユリを表すものと思われるが、五世又六郎正賢の「ス」「セ」以降には「タウタウ」という表記に変化して、現在に至る。以後、管見に入った唱歌譜の限りでは「ん」は使わない。

いずれも小さな変化であるが、変化の時期としては五世又六郎正賢の頃に認められることを確認しておきたい。

平仮名と片仮名

また、唱歌を平仮名と片仮名のどちらで表記するのかという違いもある。

初世似斎（「サ」）と二世噲庵（「シ」）の頃の内容の唱歌譜では片仮名が混ざるものの、平仮名主体で表記している。しかし、江戸時代中期の五世又六郎正賢による校合（「ス」「セ」）以降、片仮名主体で表記するように変化している。五世又六郎正賢が片仮名を用いた理由は、平仮名で記したそれ以前までの唱歌に校合するためだったことが考えられる。しかし、同じく五世又六郎正賢が編者となっている他の唱歌譜として、本書では考察対象としていない『能管之譜』（延宝八年写、早稲田大学坪内博士記念演劇博物館蔵）が挙げられるが、この唱歌譜をみると、前半部を平仮名主体、後半部を片仮名主体で記しており、校合とは関係なく後半部で片仮名を用いて表記しているのである。従って、平仮名と片仮名の使い分けは必ずしも校合に由来しているとはいえず、片仮名が使われるようになった経緯は不明である。

しかし、唱歌を片仮名で記すようになったことで、表記の上で取扱いが変化したことがある。それは、「ヒャ」「ヒュ」「ヒョ」などの唱歌で用いる拗音《ようおん》の扱い方である。そもそも、平仮名で表記した「サ」「シ」の段階では、拗音を区別した表記はなされていなかった。例えば、〔図20〕で平仮名にて示す唱歌は「シ」の一例であるが、ここに「ひや」という唱歌を二箇所に確認できる（丸囲み部分。以下、丸囲みは引用者）。この二つの「ひや」については、実際に二音で「ひや」と唱える（奏する）のか、あるいは一音で「ひゃ」と唱える（奏する）のかを一見するだけでは判別できない。もちろん、役者自身は口頭伝承を受けているのでわかっているはずである

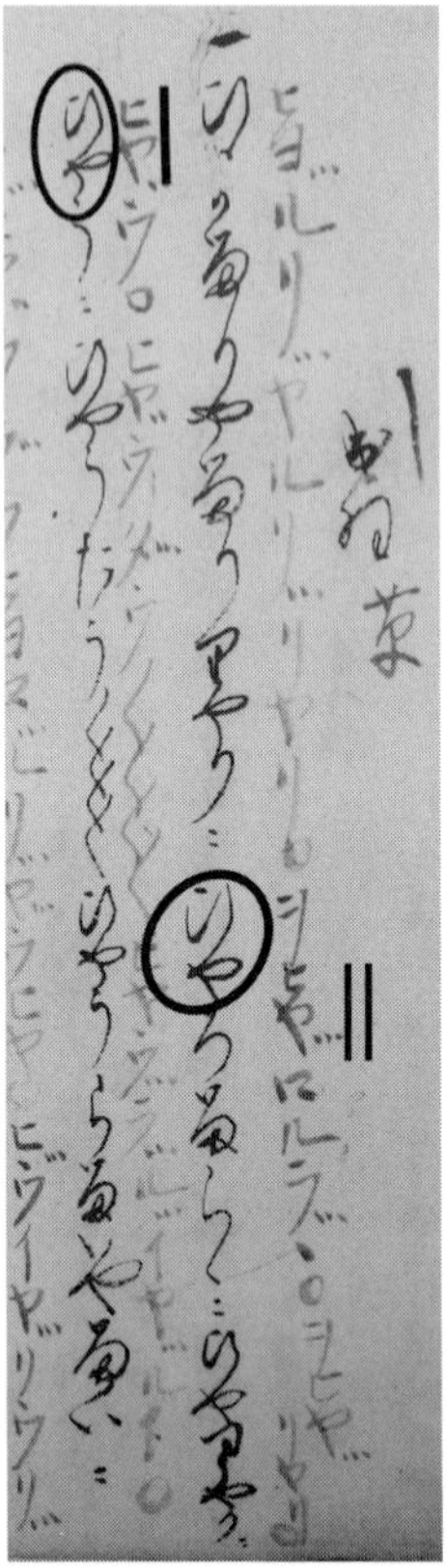

図20　「シ」と「セ」の拗音の例（『一噌流笛唱歌付』部分、早稲田大学坪内博士記念演劇博物館蔵。傍線・二重傍線・丸囲みは筆者による）

が、唱歌譜の完全なる読み手にとっては、ここに表記された唱歌をみるだけで拗音を判別することはできない。

一方、「ス」「セ」以降になると、唱歌は片仮名主体で書かれるようになり、それに伴い、拗音も区別して読めるように変化している。（図20）には「シ」の右側に片仮名を用いて校合した「セ」の記述があるので、それをもとに確認することとしよう。「セ」には、片仮名で「ヒヤ」とする唱歌（図20、傍線部分）と、「ヲヒャ」という唱歌の一部として「ヒャ」と表記する唱歌（図20、二重線部分）の二種類の校合が確認される。前者（図20、傍線部分）は「ヒ」と「ヤ」の二つの仮名を別に記述しているので、「ヒ」と「ヤ」を二音に分けて「ヒヤ」と唱えた（奏した）ことがわかる。それに対して後者（図20、二重線部分）では、「ヒ」と「ヤ」の二つの仮名を斜線で繋いで記しているので、ここでは、拗音を意識して「ヒャ」と唱えた（奏した）と考えられる。つまり、両者は拗音を唱えるかどうかという点で別個の音楽実体を示す唱歌なのである。そして、その違いを判別できるようになったのが、片仮名主体で記される「ス」「セ」以降となる。以上のことから、「ス」「セ」以降に、結果として唱歌譜そのものの伝達力は強まったといえる。

ところで、このように唱歌譜に記されたものが伝達力を強めていく様子は、実は、これ以降の唱歌譜全体の傾向として位置づけることができる。そして、そこに伝承における書記伝承の比重が次第に大きくなり、伝承体系における口頭伝承と書記伝承のバランスが歴史的に変化していく様子を重ね合わせることができるのだが、これについては第五章第一節にて詳述したい。

（3）注記の内容

最後に、各唱歌譜に記される注記について分析し、唱歌譜の性質が変容したことを示したい。

まず、成立年代の早い「サ」「シ」「ス」「セ」では、唱歌の横に雅楽の音名を表す五調子（一越《いちこつ》・平調《ひょうぢょう》・双調・黄鐘・盤渉）の注記がみられる。「サ」では一越・平調・黄鐘・盤渉を使い、とりわけ平調と盤渉を頻用している（図21）。それが「シ」になると平調・黄鐘・双調の三種類、「ス」では一越の一種類、「セ」では双調・黄鐘の二種類に減り、頻度も極めて低くなる。そして、現行では黄鐘と盤渉（まれに一越・双調）を指孔に基づく調型として使っている。例えば現行一噌流では、左手人差し指の指孔を押さえて終始する旋律を盤渉基調、左手中指の指孔までを押さえて終止する旋律を黄鐘基調としている。つまり、現行から類推すれば、「サ」「シ」「ス」「セ」の記す五調子が指孔に基づく調型を表すことが示唆されるが、一方で、能管は古くは今よりも謡の音高と関わっていて、より旋律楽器的な機能もあったと考えられているため[17]、これらの注記が雅楽同様に絶対音高を要求した可能性や複数の意味を併せ持っていた可能性も否定できない。

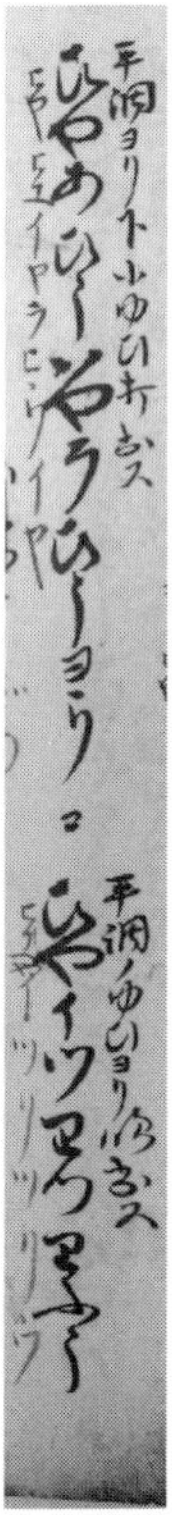

図21　「サ」の平調の例（『一噌流笛秘伝書』部分、早稲田大学坪内博士記念演劇博物館蔵）

ところで、「サ」の前半部にある初世似斎の聞書にも、五調子に関連した記事が散見されるので紹介しておきたい。次の記事は、初世似斎が座敷謡にて能管を奏したときのものである。

天正二十年正月二十六日、夜、もり殿ニテ御謡御座候時、五郎次郎一てうツヽミにて、一噌笛御吹候。脇うたいニ、野々宮御座候。謡ノ内ヲ平調ニテあしらい、ひしき一せいノ内ヨリ双調ニテそと吹、又ツヽミもこしなしに打、謡もやかてうたい出シ候成。又かゝり、頭打処ニテかゝり候也。同まいも双調にて御吹候。手二つ。後舞さうてう。

これによると、初世似斎は能〈野宮〉にて謡を平調であしらい、囃子事の〔一声〕と舞事を双調にて吹き、後舞を双調で奏したという。ここでの双調と平調については、現行のように指孔に基づく調型をいい表しているようにみえなくもない。

さらに、能〈猩々〉で舞う〔猩々乱〕という舞事について記した次の記述にも平調という記述がある。「平調ノゆひ」と記されるので、ここでの平調は指孔名を示すと判断される。

しやウシヤウノ拍子。第一ノ大事也。（中略）いつれにテモ、ヤカテ見ツケテ乱ニカヽルへし。ヲそくカヽルハ笛ノふかく也。乱ノ位大事と申ハ、笛平調ノゆひゐヲロス時、位ヲカエテヲサゆる。（後略）

また、初世似斎の芸談を中心に編んだ『矢野一宇聞書』にも雅楽の音名を使った記述が多々みられる。例えば、次の記述では初世似斎が「海道下り」という独奏曲を五調子にて吹いたとしている。

一、昔ヨリカイタウクタリハ、尺八ハ双調ト也。乍去、尺八双調ト一越ニテ、シケ松ト申者吹候由候。昔ヨリ、笛ニテ五調子ニテ吹タルハナキ由候。一噌ハ五調子ニテ遊候。

本来、能管は五調子を吹き分けるものではないので、初世似斎が尺八の演奏につられて調子を吹き分けてしまったことに驚嘆したという記録である。絶対音高を持つ尺八と一緒に調子を吹き分けている様子が読み取れるので、この記事をみる限りでは、雅楽の音名が絶対音高に関わるものとして用いられているようにみえる。

初世似斎が新しい奏法を工夫していたことは『矢野一宇聞書』だけでなく、先の「サ」の前半部にある聞書にも多数書かれており、こうした記事からは、後代に一噌流の奏法として引き継がれた初世似斎の演奏技法がこの時代に様々な試行錯誤を経て編み出されたことが窺える。そこにおいて、雅楽の音名はおそらく一つの文脈で用いられていたのではなく、指孔名や絶対音高を示すものとして複数の文脈で用いられていたことが想像される。しかし、実際に意味したところは残念ながら現段階で確定できない。

ところで、**「サ」「ソ」**と現行の**「ア」**では、「上」「中」「下」という注記も用いている。すなわち、**「サ」**では「上二ツ」「中二ツ」「中ヨリ四ツ」「下二ツ」（図22）、**「ソ」**では「上」「中」「下」（図23）、**「ア」**では「中」「下」を用いる。「上」「中」「下」といえば、現在では謡の音階音として知られるが、**「サ」「ソ」「ア」**の限りでは現時点で謡との直接的な関わりを示す根拠を見出すことができなかった。

他方で、「上」「中」「下」が楽器を奏する指使いと関連する可能性も否定できない。というのも、左に示すように、**「ソ」**では凡例に「此類者所ニ寄指之疑敷ニ　上中下　之印ヲ加」と記しており、それによれば、「上」「中」「下」の注記を、同じ唱歌で指使いの異なる箇所に付し、指使いを区別するように促しているからである。

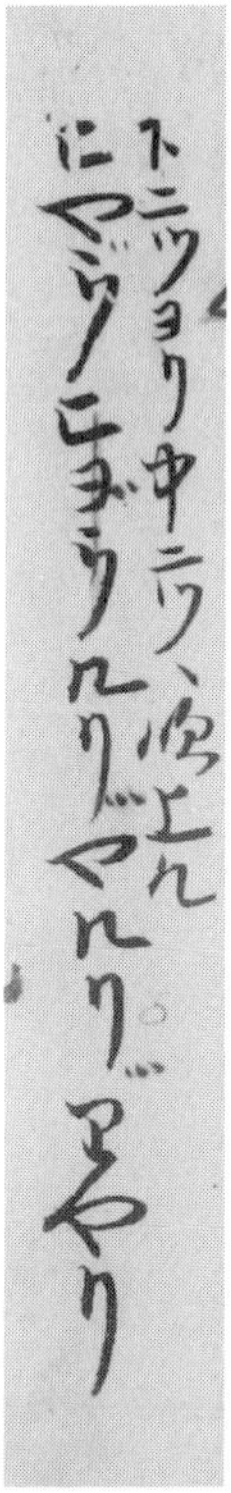

図22　**「サ」**の「中」「下」の例（『一噌流笛秘伝書』部分、早稲田大学坪内博士記念演劇博物館蔵）

図23　**「ソ」**の「上」の例（『寛政三年平政香笛唱歌』部分、法政大学鴻山文庫蔵）

一、ロ上 ロ中 ロ下 ラ上 ラ中 ラ下 ホ上 ホ下 フ上 フ下
ヒ上ウ ヒ中ウ ヒ下ウ ヒ上ユ ヒ中ユ ヒ下ユ
此類者所ニ寄指之疑敷ニ　上中下　之印ヲ加

加えて現行では、能管の指孔名を楽器の頭側より「干」「五」「上」「夕」「中」「六」「下」、「六」「中」「夕」「上」「五」「干」「次」、「六」「五」「四」「三」「二」「一」「七」などのように様々にいい表し、「上」「中」「下」という用語を指孔名としても用いている。それに基づいて考えれば、現行の**「ア」**の記す「中」「下」も謡の音階音ではなく指孔名を示す可能性があるが、**「ア」**では〔真ノ序ノ舞〕の「ヒウルイ」という旋律で限定的に「中」「下」の注記を付すに留まるため、断定はできない。ただ、興味深いことに、「上」「中」「下」の注記と、先に述べた五調子の注記は、江戸時代初期の内容と推定される森田流傍系の由良流の『玄笛流せうか』(18)（由良家蔵）でも多用している。そのため、これらの不明な注記が江戸時代初期頃の能管の音構造に流儀を越えて深く関わっていたことは確かであり、今後の解明が待たれる。

この他に、成立年代の早い唱歌譜ほど、注記に旋律の奏法を示す「ツク」「ハネテ」「持」「押」「引」や、シテの動きとの関係を示す「是ニテ太夫フミトムル」「マクヲ上ル」などの注記がみられるのも特徴である。これらは、**「サ」**で非常に多く用いられるが、以後の**「シ」**や**「セ」**では頻度が激減して「もつ」「よする」などを若干使うに留まる。そして、**「ソ」**や現行の**「ア」**に至ってはほとんど使われなくなるが、一方で、新たに「序」「地」「初段」「打込留」などの舞事の楽曲構造を示すものが多く使われるようになっていく。**「サ」**で旋律の奏法や所作との関連を示す注記を多用しているのは、その頃の奏法が未確定で流動的であったことを物語っていると思われ、江戸時代中期の五世又六郎正賢以降にその頻度と種類が少なくなったことは、その時期には奏法が固定

し始めていたことを示していると考えられる。他方、五世目又六郎正賢の頃に舞事に関する注記が多くなったことは、江戸時代中期には舞事に立方の流儀や習い事などによる細かな規定が生じていたことを示すと考えられる。

（4）まとめ

唱歌譜の性質の変化と演奏技法

本節では、歴代の唱歌譜の性質を検証してきた。室町時代末期の奥書を持つ初世似斎の頃の唱歌譜（「サ」）では注記に様々な情報を書き記しており、この時期の演奏技法には流動的な部分が多く、初世似斎自身も新しい工夫を凝らしていたことを読み解くことができた。そして、五世又六郎正賢の唱歌譜（「セ」）になると唱歌譜に書き記す情報量は大きく減り、そのことから演奏技法がこの頃には固定し始めていたことが明らかになった。また、そもそもは個人の備忘のために曲の一部分を断片的に記していた唱歌譜が、次第に網羅的な内容に変化して、江戸時代中期の八世又六郎政香の唱歌譜（「ソ」）では全曲の唱歌を一つ書きで書き示し、流儀の規範を示すべく体系的な相伝を前提に編むまでになっていたことが示された。そして、この「ソ」をもとに、昭和期には現行唱歌譜が成立している。

以上を踏まえれば、約四〇〇年に渡る変容の流れを根底から方向づけていた枠組みは、流儀の演奏技法の確立に向けた固定化と規範化の流れであったといえるだろう。

江戸幕府の能に対する政策

流儀の演奏技法の形成過程においてとりわけ注目したいのが、五世又六郎正賢（「ス」「セ」）の頃の時代である。五世又六郎正賢は享保元年（一七一六）に没したが、活躍した時期は能を溺愛した五代将軍徳川綱吉や六代将軍徳川家宣の治世と重なる。綱吉と家宣は伝承のない稀曲を好んで上演させ、能界に大混乱を招いた。そして、他座の囃子方の役者を自分の贔屓にする宝生座に転座させ、贔屓の役者を士分に取り立てるなどしたので、能の多くの家芸は継承の危機に陥った。一噌流も四世六郎左衛門矩政（一六四一～一七一九）のときに士分に取り立てられ、幕臣中村家と笛方一噌家とが分離することになったことは第一章第一節にて先述したが、このとき笛方の家を存続させるために嶋田氏からの養子として一噌家を相続したのが五世又六郎正賢であった。五世又六郎正賢は、まさに一噌流が危機的状況にあったときに宗家を継承した人物なのである。

五世又六郎正賢が没した享保元年（一七一六）に八代将軍徳川吉宗が将軍に就任しているが、吉宗には混乱に陥っていた幕府と能界を立て直す必要があった。享保六年（一七二一）六月、能役者の支配方であった若年寄大久保長門守教寛が、五座のシテ方大夫に能の始まりや家の由緒、謡作者、舞台の法式、面十作の義、拝領物、自家では演じない演目などに関する書上《かきあげ》の提出を命じている。続いて同年閏七月には、若年寄石川近江守総茂がそれぞれの宗家格の役者に対して、将軍家に召し出された由緒や、各芸の始まり、拝領物、芸についての奇瑞などの広範囲な内容を提出するように求めている。いわゆる「享保六年書上」(19)である。書上自体はこれが初めてのことではないが、「享保六年書上」はシテ方五座、ワキ方五家、笛方三家、小鼓方五家、大鼓方六家、太鼓方三家、狂言方四家、弟子筋の囃子方七家の、合わせて三八家からの書上で大規模なものであった。

このとき一噌流では、五世又六郎正賢の子である六世又六郎政央（一七三二年没）が書上を提出している。本節の検証で五世又六郎正賢の頃には演奏技法が固定化しつつあったことが明らかになったが、五世又六郎正賢から子の六世又六郎政央にかけての時代とは、能という演劇が幕府の政策によって整備された時代でもあったのである。シテ方の演出に対しても細かい決まり事が確立し能の様式が整えられつつあったなかで、能管もこの時期の風潮を受けて演奏技法の固定化を進め、八世又六郎政香による『寛政三年平政香笛唱歌』（［ソ］）の頃には現行の様式を確立させ規範化していたという流れが浮かび上がった。

三　唱歌の仮名表記の変容と演奏技法の形成

第二節の検証で、五世又六郎正賢の唱歌（「セ」）の頃には演奏技法の大筋が固まり、八世又六郎政香の唱歌譜（「ソ」）の頃には現行の形が定まっていたことが示されたが、その変化の過程において、能管の旋律そのものも少しずつ形を変容させながら現在に至っていると思われる。そこで、本節では具体的な旋律を取り上げ、その唱歌を分析することで演奏技法の形成過程を紐解き、前節での分析結果を裏づける。

検証する唱歌譜は、初世似斎の頃の内容の唱歌譜（「サ」）、二世噲庵の唱歌譜を三世八郎右衛門が書写した唱歌譜（「シ」）、五世又六郎正賢が「サ」に片仮名で校合した唱歌（「ス」）、同じく五世又六郎正賢が「シ」に片仮名で加筆した唱歌（「セ」）、八世又六郎政香の唱歌譜（「ソ」）、一二世又六郎と一三世鉄二による現行唱歌譜（「ア」）の六点である。そして、各唱歌譜に共通して収録される囃子事〔序ノ舞〕〔真ノ序ノ舞〕〔盤渉早舞〕〔下リ端〕〔楽〕〔盤渉楽〕〔乱〕〔獅子〕〔イロエ〕〔カケリ〕より、比較的判読が容易であった〔序ノ舞〕と〔下リ端〕の二つの囃子事を分析対象として順に取り上げ、これらの囃子事を構成する旋律を抽出し、唱歌の仮名表記の変化を読み解く。仮名表記の分析は句を単位に進めるが、当時の唱歌の発音には不明なところも多いため、序章で説明したように現行唱歌の母音と子音の働きから類推することで唱歌と音楽実体との連関を捉え、最も妥当な可能性を示していく。なお、本文中に示す唱歌の仮名表記は原典に従った。

（1）〔序ノ舞〕の旋律の分析

記述内容

最初に、〔序ノ舞〕の旋律を分析し、唱歌の仮名表記の変容を辿って演奏技法の形成された過程を検証したい。

現在では、〔序ノ舞〕は女体・老体・貴公子などの役が静かに舞う舞事で、舞事のなかで最も優美でゆったりとしたものである。舞事には大きく「呂中干」形式の舞事と「非呂中干」形式の舞事とがあるが、〔序ノ舞〕は「呂中干」形式を代表する舞事である。現行〔「ア」〕では、「呂」（「ヲヒャライホウホウヒ」）、「呂ノ中」（「ヲヒャヒュイ　ヒヒョイウリ」）、「干」（「ヲヒャライヒウヤ」）、「干ノ中」（「ヒウルヒュイ　ヒヒョイウリ」）の四種類の旋律を繰り返し奏することになっている。

まず、〔序ノ舞〕を構成する四種類の旋律を各唱歌譜ではどのように記しているのだろうか。〔序ノ舞〕は「サ」「シ」「ス」「セ」「ソ」と現行唱歌譜の「ア」に記載されているが、その記載状態には差異がある。[20] まず、現行の「ア」と、その典拠となった八世又六郎政香奥書の「ソ」では「呂」「呂ノ中」「干」「干ノ中」の四種類全ての旋律を記す。すなわち、「ア」では「ヲヒャライホウホウヒ」「ヲヒャヒュイ　ヒヒョイウリ」「ヲヒャライヒウヤ」「ヒウルヒュイ　ヒヒョイウリ」、「ソ」では「ヲヒャライホウ〳〵ヒ」「ヲヒャヒュイ　ヒヒョイウリ」「ヲヒャライヒウヤ」「ヒウルヒュイ　ヒヒョイウリ」である。後述するように、「ソ」では「ヲヒャラィホウ〳〵ヒ」の「イ」を小文字で表記している。「ア」の一例を〔図24〕に、「ソ」の一例を〔図25〕に示してある。〔図25〕では該当箇所を括弧で括った。

これに対して、「サ」「シ」「ス」「セ」では二種類の旋律しか記述していない。まず、初世似斎の頃の内容の「サ」と二世噌庵の内容の「シ」では、「ひやらたん〳〵り」「ひよるり」の二旋律のみである。ただし、「ひやらたん〳〵り」については、「シ」では「ひやらた丶り」とも表記する。そして、「ひよるり」については、生み字を書き記す形で「サ」が「ひやうるり」「ひようるり」、「シ」が「ひやうるり」とも表記している。続いて、「サ」の右側に五世又六郎正賢が片仮名で校合した「ス」であるが、ここにおいても、二種類の旋律しか記して

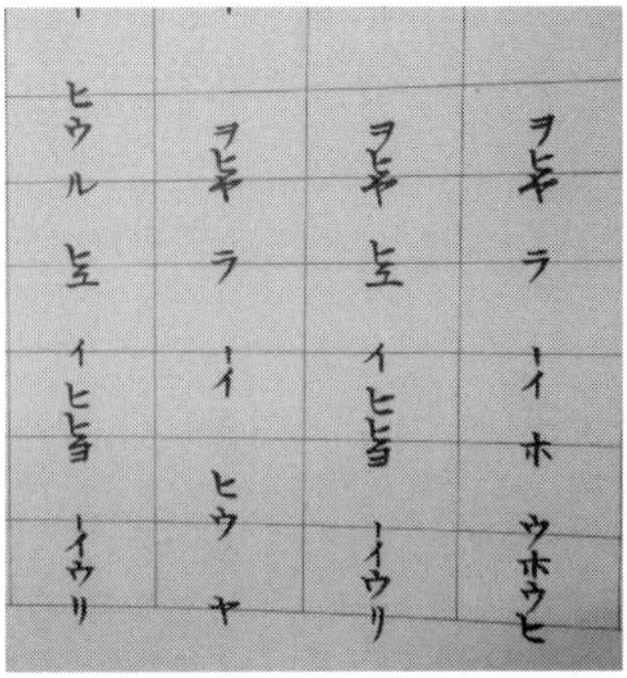

図24　「ア」における四種類の旋律（『一噌流唱歌集』わんや書店、一九三六年）

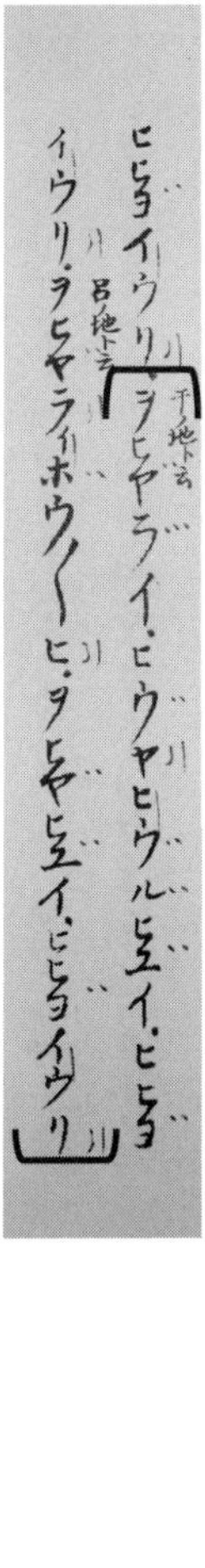

図25　「ソ」における四種類の旋律（『寛政三年平政香笛唱歌』部分、法政大学鴻山文庫蔵、［　］は筆者による）

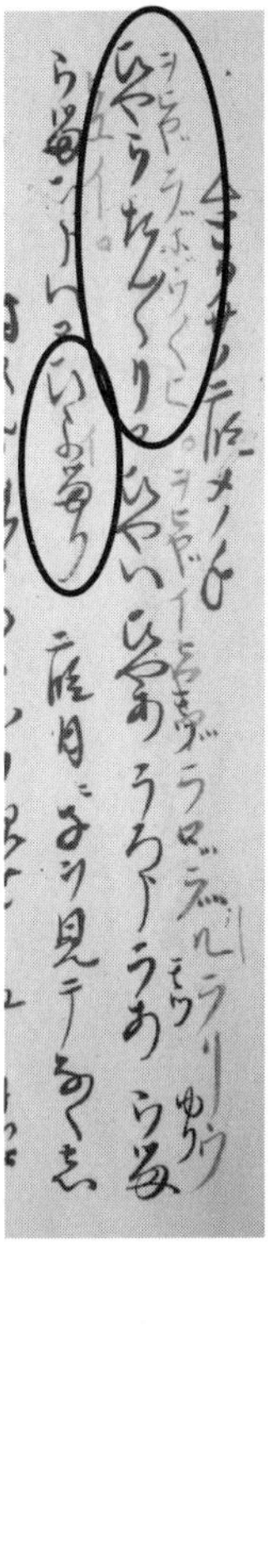

図26　「サ」と「ス」における二種類の旋律（『一噌流笛秘伝書』部分、早稲田大学坪内博士記念演劇博物館蔵、丸囲みは筆者による）「サ」は平仮名による唱歌。「ス」は「サ」の右側に片仮名で校合した唱歌。

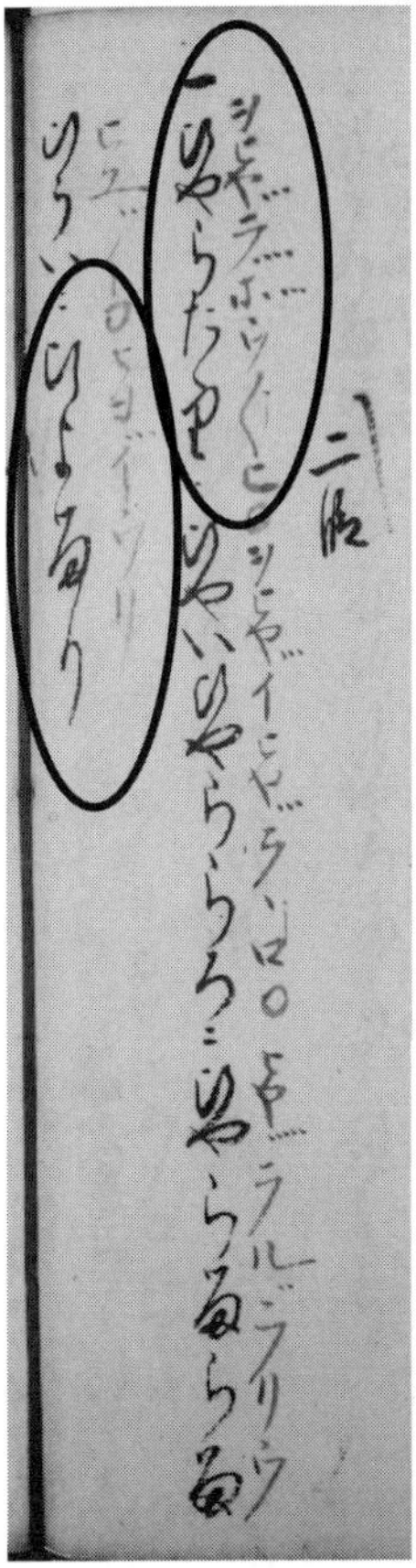

図27　「シ」と「セ」における二種類の旋律（『一噌流笛唱歌付』部分、早稲田大学坪内博士記念演劇博物館蔵、丸囲みは筆者による）「シ」は平仮名による唱歌。「セ」は「シ」の右側に片仮名で加筆した唱歌。

いない。すなわち「ヲヒャラホウ〳〵ヒ」と「ひよイるり」である。ただし、「ス」では「ヲヒャラホウ〳〵ヒ」を「ヲヒャラホ、ヒ」とも表記する。最後に、「シ」の右側に同じく五世又六郎正賢が片仮名で校合した「セ」でも、「ヲヒャラホウ〳〵ヒ」と「ヒョイウリ」の二種類の旋律だけを記す。以上の「サ」「ス」の一例を〔図26〕に、「シ」「セ」の一例を〔図27〕に示し、それぞれ該当箇所を丸で囲んだ。

以上の「サ」「シ」「ス」「セ」において、なぜ限られた二種類の旋律しか記さないのかは不明である。可能性としては、この時期には「呂中干」形式の舞事の旋律が未だ流動的で、現在のような四種類の旋律が定まっていなかったことや、記したのがたまたま二種類の旋律に限られたことなどが考えられる。ただ、「サ」↕「ス」、並びに「シ」↕「セ」は、互いの唱歌を校合するべく記しているので、照合すればそれぞれの唱歌譜の記す二種類が四種類のうちのどの旋律を示しているのかを割り出すことが可能である。さらに、「ス」と「セ」が五世又六郎正賢という同一人物の手になる唱歌であることを仲立ちにすれば、「ス」と「セ」に共通する旋律を探り出すことも可能である。

以上の手順を踏んだ結果、「サ」「シ」「ス」「セ」の記す二種類の旋律とは、一つは現行でいうところの「呂」の旋律であると解釈した。【資料3】に示すように、「呂」の旋律に該当するのは、「サ」「ひやらたん〳〵り」、「シ」「ひやらたん〳〵り」（「ひやらた、り」とも）、「ス」「ヲヒャラホウ〳〵ヒ」（「ヲヒャラホ、ヒ」とも）、「セ」「ヲヒャラホウ〳〵ヒ」、「ソ」「ヲヒャラィホウ〳〵ヒ」、そして現行の「ア」「ヲヒャライホウホウヒ」である。

これに対して、「サ」「シ」「ス」「セ」の記すもう一つの旋律は、現行でいうところの「呂ノ中」ないし「干ノ中」の旋律であると解釈した。「呂ノ中」ないし「干ノ中」とするのは、この旋律には当該の旋律が「呂ノ中」と「干ノ中」のどちらを示すのか記載がなく、両者の判別ができないためである。そのため、ここではひとまず「呂ノ中」と「干ノ中」の区別をせずに、仮に「中」とだけしてまとめておきたい。「中」の旋律に該当するのは、

【資料3】〔序ノ舞〕にみる唱歌の変化

唱歌譜略称		サ	シ	ス	セ	ソ	ア
呂		ひやらたん〱り	ひやらたん〱り ※ひやらたゝり	ヲヒャラホウ〱ヒ ※ヲヒャラホゝヒ	ヲヒャラホウ〱ヒ	ヲヒャラ[イ]ホウ〱ヒ	ヲヒャラ[イ]ホウホウヒ
中		ひよるり ※ひやうるり ※ひようるり	ひよるり ※ひやうるり	ひよ[イ]るり	ヒョ[イ]ウリ		
	呂ノ中					ヲヒャヒュイ [ヒ]ヒョイウリ	ヲヒャヒュイ [ヒ]ヒョイウリ
	干ノ中					ヒウルヒュイ [ヒ]ヒョイウリ	ヒウルヒュイ [ヒ]ヒョイウリ

〔凡例〕
・この表は、「サ」「シ」「ス」「セ」「ソ」「ア」の六点の唱歌譜の記す〔序ノ舞〕の旋律を示したものである。
・表には各唱歌譜の用いる主な仮名表記を示し、異表記を併用する場合には※で示した。
・唱歌の仮名表記は原典に従った。
・傍線・二重線・□は引用者による。

「サ」では「ひよるり」（「ひやうるり」「ひようるり」とも）、「シ」では「ひよるり」（「ひやうるり」とも）、「ス」では「ひよイるり」、「セ」「ヒョイウリ」である。

一方で、先述したように「ソ」「ア」では四種類全ての旋律を記すので、この旋律が「呂ノ中」と「干ノ中」のどちらの旋律に相当するのかを判別できる。すなわち、「ソ」では「ヲヒャヒュイ　ヒヒョイウリ」（呂ノ中）と「ヒウルヒュイ　ヒヒョイウリ」（干ノ中）の二種類、そして現行の「ア」では「ヲヒャヒュイ　ヒヒョイウリ」（呂ノ中）と「ヒウルヒュイ　ヒヒョイウリ」（干ノ中）の二種類である。

以上の分析により、「サ」「シ」「ス」「セ」「ソ」と現行の「ア」に共通する「呂」と「中」の旋律を探り出すことができたので、これを踏まえて以下、順に唱歌の仮名表記を分析していく。なお、現行では「呂中干」形式の舞事を構成する他の旋律に「干」もあるが、「干」の旋律は「ソ」より前には記述を確認できないため、分析対象としない。

「呂」の旋律の分析

「呂」の旋律では、【資料3】に示すように、唱歌の傍線部と二重線部の二つの部分に経時的な変化が認められる。

まず、傍線部の変化は、「サ」「シ」では「ひやら」と表記していたのが「ス」以降に「ヲヒャラ」と表記するようになったというものである。「サ」「シ」では平仮名で記し拗音を表記しなかったが、「ス」になると片仮名表記に変化し、それに伴い拗音も区別されている。一見すると、句そのものが全く別のものに変化したようにみえなくもないが、ここでの「ひやら」→「ヲヒャラ」という変化は全体を通じて数多く確認されるので、同一の音楽実体を示す句が五世又六郎正賢の頃に表記上変化しただけと判断される。従って、「サ」「シ」で「ひや」と記す部分も、実際には「ス」と同じように拗音を意識して「ヒャ」と唱えた可能性もある。

ところで、「ヲヒャラ」という句の「ヲ」について、高桑いづみは「『オ』は『ヒャ』を吹く前に息をタメこむ、その勢いを音として響かせたもの[21]」とし、吹奏する際に心のなかで息を溜めて間合いをはかる、いわゆる「コミ」として発生した可能性を指摘している。しかし、高桑の指摘するように、「ヒャ」の前で息を溜め込むとそこで息が留まってしまい、「ヒャ」を吹き込むのが難しくなる。従って、「ヲ」はコミを示すものではないと思われる。現行伝承で「ヒャ」の部分が黄鐘基調の舞事を最も特徴づける非常に重要な黄鐘の音であることに鑑みれば、筆者は、「ヲ」は「ヒャ」という重要な音を強調するために差し指などを用いた装飾音として発生し、それが次第に独立した音となって固定して、現在の「ヲヒャ」という形が作られたという経緯を考えたい。

次に、二つ目の変化がみられるのが二重線部である。「サ」「シ」では「たん〳〵り」（「たゝり」とも）と表記したのを「ス」以降は「ホウ〳〵ヒ」（「ホウゝヒ」「ホウホウヒ」とも）としている。しかし、これは表記上の違いに過ぎないであろう。その理由は、「たん」や「ホウ」を二度繰り返すという旋律の動きは一貫しているため、指し示す音楽実体には変化がないと考えられるからである。加えて、「たん〳〵り」（「たゝり」）の「り」と「ホウ〳〵ヒ」（「ホゝヒ」「ホウホウヒ」）の「ヒ」がともに「イ」母音の仮名であることに注目すると、序章で述べたように、現行では「イ」母音の仮名は前後の仮名より高い音高を示す傾向にあるので、この旋律が高い音高で終止した点も変化していないと考えられる。しかし、当時の発音が不明なので断定はできない。

ところで、この句には、八世又六郎政香の唱歌譜（「ソ」）にて「イ」が新たに加わり、「ヲヒャラィ」となった。「ソ」では「イ」を小文字で示し、他の仮名と区別して表記し、異なる意味合いを持たせている。しかし、現行唱歌譜の「ア」になると、「イ」を他の仮名と同じ大文字で堂々と記し、「ヲヒャライ」と表記するようになった。

こうした変化からは、「イ」が「ソ」の段階では「ヲヒャラ」と「ホウホウヒ」の二つの句を繋ぐ装飾的な経過音であったのが、現行の「ア」の時には一つのリズムを刻む独立音へと発展し、「ヲヒャラ」と「ホウホウヒ」という二つの句を繋いで「ヲヒャライホウホウヒ」という一連の長い旋律を構築するに至ったことが推測される。実際、現行森田流の野口伝之輔家（大阪府）では、この句を「ヲヒャライホウホウヒ」を唱えるものの、演奏するときには「イ」を抜いて「ヲヒャラーホウホウヒ」と吹いている。他流儀ではあるが現行におけるこうした事例からも、「イ」が本来、「ヲヒャラ」と「ホウホウヒ」の二つの小さな句を繋ぐ性質のものであったのが、唱歌譜に書き記されたことにより次第に一つの音として機能するようになった過程が想像されるのである。このことは、旋律の生成過程において書き記すという行為そのものが大きな影響を与えたことを示唆している。

「中」の旋律の分析

続いて、「中」の旋律を分析する。

「中」の旋律にみられる大きな変化は二つある。一つは、「サ」「シ」「ス」「セ」の限りでは、「中」として一種類の旋律しか確認できなかったが、「ソ」以降になると、「中」の旋律を現行のように二種類の旋律に区別して、「呂ノ中」と「干ノ中」として使い分けるようになったことである。それと関連して二つ目には、「サ」「シ」「ス」「セ」に記された一種類の旋律は一句で構成されていたが、「ソ」以後には二句で構成される二種類の旋律へ変化したことである。二句で構成されるようになったことで、指し示す旋律の形は大きく変化し、結果としてそれ以前までの「中」を「呂ノ中」と「干ノ中」のそれぞれに区別して奏することが可能となっている。以上の二点を踏まえたうえで、【資料3】をもとに唱歌の変化を詳細にみていく。

まず、「サ」「シ」では「ひよるり」（「ひやうるり」「ひようるり」とも）と表記していたが、「ス」では「ひよイるり」となり「イ」が新しく加わった。そして、この句は「セ」になると拗音を表記して「ヒョイウリ」としている。また、この句の末部をみると、「サ」「シ」「ス」では「るり」であったのが「セ」では「ウリ」と変化している。「るり」と「ウリ」は仮名数に変化がないので旋律の音数は変わらなかったと考えられるが、子音が変化しているので、現行から類推すれば同一句の音色のみが変化したと考えられる。

そして「ソ」になると、この句（「ヒョイウリ」）の冒頭に「ヒ」が加わって、「ヒヒョイウリ」という句が出来上がった。現行では「ヒ」を裏間にて短く奏しているので、「ヒ」は「ヒョイウリ」の「ヒョ」を強調する装飾音として発生したと推測する。

さらに、「ソ」では、この句（「ヒヒョイウリ」）の冒頭に新たに「ヲヒャヒュイ」ないしは「ヒウルヒュイ」という二種類の別の句が加わって旋律の形が大きく変化し、現行のように「呂ノ中」と「干ノ中」の二つの旋律が形成された。すなわち、「ヲヒャヒュイ　ヒヒョイウリ」という「呂ノ中」と、「ヒウルヒュイ　ヒヒョイウリ」という「干ノ中」の、両者の区別がなされるようになって現在に至る。一方で、「セ」までの唱歌譜では「ひよるり」（「ひやうるり」「ひようるり」とも）→「ひよイるり」→「ヒョイウリ」という一通りの句しか記していないので、それをみるだけでは、「セ」までに「呂ノ中」と「干ノ中」の区別をしていたのかどうかを窺い知ることはできない。

以上を踏まえれば、「ソ」にて「ヲヒャヒュイ」や「ヒウルヒュイ」が書き加わった背景として、舞事の様式が形成されることに連動して「呂ノ中」と「干ノ中」の旋律を区別する必要が生じた可能性が思い浮かぶ。しかし、これには「サ」「シ」「ス」「セ」「ソ」以外の唱歌譜の検証が必要となるので、あくまでも推測に留まる。

〔2〕〔下リ端〕の旋律の分析

次に〔下リ端〕の旋律の分析を行う。

〔下リ端〕は神仙や精霊などが明るく浮き浮きと登場する際に奏する登場楽で、「出端事」に分類される。現行〔「ア」〕の〔下リ端〕の構造は、次に示す一連の句を繰り返し奏しながら、演者が舞台に入場するのを見計らうものである。つまり、「吹出しの句」の「ヒュヤラ」という唱歌を最初に吹き、その後「ヲヒャイトラ」「ヲヒャラトロ」「ヒュヤラ」「ヲヒャイヒウイヤ」「ヒャアロラ」「ヒャアリウヒョロ」「ヲヒャヒホ」の七句を吹いて一巡とする。そして、これを二巡することにより段落を取る。一巡目と二巡目のあいだには、「挿入句」の「ヒヒヨロヒュヤ」を奏し、段落と段落のあいだには「段の譜」の「ヲヒャラ」を奏して繋ぎとする。そして、演者の動きを見計らいながら段落を重ねて一曲を成す。最後に舞い終える際には、「フリウロ」という「留めの譜」を吹いて終わりとする。

〔下リ端〕は「シ」「セ」「ソ」と現行「ア」の四点の唱歌譜で記述していて、どの唱歌譜でも二段目の一巡目までを記載している。各唱歌譜の唱歌を示した【資料4】をもとに、ここでは「吹出しの句」から順に仮名表記の違いを辿っていきたい。

吹出しの句

まず、吹出しの句にみられる仮名表記の変化は、「シ」で「ひうやら」と表記していたのが「セ」以降に「ヒュヤラ」となったというものである。「ひうやら」と「ヒュヤラ」では「ひう」と「ヒュ」が相違するが（傍線部）、「ひう」を拗音表記してみれば「ヒュ」となる。そのため、ここでの変化は仮名表記だけが変わったと判断され、指し示す音楽実体には変化がなかったと考える。

【資料4】〔下り端〕における唱歌の変化

	句	シ	セ	ソ	ア
吹出しの句	一	ひうやら	ヒュヤラ	ヒュヤラ	ヒュヤラ
初段目	二	ひやいとら	ヲヒヤイトラ	ヲヒヤイトラ	ヲヒヤイトラ
	三	ひやらとろい	ヲヒヤラロロ	ヲヒヤラトロ	ヲヒヤラトロ
	四	ひうやら	ヒュヤラ	ヒュヤラ	ヒュヤラ
	五	ひやいひうやう	ヲヒヤイヒウイヤ	ヲヒヤイヒウイヤ	ヲヒヤイヒウイヤ
	六	ひやろら	ヒヤロラ	ヒヤアロラ	ヒヤアロラ
	七	ひやらららい	ヒヤリウヒヨロ	ヒヤアリウヒヨロ	ヒヤアリウヒヨロ
	八	ひやりほう	ヲヒヤヒホ	ヲヒヤヒホ	ヲヒヤヒホ
（挿入句）	九	ひよろるら	ヒヨロルラ	ヒヒヨロヒユヤ	ヒヒヨロヒユヤ
	一〇	ひやいとら	ヲヒヤイトラ	ヲヒヤイトラ	ヲヒヤイトラ
	一一	ひやらとろい	ヲヒヤラロロ	ヲヒヤラトロ	ヲヒヤラトロ
	一二	ひうやら	ヒュヤラ	ヒュヤラ	ヒュヤラ
	一三	ひやいひうやう	ヲヒヤイヒウイヤ	ヲヒヤイヒウイヤ	ヲヒヤイヒウイヤ
	一四	ひやいとら	ヒヤイトラ	ヒヤアロラ	ヒヤアロラ
	一五	ひやらららい	ヒヤラヒヨロ	ヒヤアリウヒヨロ	ヒヤアリウヒヨロ
	一六	ひやるほう	ヲヒヤヒホ	ヲヒヤヒホ	ヲヒヤヒホ
段の譜	一七	おひり	ヲヒヤラ	ヲヒヤラ	ヲヒヤラ
二段目	一八	ひやいとら	ヲヒヤイトラ	ヲヒヤイトラ	ヲヒヤイトラ
	一九	（なし）	（なし）	ヲヒヤラトロ	ヲヒヤラトロ
	二〇	（なし）	（なし）	ヒュヤラ	ヒュヤラ
	二一	ひやいひうやう	ヲヒヤイヒウイヤ	ヲヒヤイヒウイヤ	ヲヒヤイヒウイヤ
	二二	ひやいとら	ヒヤイトラ	ヒヤアロラ	ヒヤアロラ
	二三	ひやらららい	ヒヤラヒヨロ	ヒヤアリウヒヨロ	ヒヤアリウヒヨロ
	二四	ひやるほう	ヲヒヤヒホ	ヲヒヤヒホ	ヲヒヤヒホ
留めの譜	二五	たりうろ	タリウロ	フリウロ	フリウロ

〔凡例〕
・この表は、「シ」「セ」「ソ」「ア」の四点の唱歌譜の記す〔下り端〕の旋律を示したものである。
・唱歌の仮名表記は原典に従った。・傍線・波線・網掛・□は引用者による。

初段目（第二〜八句）

初段目は第二〜八句である。まず、第二句の変化は、「シ」が「ひや」と表記していたのを「セ」以降に「ヲヒヤ」と表記するようになったことである。先述した〔序ノ舞〕の分析でも「ひや」↓「ヲヒヤ」という変化を確認したが、ここでも同じ変化をみることができる。この変化は〔下リ端〕一曲を通じて確認されるので、【資料4】ではこの唱歌の変化を「□」で囲って示してある。

第三句には二つの変化が認められる。第一には、「ひや」↓「ヲヒヤ」という変化であり、これは第二句と同様のものである。そして、第二には波線部の変化である。波線部では、「シ」が「らとろい」とするのに対して「セ」では「ラロロ」とし、さらに「ソ」以降に「ラトロ」と表すようになって現在に至る。「シ」では四文字で表記したのが「セ」以降には三文字となっているので、旋律の音数が一音減ったと判断される。しかし、「らとろい」↓「ラロロ」↓「ラトロ」という仮名表記を辿ると、「オ」母音を多用している点は変わらない。現行で「オ」母音が低い音を示すことから類推すれば、この旋律の末尾が低い音を主体とするのは変化していないと推測される。

第四句では、冒頭の「吹出しの句」と同じ変化が確認できる。

第五句では、先述の「ひや」↓「ヲヒヤ」という変化が認められるとともに、波線部の「ひうやう」が「セ」以降に「ヒウイヤ」に定まったという変化が確認される。波線部の変化は母音と子音が相違しているので一見すると旋律そのものが異なったかにみえるが、仮名数は同じなので旋律の音数は変わらない(22)。

第六・七句では、傍線部を「シ」では「ひや」と表記していたのが「セ」では「ヒャ」、さらに「ソ」以降には「ヒヤア」と変化している。「シ」の「ひや」と「セ」の「ヒャ」は拗音を表記するかどうかの違いであり、また、「ソ」以降に派生した「ア」（網掛部）は、現行から類推すれば「ヒャ」を延ばした際の生み字を表記したものと考えられる。従って、これらは鳴り響きに本質的な影響を与えるような変化ではない。加えて第七句では、波線部にも変化がみられる。「シ」が「ららい」とするのを「セ」以降では「リウヒョロ」としている。唱歌の母音と子音が大きく異なるので旋律の形が変わった可能性もあるが、仮名数は変わらないのでリズムの面での変化は大きくはなかったと推測される。

第八句では、波線部を「シ」では「りほう」としていたが、「セ」以降に「ヒホ」となった。「シ」の「りほう」の末尾にある「う」は、現行から類推すれば「ほ」を延ばした際に生じる生み字を記したものと思われ、鳴り響きに直接関わる仮名ではない。従って、この旋律は大局的には仮名表記が「りほ」→「ヒホ」と変化しただけと捉えられる。「り」（網掛部）→「ヒ」においては子音のみが変化しているので、これも現行から類推すれば旋律の音高よりも音色面に変化があった可能性がある。

挿入句

次に、挿入句では、傍線部と波線部の二箇所が変化している。

まず傍線部では、「シ」が「ひよろ」と表記していたのが「セ」では「ヒョロ」、さらに「ソ」以降には「ヒヒョロ」へ変化した。一見すると別の句に変化したようにみえるが、「シ」の「ひよろ」の拗音を表記してみれば「セ」と同じように「ヒョロ」となる。また、この旋律には「ソ」以降に冒頭に網掛部の「ヒ」が発生している。先に〔序ノ舞〕の「ヒヒョイウリ」において「ヒ」が後続の「ヒョ」を強調する装飾音として発生した可能性を指摘したが、ここでの事例もそれと同じように、後続の「ヒョロ」を装飾的に彩るものとして「ヒ」が加わったと考えられる。

また、波線部では「シ」と「セ」が「るら」（「ルラ」）と表記していたのが「ソ」以降に「ヒュヤ」となっている。ここでも母音は変わらずに子音のみが変化しているので、旋律の音色だけが変化したと判断される。

初段目続き（第一〇〜一六句）

挿入句に続く第一〇〜一六句では、現行（「ア」）と「ソ」は第二〜八句の繰り返しである。これに対して「シ」と「セ」では、第一〇〜一三句では第二〜五句をそのまま繰り返すが、第一四句以降では第六句以降の単純な繰り返しとはしていない。

構造上相違する句として、まず第一四句では、「シ」と「セ」では第六句（「シ」：「ひやろら」、「セ」：「ヒャロラ」）の繰り返しではなく、それとは異なる句（「シ」：「ひやいとら」、「セ」：「ヒャイトラ」）を吹いている。次の第一五句では、「シ」が「シ」の第七句（「ひやららい」）を繰り返しているものの、「セ」では「セ」の第七句（「ヒャリウヒョロ」）とは異なる「ヒャラヒョロ」という唱歌を記していて、第七句（「ヒャリウヒョロ」）と第一五句（「ヒャラヒョロ」）とでは、波線部の「リウヒョロ」（第七句）と「ラヒョロ」（第一五句）の部分が一致しない。しかし、この二つの句は「ソ」以降には現行の「ア」と同じように「ヒャアリウヒョロ」という一種類の表記に定まっている。最後の第一六句では、波線部を「シ」が「るほう」と表記していたが、「セ」以降に「ヒホ」と変化している。そして、「セ」では第一六句を第八句（「ヲヒャヒホ」）の単純な繰り返しとしているが、「シ」は第一六句にて第八句（「ひやりほう」）とは別の「ひやるほう」を吹いている。「シ」の第一六句（「ひやるほう」）と第八句（「ひやりほう」）とでは仮名表記のごく一部しか違わないので、両者は極めて相似した、おそらく同一の音楽実体を示す旋律であり、実際には第一六句は第八句の繰り返しだった可能性も考えられる。

このように、第一四〜第一六句においては、第六〜八句を単純に繰り返すのかどうかという点で差異があり、構造上の相違が確認される。第一四〜一六句を現行（「ア」）のように単純に第六〜八句の繰り返しとするのは、

「ソ」以降になってからである。つまり、現行の〔下リ端〕の囃子事としての確立時期は「ソ」の成立した江戸時代中期に遡ると判断される。

段の譜

段の譜を「シ」では「おひり」と表記しているが、「セ」以降には「ヲヒャラ」と表記するようになった。現行で「おひり」は盤渉基調の旋律を表すが、「セ」以降にみられる「ヲヒャラ」は黄鐘基調を代表する旋律である。そのため、現行を手がかりにすれば、盤渉基調から黄鐘基調へと旋律の調型が変化し、それにより指し示す音楽実体そのものにも変化があったことが類推される。しかし、「シ」で「おひり」を記すのはこの一事例のみであるので推測の域を出ない。

二段目（第一八〜二四句）

「シ」「セ」には、第一九〜二〇句に該当する旋律がない。そして、第一九〜二〇句を除いた部分（第一八・二一・二二・二三・二四句）は、初段目の第一〇・一三・一四・一五・一六句の繰り返しとしている。これに対して、「ソ」「ア」には第一九〜二〇句がある。このように、「シ」「セ」と「ソ」「ア」とでは第一九〜二〇句の扱いが相違している。

また、「ソ」「ア」では第一八〜二四句までの二段目全体を初段目の第二〜八句、ならびに第一〇〜一六句の完全な繰り返しとしている。この点においても、「シ」「セ」と「ソ」「ア」とでは構造が大きく異なっている。

以上のことから、「シ」「セ」と「ソ」「ア」では様々な点で相違しており、現行の〔下リ端〕の成立は「ソ」まで遡ることが確認できる。

留めの譜

留めの譜では、傍線部を「シ」「セ」が「た」（「タ」）を用いて表記しているのに対し、「ソ」以降は「フ」を用いており、「ア」母音から「ウ」母音への変化がみられる。現行では「ウ」母音の仮名は主に前の音より音高が低くなるという特徴があるので、この旋律の音の高低が「ソ」以降に変化して現在に至ると考えられる。

（3）変化の方向と時期

変化の方向

以上、〔序ノ舞〕と〔下リ端〕の唱歌を分析し、それぞれで用いられる唱歌の仮名表記の変化を辿ってきた。ここで変化の特徴をまとめ、演奏技法の変容の背景について考察したい。

一つには、元来付随的な音として伝承されていたものが、唱歌譜に記述されることによって、一つの独立した音に発展した過程があったことが示された。例えば、〔序ノ舞〕の「呂」の旋律では、八世又六郎政香の唱歌譜（「ソ」）のときに「ヲヒャラ」と「ホウ〳〵ヒ」の二つの句の間に「イ」が発生し、以後「イ」を書き記すようになった。派生した「イ」は、新たに一つのリズムを刻む音となり、現行の「ヲヒャライホウホウヒ」という一連の長い旋律を形成するに至っている。また〔序ノ舞〕の「中」の旋律でも、「ソ」のときに「ヒ」は「ヒヒョ」の「ヒョ」を強調するために装飾的な目的から発生し固定したと考えられてきた。さらに、〔下リ端〕においても、「ヒャア」という旋律の「ア」は、直前の「ヒャ」を延ばしたときに生じる生み字が、記されるという行為を経ることにより固定したものと考えられた。

こうした事例からは、旋律の生成過程には、生み字や装飾音などの元来付属的な音を表していた仮名が唱歌譜に書き込まれることにより次第に固定して独立音となり、旋律に新たなリズムを生成していった過程があったことが推測される。そもそもは個人の唱え癖や吹き癖であった音や、即興的な音などが、唱歌譜に記述されることを通して固定化したともいえるだろう。このような微細な仮名扱いの変化が、第一章でみたような現行の仮名表記にみられる流儀差へと発展し、現行の流儀を特徴づける鳴り響きへ結びついていったと考えられる。

また、唱歌の変化において、旋律の母音は変わらずに子音のみが変化する事例が多く確認されたことも重大な意味を持つといえる。子音の変化として、〔序ノ舞〕の「中」の旋律の末部が「るり」から「ウリ」に変化していたことなどを紹介してきたが、同様の事例は全体を通じて多く確認できる。当時の発音に不明なところが大きいため断定はできないが、現行の唱歌の子音の働きから類推すれば、子音の変化が強調されたことは、実際の鳴り響きにおいて、旋律の音の高低より旋律の音色を巡る表現の変化のほうが強調されたことを意味する。

現行の能の演出において、能管は謡の形式に応じて一定の旋律型を物語の曲趣に応じて吹き分け、物語を彩る雰囲気を創出することが求められているが、しかし、古くは今よりも謡の音高と関わっていたところが大きかったとも考えられている。本節の分析により、旋律の生成過程において音の高低より音色を重視した変化のほうが強かったことが示唆されたが、このことは、現行の能管の演出が音高ではなく音色による表現の豊かさに主眼を置いて変化してきたことを歴史的に裏づけるものだといえるだろう。

変化の時期

最後に、変化の時期について、いま一度考えてみたい。

〔序ノ舞〕と〔下リ端〕の旋律の仮名表記を辿ると、「ソ」の唱歌の仮名表記が、「ア」とほぼ一致したことが示され、現行の演奏技法が「ソ」の成立した寛政三年（一七九一）まで遡れることが仮名表記の面からも論証された。それ以前では、やはり「ス」と「セ」を執筆した五世又六郎正賢の存在が大きい。室町時代末期の初世似斎の演奏技法（「サ」）から現行に至るまでの流れのなかで変化を眺めたとき、五世又六郎正賢以前と以後には格段の違いがあり、五世又六郎正賢の頃には現行の大筋が整えられつつあったことがわかる。従って、唱歌譜の性質と記譜体系を歴史的に検証した前節の結果と同様に、現行の演奏技法は一七〇〇年頃の五世又六郎正賢の頃には大筋を整え、寛政三年には確立をみており、以後洗練の過程を経たと考えられる。[23]

（1）高桑いづみ「独吟一管『海道下り』譜をめぐって」『東洋音楽研究』五五、一九八九年。同「『津島』『下り端』の世界」『国立音楽大学研究紀要』二五集、一九九〇年。同「能管と一節切」『日本の音の文化』第一書房、一九九四年。以上、高桑いづみ『能の囃子と演出』（音楽之友社、二〇〇三年）再収。

（2）高桑いづみ「平岩流唱歌をめぐる一考察」『能研究と評論』月曜会雑誌一五、一九八七年。註(1)高桑著書『能の囃子と演出』再収。

（3）高桑いづみ「オロシ考」東京国立文化財研究所編『芸能の科学』二五、一九九七年。註(1)高桑著書『能の囃子と演出』再収。

（4）竹本幹夫・三宅晶子「一噌流笛伝書『矢野一宇聞書』」『中世文学　資料と論考』笠間叢書一〇九、笠間書院、一九七八年。三宅晶子「早稲田大学演劇博物館蔵『一噌流笛秘伝書』――解題と翻刻――」『早稲田大学大学院文学研究科紀要』別冊第一〇集（文学・芸術学編）、一九八三年。三宅晶子「早稲田大学演劇博物館蔵『笛伝書抜書』――解題と翻刻――」『能　研究と評論』月曜会雑誌一三、一九八五年。山中玲子「天文二年中村七郎左衛門長親奥書笛伝書――翻刻と解題――」『能　研究と評論』月曜会雑誌一三、一九八五年。竹本幹夫監修『貴重書　能・狂言篇』早稲田大学演劇博物館　特別資料目録五、早稲田大学坪内博士記念演劇博物館編、一九九七年。

（5）竹本幹夫「四　室町後期・江戸初期の伝書とその性質」『岩波講座　能狂言Ⅱ　能楽の伝書と芸論』岩波書店、一九八八年。

（6）註(4)山中論文に翻刻と解題がある。

（7）法政大学能楽研究所編『鴻山文庫蔵能楽資料解題』中（法政大学能楽研究所、一九九八年）に解題がある。

（8）註（4）竹本・三宅論文に翻刻と解題がある。
（9）註（4）三宅論文「早稲田大学演劇博物館蔵『一噌流笛秘伝書』」に翻刻と解題がある。本書では三宅のこの論文に導かれることが多かった。
（10）米倉利昭編『宮増伝書・異本童舞抄』中世文芸叢書一二（広島中世文芸研究会、一九六八年）に翻刻と解題がある。
（11）三宅晶子「一噌流初期三代」『能楽研究』九号、一九八三年。
（12）註（5）竹本論文、三七一頁。
（13）註（12）に同じ。
（14）註（4）三宅論文「早稲田大学演劇博物館蔵『一噌流笛秘伝書』」の翻刻と解題、ならびに註（4）竹本監修著書の解題を参照した。なお、高桑いづみが註（3）論文にてこの唱歌譜を用いて舞事の形成を論じている。
（15）註（4）竹本監修著書の解題を参考にした。高桑いづみが註（3）論文にてこの唱歌譜を用いて舞事の形成を論じている。
（16）書名は法政大学鴻山文庫の目録による。高桑いづみが註（1）論文「能管と一節切」にて、この唱歌譜を用いて室町時代の音感について論じている。
（17）註（5）竹本論文にて「古くは旋律楽器として謡の音程を左右する重要な役割をも担っていたらしい」としている（三六一頁）。
（18）森田流傍系の由良流由良家蔵。法政大学能楽研究所所蔵のマイクロフィルム閲覧。竹本幹夫「由良家能楽関係文書目録（上）」（法政大学能楽研究所編『能楽研究』第七号、一九八一年）の解題によれば、由良家四代目由良孫三郎真貞（一六七〇～一七二五）筆と考えられる。
（19）表章解題・校訂「享保六年書上」（芸能史研究会編『日本庶民文化資料集成』第三巻　能所収、三一書房、一九七八年）に翻刻と解題がある。参照は一九八八年、二一一頁。
（20）〔序ノ舞〕は次の項目に記載される（一部、同一名の項目あり）。「サ」「ス」：「とクサノ二段メノ手」「平調返しノ吹様」、「シ」「セ」：「序の舞乃一段ノ手」「（同）一段」「（同）一たん」「（同）一段」「（同）一段」「（同）一段」「序ノ舞二段めの手」「（同）二段」「（同）二段」「（同）二段」、「ソ」「ア」：〔序之舞〕（項目の表記は原典に拠る）。ここでの分析はこれらを参照し、一部引用した。

（21）註（1）高桑著書『能の囃子と演出』、四八頁。

（22）「ヒウイヤ」は、おそらく「ひうやう」と極めて相似した旋律と想像される。

（23）「ソ」以降現行の「ア」まで、極めて微細ではあるが変化は存在する。

〔謝辞〕本章第三節は、口頭発表「一噌流能管の技法形成序説——室町時代末期から現行にいたる歴史的変化——」（日本音楽学会第五四回全国大会、二〇〇三年一一月九日、神戸大学）の一部を発展させたものである。唱歌譜の写真掲載をご許可いただき、閲覧に際してもご便宜をいただいた法政大学能楽研究所・早稲田大学坪内博士記念演劇博物館の各位には、ここに記して謝意を表する。

第四章　演奏技法の地域展開——江戸時代中・後期の仙台藩一噌流を事例に

はじめに

第三章の検証により、一噌流の演奏技法は五世一噌又六郎正賢（一七一六年没）の頃には大筋を固めたこと、そして現行の演奏技法が八世一噌又六郎政香（一七四五年生）の頃には確立していたことが示された。現行伝承が江戸時代中期の一噌流宗家の伝承に遡ることが明らかになったことを踏まえ、本章では宗家以外の伝承に目を転じる。

能が江戸幕府の式楽になると、活動の中心地は室町時代以降中心であった京都から江戸に移り、能は幕府の年中行事や儀礼に不可欠なものとなった。幕府の式楽を勤めるのが五座の役者の本務となり、扶持や配当米などの固定給を与えられて保護され、主要な役者は江戸に移り住んだ。幕府が五座の役者を抱えたのと同じように、地方諸藩でも五座の役者の分家や弟子を抱えて式楽を営んでいた。一噌流にあっては仙台藩、水戸藩、加賀藩、熊本藩などで隆盛していた。独立した体系を築いていた地方諸藩の伝承は、宗家の伝承との比較が可能な貴重な事例である。

しかし、地方諸藩で活用された一噌流唱歌譜の現存状況に関しては十分に明らかになされていないのが実状である。現時点における筆者の調査の限りでは、仙台藩の能楽関係史料を所蔵する宮城県図書館（伊達文庫）や加賀藩の藩政史料を有する金沢市立図書館（藤本文庫）などに藩伝来のまとまった唱歌譜を確認しているが、公的機関に地方の一噌流の伝承を窺わせる史料がなお豊かに伝存する可能性は定かではない。そのうえ、ここで確認できた唱歌譜は笛方の役者によるものではなく、シテ方や太鼓方などの他の役籍の役者によるものであるという問題もあり、これらの唱歌譜に当時の能管の演奏技法を物語る史料価値がどの程度あるのか十分な検証が必要である。しかし、笛方によるまとまった唱歌譜の存在が明らかにされていない現段階では他の役籍の役者によるこれらの史料に頼らざるを得ず、今後この分野の唱歌譜の発掘の進展を期待したい。

これまで能管の演奏技法を地方諸藩に伝来した唱歌譜をもとに分析しているのは主に高桑いづみであり、高桑は『伊達家本　幸流大鼓星附／一噌・平岩両流唱歌』（法政大学鴻山文庫蔵）や『寛政四年写／笛唱歌集　一噌流小笛流　平岩流』（法政大学鴻山文庫蔵）などの仙台藩の唱歌譜をはじめ、書状「金春八左衛門に宛てた平岩嘉兵衛殿書状」（法政大学般若窟文庫蔵）や番組『御能御囃子留』（藤田六郎兵衛蔵）などを用いた論考を発表している。(1)

江戸時代初頭に流儀の誕生した能管が江戸時代を通じてどのように演奏技法を確立したのかを明らかにするためには、宗家における単系の伝承を辿るのみならず、宗家以外の笛方の役者が各地で育んでいた演奏技法にも光を当てながら検証する必要があるのはいうまでもない。また、能管の演奏技法がシテ方や他の囃子方からどの程度影響を受けて成立したのかを捉えていく視点も重要であるだろう。流儀の演奏技法の確立過程を紐解くためには、様々な伝承の力関係を見極め、複眼的に捉えていく必要がある。こうしたことから、本章では限定的ではあるが仙台藩に伝来した一噌流唱歌譜を分析し、仙台藩における演奏実態の一端を検証する。この検証により、第三章における宗家の伝承を相対化し、現行一噌流の演奏技法が確立するまでに多様な道筋があったことを示したい。

一　仙台藩の一噌流と伝存唱歌譜

本節では、仙台藩における一噌流の消長を辿り、管見に入った藩伝来の一噌流唱歌譜の概要について述べる。

(1)　仙台藩における能の重視と一噌流

地方諸藩における演能実態は未解明のところも多く、残念ながら筆者自身も現段階で詳細な検証を行うに至っていない。そのため、ここでは先行研究の三原良吉「仙台藩能楽史」(2)と表章・天野文雄『岩波講座　能狂言Ⅰ　能楽の歴史』(3)に基づいて記述する。

仙台藩伊達氏における能は、藩祖伊達政宗の父輝宗の米沢城時代から既に盛んであり、天正二年（一五七四）には米沢で勧進興行が行われていた。輝宗の子の正宗は関ヶ原合戦の後に仙台に拠点を構えたが、豊臣秀吉や徳川家康が能を愛好する様子を早くから目にし、能を重視することが政策的に有効であると考えていた。正宗は家臣を玄人に仕立て、小姓の桜井小次郎（後の八右衛門安澄）をシテ方金春流金春八郎安照に、家臣の白極《はくごく》善兵衛を大鼓方幸流幸五郎次郎正能に入門させた。そして、元和時代後半から寛永時代中期にかけて大御所秀忠や三代将軍家光の御成りが頻繁になったことを受け、仙台藩の式楽組織の基礎を整えていった。

仙台藩の能管は、平岩流と一噌流の二流儀が二大勢力として活躍した。まず、正宗の代に、小姓の平岩勘七親好は主命により牛尾藤八（豊前）に師事し、一噌流二世中村噌庵にも習事などを伝授され、平岩流流祖となった。勘七親好は京都に居住し、舞台のたびに江戸や仙台に下っていたが、二代藩主忠宗のときには仙台に屋敷を与えられ、一五〇石の知行を得ていたという。また、能狂で知られる五代将軍徳川綱吉の御代に藩主を勤めた四代藩主綱村は、自身も能を嗜み愛好したが、綱村の御代の貞享元年（一六八四）には、勘七親好の子の源兵衛が仙台城の能にて能管を奏したという記録がある。さらに、その綱村の師範を四世平岩勘七親昌が務めたともいう。このように、平岩流と藩主との結びつきは強い。

また、六世平岩十三郎親利（一七九六年没）の代に、平岩流は一噌流随身の身分となっている。これは五座の役者と共演するための便法と考えられており、実際、文化年間（一八〇四～一八）には尾張藩の平岩流笛方平岩加兵衛も一噌流を称している。

仙台藩で平岩流を継承していた家は他にもある。その一つが、太鼓方観世流福井家から分離した福井家である。福井家は初世福井与十郎好之（一七五八年没）に始まり、三世福井与七郎好明のときに笛方を家業とし、明治初年に没した六世幸七郎（一八六八年没）まで六代続いた。江戸の能には平岩氏が出勤し、仙台城での能を三世福井与七郎好明以下四代が勤めている。ついで、二世平岩勘七親友の門人であった東永家は、四代藩主綱村のときに召し出されて以後、平岩流弟子家として京都居住のまま幕末まで勤めた。このほか、六世平岩十三郎親利の門人の渡辺九郎三郎秀牧《ひでのり》を初世とする渡辺家などもあった。このように、仙台藩では幕末まで平岩流の役者を抱えたが、五座の笛方はおらず、平岩流自体は明治二五年（一八九二）に廃絶している。

平岩流の諸家に対して、仙台藩の一噌流には鯰江《なまつえ》家があったことが知られる。三原によれば、四代藩主綱村の代に鯰江六太夫という役者がおり、伊達家の「鬼一文字」という名管を一代限り所持することを許された。鯰江家の名は元禄年間（一六八八～一七〇四）から延享年間（一七四四～四八）までの伊達家の能組に確認され、初世六太夫、二世六太夫と続いたが、現在では一噌流笛方の演者は仙台に居ない。

以上みてきたように、江戸時代の仙台藩では平岩流を主軸にして、一噌流も活躍していた。初世平岩勘七親好が一噌流二世中村噌庵に師事し、また六世十三郎親利の代に平岩流が一噌流の随身となるなど、両流の関係も密接であった。

（2）金春大蔵流桜井家伝来の唱歌譜

管見に入った仙台藩伝来の一噌流唱歌譜は、先述の通り、笛方の手によるものではない。桜井家という仙台藩抱えのシテ方の家に伝来した唱歌譜である。桜井家とは後述するように、仙台藩独自の流儀である金春大蔵流を相伝した家である。

三原良吉「仙台藩能楽史」(4)によれば、桜井家は、藩祖政宗の命で奈良のシテ方金春流金春八郎安照に入門して江戸時代初期を代表する名人となった桜井八右衛門安澄（一六六九年没）を事実上の初世とする。その後、明治維新後の一二世八三郎（一八八八年没）まで続いた。なかでも、初世桜井八右衛門安澄から九世八右衛門安能（生没年不詳）までの代々は乱舞頭として仙台藩の能を支えた。そして五世桜井八右衛門安孫（一七五六年没）のときには、五代藩主吉村の命によって、桜井八右衛門安澄が金春禅曲から相伝した書物に金春流ツレ家の大蔵家に伝来する書物を合わせて一本にし、金春大蔵流という独自の流儀を創流した。吉村の創意工夫を加えたこの流儀は当時「獅山公御流儀」とも称し、桜井家は以後その宗家となる。こうして五世八右衛門安孫以降、桜井家は仙台藩独自の流儀を継承していく。

桜井家伝来の書物は現在、伊達家の能楽史料を収める宮城県図書館伊達文庫に所蔵されている。『伊達文庫目録』(5)によれば、所蔵する能楽関係史料のうち桜井家伝来史料は半数以上を占める。とくに、初世八右衛門安澄・七世平馬安親（一七九五年没）・九世八右衛門安能による江戸時代初期から後期（幕末までは下らない）成立の史料を中心とする。

本章では、江戸時代中・後期成立の桜井家伝来唱歌譜二点を分析に用いる。(6)そして、二点と比較検証する宗家伝来の唱歌譜には、第三章で考察した一噌流宗家伝来の『寛政三年平政香笛唱歌』（寛政三年奥書、略称「ソ」）を用いる。その理由は、管見に入った宗家伝来の唱歌譜のなかでは、二点の桜井家伝来唱歌譜と成立年代が近く、比較により江戸時代中・後期の仙台藩における一噌流の演奏技法の一端が浮かび上がると考えられるためである。以下、桜井家伝来の二点の唱歌譜の概要をまとめておく。

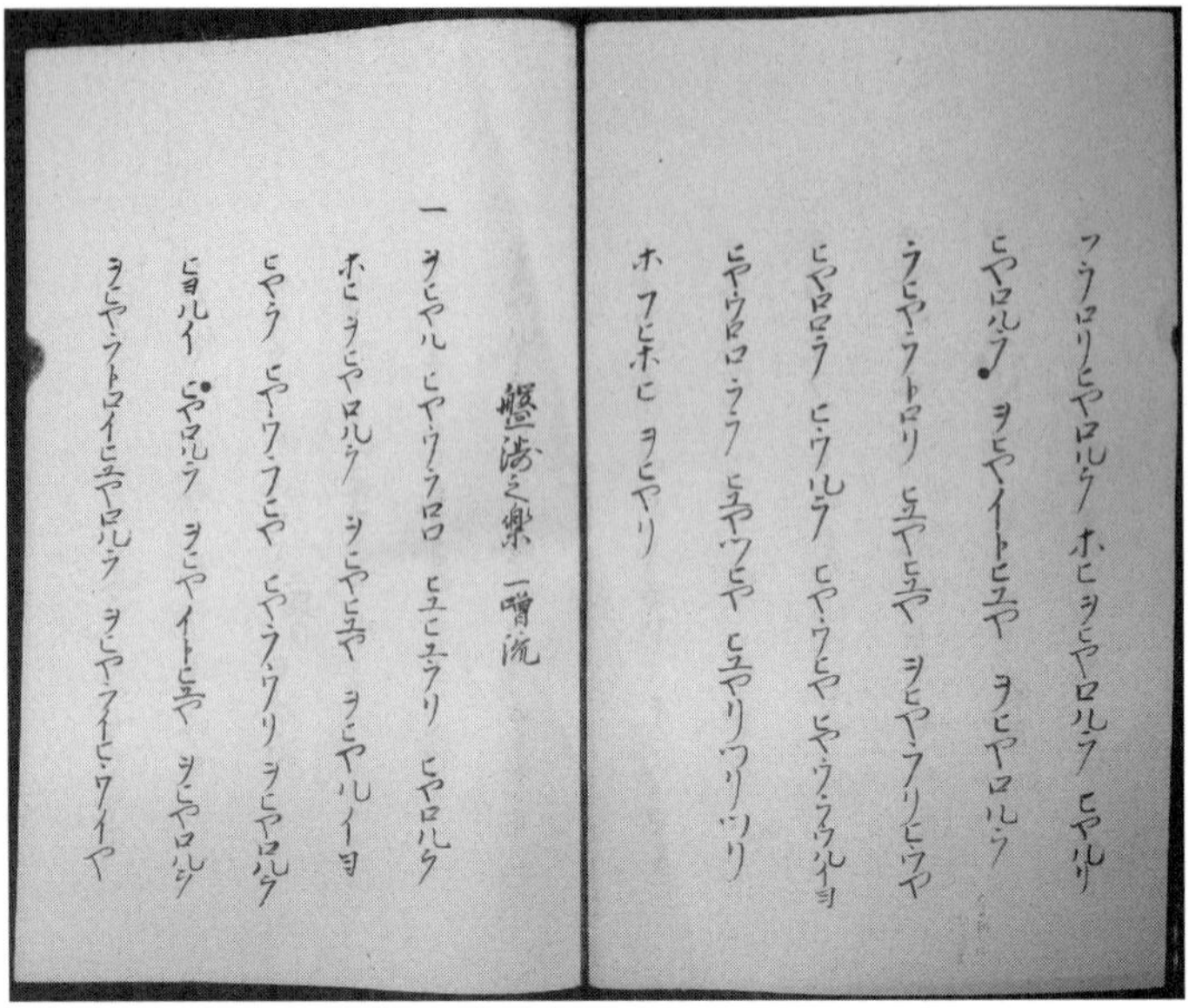

図29　『諸流習ふへのせうか』（部分／宮城県図書館伊達文庫蔵）

『諸流習ふへのせうか』（略称「タ」、〔図29〕）

縦二七・二×横三九・三㎝。奥書に「右ハ兄庄左衛門ヨリ天明五年十月六日ニ受候　桜井平馬安近」とある。桜井平馬安近はシテ方金春流大蔵家の一〇世大蔵庄左衛門経春（一七六四年没）の四男で、桜井家に養子に入った七世桜井平馬安親である。この唱歌譜は、彼が天明五年（一七八五）に兄の一一世大蔵庄左衛門経典（一八一八年没）から相伝されたものである。

収録曲としては、囃子事を中心とし、習い事や舞事の特徴的な一部分（「序」「オロシ」など）も断片的に取り上げて、一つ書きで四〇項目近くを収める。書名の通り複数の流儀の唱歌を収載すると考えられ

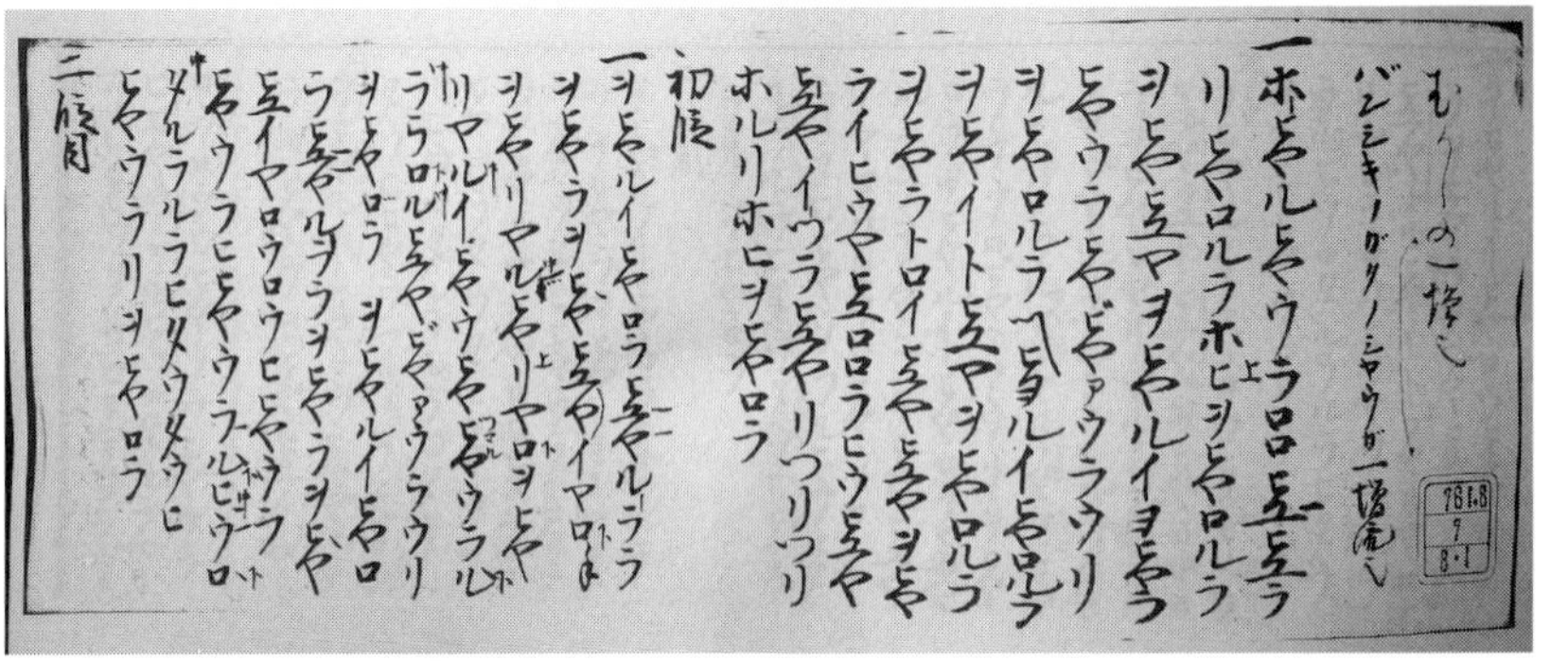

図30　『御先祖様御代々御稽古笛唱歌』（部分／宮城県図書館伊達文庫蔵）

るが、流儀名を記さない曲目も多く、全体を通しての主流儀は不明である。流儀を明記するのは〔盤渉楽〕と〔猩々乱〕に限られる。すなわち、〔盤渉楽〕が森田流[7]・一噌流・平岩流の三流儀、〔猩々乱〕が平岩流・一噌流の二流儀である。なお、伝本と思われる唱歌譜に『寛政四年写し笛唱歌集／一噌流、小笛流、平岩流』（写本、法政大学鴻山文庫蔵）がある[8]。

『御先祖様御代々御稽古笛唱歌』（略称「チ」、〔図30〕）

紙七通（所収曲は九曲）を一冊にまとめたもの。〔盤渉楽〕〔猩々乱〕〔獅子〕などの、習い事に相当する囃子事の一部分を備忘録的に書き記した紙片を後代になって一つに綴じたものである。全体を通しての主流儀は不明であるが、一噌流の〔盤渉楽〕と、森田流と平岩流の〔猩々乱〕に限り流儀名を記す。とくに〔猩々乱〕では、小笛庄兵衛（森田流）伝と平岩勘七郎（平岩流）伝による二流儀の唱歌譜を同一紙に併記し、両者を比較対照できる。平岩勘七郎は文政元年（一八一八）没の七世親孝と推測されるため、本唱歌譜の書写年代は江戸時代後期まで下る。

「タ」「チ」ともに一噌流の収録曲は多くはないが、シテ方伝来史料として能管諸流儀の唱歌を収載する点で、笛方伝来の唱歌譜よりも能管各流儀の比較検証に有益である。「タ」「チ」と宗家伝来の「ソ」に共通する曲目は〔盤渉楽〕と〔猩々乱〕である。そして、「タ」「チ」では〔盤渉楽〕と

〔猩々乱〕に限り能管諸流儀の唱歌を列記するが、これには特別な理由があったとみてよいだろう。第二節で後述するように、現行において〔盤渉楽〕は、黄鐘基調の通常の〔楽〕を盤渉基調に変えた特殊な舞事であり、また〔猩々乱〕も能〈猩々〉で奏する〔中ノ舞〕の特殊演出で舞う舞事である。さらに、現行の〔盤渉楽〕と〔猩々乱〕の舞事はその構造が能管の流儀によって大きく異なるという特徴があり、舞い手であるシテは他の囃子事以上に〔盤渉楽〕と〔猩々乱〕の能管の流儀差を認識しておく必要がある。現行のこうした特質を踏まえれば、シテ方伝来史料である「タ」「チ」にて能管諸流儀の〔盤渉楽〕と〔猩々乱〕を列記するのはもっともなことと思われる。

二 〔盤渉楽〕と〔猩々乱〕にみる演奏技法の特徴

本節では、以上に紹介した仙台藩伝来の唱歌譜、すなわち『諸流習ふへのせうか』（「タ」）・『御先祖様御代々御稽古笛唱歌』（「チ」）と、一噌流宗家伝来の『寛政三年平政香笛唱歌』（「ソ」）の、三点の唱歌譜において共通して所収する〔盤渉楽〕と〔猩々乱〕の二つの舞事の演奏技法を解析する。このことにより、江戸時代中・後期の仙台藩における一噌流の演奏実態の一端を導くとともに、当時の一噌流宗家の伝承や、仙台藩で活躍した他流儀の伝承などと比較してその特徴を検証する。以下、最初に〔盤渉楽〕、ついで〔猩々乱〕の順に分析を進める。なお、桜井家は下掛り金春流の影響を強く受けて成立した金春大蔵流であり、「タ」「チ」の記す〔盤渉楽〕と〔猩々乱〕も下掛リの唱歌である。そのため、比較する「ソ」においても下掛リの唱歌を引用する。

（1）〔盤渉楽〕の分析

最初に、〔盤渉楽〕を分析し、江戸時代中・後期の仙台藩で伝承されていた一噌流の演奏技法の特徴を考察する。

現行の〔盤渉楽〕

まず、現行の〔盤渉楽〕について簡単に述べておくと、〔盤渉楽〕は、唐人や異相の老神の舞う「非呂中干」形式の舞事である。黄鐘基調である〔楽〕の特殊演出として、能管は盤渉基調で奏する。構造は〔楽〕と同じで、上掛リ（観世流・宝生流）では四段構造とし、下掛リ（金春流・金剛流・喜多流）では五段構造とする。そして、カカリ、初段目（「初段オロシノ地」「初段ノ地」）、二段目（「二段オロシノ地」「二段ノ地」「二段ヒラキノ地」）、三段目（「三段オロシノ地」「三段ノ地」「三段ヒラキノ地」）、四段目（「四段ノ地」）より構成され、下掛リのみ五段目（「五段ノ地」）が付く。三段目までの各段は「オロシノ地」や「ヒラキノ地」などの譜の組み合わせから成り、「呂中干」形式の舞事が「呂」「呂ノ中」「干」「干ノ中」の四種類の旋律を循環させる構造を有するのとは大きく異なる。さらに、「呂中干」形式の舞事がシテ方本位のもので、シテの舞う型に合わせて構造が決まっているのに対し、「非呂中干」形式の〔盤渉楽〕では構造は囃子方本意に決められている。

〔盤渉楽〕の譜の名称は、便宜上【資料5】に示すようなアルファベット表記（「1A」など）を用いて示す。この記号は、現行一噌流の〔盤渉楽〕の構造と唱歌を軸に作成したものである。例えば、現行の「初段オロシノ地」で吹く譜を「1A」とし、この譜と同じ特徴を持つ譜を使う箇所を表中で「1A」とするなどしている。なお、斜体のアルファベットで示した譜は現行には存在しない譜を意味する。

一噌流宗家と相違する構造

まず、桜井家伝来の「タ」と「チ」の〔盤渉楽〕をみていきたい（【資料5】）。

【資料5】「ア」「ソ」「タ」「チ」における一噌流〔盤渉楽〕の構造

唱歌譜	現行一噌流		宗家伝来一噌流	桜井家伝来一噌流	
	ア		ソ	タ	チ
カカリ	カカリ	0	0	0	0
初段目	初段オロシノ地	1A	1A	1A	1A
	初段ノ地	1B	1B	1B	1B
二段目	二段オロシノ地	2A	2A	2A	2A
	二段ノ地	2B	2B	(2C)	(2C)
	二段ヒラキノ地	2C	(2C)	1B	1B
三段目	三段オロシノ地	3A	3A	*I*	*I*
	三段ノ地	3B	(3B)	1B	1B
	三段ヒラキノ地	3C	3C	(3B)	(3B)
四段目	四段ノ地	4A	4A	1B	1B
五段目	五段ノ地	5A	5A	5A	*J*

〔凡例〕

・この表は、「ア」「ソ」「タ」「チ」の四点の唱歌譜に記される一噌流〔盤渉楽〕の構造を示したものである。

・現行唱歌譜（「ア」）の〔盤渉楽〕と構造の異なる部分を網掛にて示した。

・「ソ」「タ」「チ」の「２Ｃ」譜と「３Ｂ」譜を丸で囲った。

「タ」と「チ」の〔盤渉楽〕を比較すると、構造上では四段目まで全く同じである。そのため、ここに記された少なくとも四段目までは、一時的な演奏を書き取ったものではなく、当代の桜井家の一つのヴァージョンであったとみてよいだろう。しかし五段目では、「五段ノ地」にて「タ」が「５Ａ」譜を奏するのに対し、「チ」では独自の「Ｊ」譜を奏する点が相違している。[9]「Ｊ」譜の唱歌は次の通りである（唱歌の仮名表記は原典に基づく）。

ヒュヤルルラ、ヲヒャイトトウ、リウラリヤリトルラルラ、ヒャイタルラ、ヒャイタウリリリヤルリ

続いて、「タ」と「チ」を一噌流宗家伝来の「ソ」と比較すると、【資料5】の網掛部分に様々な異同がある。相違点をまとめると、次の四点である。なお、宗家伝来の「ソ」は現行一噌流（「ア」）と全く同じである。

①「タ」「チ」は「１Ｂ」譜を「初段ノ地」のほかに「二段ヒラキノ地」「三段ノ地」「四段ノ地」でも奏する。

②「タ」「チ」は「２Ｃ」譜を「二段ノ地」として奏する。

③「タ」「チ」は「３Ｂ」譜を「三段ヒラキノ地」として奏する。

④「チ」は五段目にて独自の「J」譜を奏する（先述）。

順にみていこう。まず①は、「1B」譜を宗家伝来の「ソ」が「初段ノ地」のみで奏するのに対し、「タ」「チ」では初段目から四段目まで計四回奏することを示す。初段目から四段目の各段で奏するので、まるでこの譜が〔盤渉楽〕全体の「地」であるかのような印象を受ける。「タ」「チ」の「1B」譜は【資料6】に示してある。

【資料6】「タ」「チ」の一噌流「1B」譜

タ（一噌流）	チ（一噌流）
ヲヒヤルイヒヤロラ	ヲヒャルイヒャロラ
ヒユヤルララ	ヒュヤルララ
ヲヒヤラ	ヲヒャラ
ヲヒヤヒユイヤ	ヲヒャヒュイヤ
ロウロウヒヒヤウラ	ロウロウヒヒャウラ
ヒヤラウヒヒヤウラル	ヒャウラヒヒャウラル
ヒヤロタルラルラ	ヒウロタルラルラ
ヒヒヤウラウヒヒヤウラリ	ヒタウタウヒヒャウラリ
ヲヒヤロラ	ヲヒャロラ

〔凡例〕
・唱歌の仮名表記は原典に基づく。

次に②は、「タ」「チ」において「2C」譜を奏する位置（順番）が宗家伝来の「ソ」とは異なることを示す。【資料5】の「2C」譜の位置をみると、「ソ」では「二段ヒラキノ地」で奏しているが、「タ」「チ」では「二段ノ地」として奏しているのである。「ソ」「タ」「チ」の「二段ノ地」と「二段ヒラキノ地」で奏する譜は【資料7】の通りである。

最後に③も、「タ」「チ」の「3B」譜を奏する位置が宗家伝来の「オ」とは異なるという大きな相違を示している。【資料5】で「3B」譜の位置を確認すると、「ソ」では「三段ノ地」として奏するが、「タ」「チ」では「三段ヒラキノ地」にて奏しているのがわかるだろう。以上のことから、「タ」「チ」と「ソ」においては舞事の構造に大きな違いがあることが明らかになった。

とりわけ、③の「3B」譜を奏する位置の相違には大きな意味がある（【資料8】）。「3B」譜には「ヲヒャイ

【資料7】 二段目の「2C」譜の位置

	ソ（一噌流）	タ（一噌流）	チ（一噌流）
二段ノ地	「2B」譜 ヲヒャルイヒヤリ ヒヤルララ ヲヒリ ヲヒャヒヤロウロウヒヒャウラ タウタウヒヒャウライツ リツラロラ タルラルラ ヒヒャウラウヒヒャウラヒ ヲヒヤリ	「2C」譜 ヲヒヤルイヒヤロラ ヒユヤルラ ヒユヤヒユイヒユヤ ヲヒヤリヤロラ **ヲヒヤヒヤリヤルイヒヤウヒヤ** **ヒヤウラツラ　ラツヒヤ** **ルイタラルロ** **ヒヤリヤルヒヒヤウラウロ** ヒヤラウリ ヲヒヤロラ	「2C」譜 ヲヒャルイヒャロラ ヒュヤルラ ヒュヤヒュイヒュヤ ヲヒャリヤロラ **ヲヒャヒャリヤルイヒャウヒャ** **ヒャウライトルラツヒャ** **ルイタラルロ** **ヒャリヤロヒヒャウラウロ** ヒャアラウリ ヲヒャロラ
二段ヒラキノ地	「2C」譜　※見セ消チあり ヲヒャルイヒヤリ ヒヤリヤ リヤリイヒヒュヤ ヲヒャヒヤルラ **ヲヒャヒイヤルイタウヒャ** **~~ヒヤ~~《ヒヒャ》ウライトル　ラツヒャ** **ルヒタラルイ** **ヲヒャリヤリホヒヒャウラウロ** ヒヒャウラウリ ヲヒヤリ	「1B」譜 ヲヒヤルイヒヤロラ ヒユヤルララ ヲヒヤラ ヲヒヤヒユイヤ ロウロウヒヒヤウラ ヒヤウラウヒヒヤウラル ヒヤロタルラルラ ヒヒヤウラウヒヒヤウラリ ヲヒヤロラ	「1B」譜 ヲヒャルイヒャロラ ヒュヤルララ ヲヒャラ ヲヒャヒュヤイヤ ロウロウヒヒャウラ ヒャウラヒヒャウラル ヒウロタルラルラ ヒタウタウヒヒャウラリ ヲヒャロラ

〔凡例〕
・唱歌の仮名表記は原典に基づく。
・傍線部は特徴的な旋律を示す。
・傍線は引用者による。

【資料8】 三段目の「3B」譜の位置

	ソ（一噌流）	タ（一噌流）	チ（一噌流）
三段ノ地	「3B」譜 ヲヒャルイヒヤリ **ヲヒャイホウホウヒャリヤ** **ヲヒャラヒウヒャラ** ヲヒヤリヤリホヒヒャ ホヒヒャウラ タウタウヒヒャウライツ ヒヒャウラウリ ヲヒヤリ	「1B」譜 ヲヒヤルイヒヤロラ ヒユヤルララ ヲヒヤラ ヲヒヤヒユイヤ ロウロウヒヒヤウラ ヒヤラウヒヒヤウラル ヒヤロタルラルラ ヒヒヤウラウヒヒヤウラリ ヲヒヤロラ	「1B」譜 ヲヒャルイヒャロラ ヒュヤルララ ヲヒャラ ヲヒャヒュイヤ ロウロウヒヒャウラ ヒャウラヒヒャウラル ヒウロタルラルラ ヒタウタウヒヒャウラリ ヲヒャロラ
三段ヒラキノ地	「3C」譜 ヲヒャルイヒヤリ ヲヒリ ヲヒャヒヤ ロウロウヒヒャウラ タウタウヒヒャウライツ ヒュヤロヲタルラルラ ヒヒャウラウヒヒャウラヒ ヲヒヤリ	「3B」譜 ヲヒヤルイヒヤロラ ヒユヤルララ **ヲヒヤイホホヒヤウラ** **ヒヤラウラ** リヤリヤロヒヒヨ ヲヒヒヤウラリ ヲヒヤロラ	「3B」譜 ヲヒャルイヒャロラ ヒュヤルララ **ヲヒャホウホヒャラ** **ヲヒャラヒウヒョロ** リヤリヤロヒヒョ ヲヒヒャウラ タウタウヒヒャウラル ヒウロタルラルラ ヒタウタウヒヒャウラリ ヲヒャロラ

〔凡例〕
- 唱歌の仮名表記は原典に基づく。
- 傍線部は特徴的な旋律を示す。
- 傍線は引用者による。

ホウホウヒャリヤ、ヲヒャラヒウヒャラ」という、現行では〔盤渉楽〕全体で最も耳に立つ旋律が含まれているが(10)（【資料8】傍線部分）、現行においてこの旋律は、〈邯鄲〉〈菊慈童　遊舞ノ楽〉〈天鼓　弄鼓ノ舞〉などの能で奏する〔盤渉楽〕にて、シテの所作の見計らいに直接関わる重要な旋律である。能〈邯鄲〉を例に挙げれば、「3A」譜のあとに、シテは宮殿の玉座を模した一畳台で舞いながら足を踏み外す↓後ろ向きに座ってクツログ↓立ち上がって再び舞いだす、という一連の所作をする。(11)「足を踏み外す↓後ろ向きに座ってクツログ」は「空《そら》下《お》リ」と「クツロギ」といわれる所作であり、それを演じる速度は演技をするシテに一任されている。そのため、能管・小鼓・大鼓・太鼓の各演者はシテが「空下リ」と「クツロギ」を演じるあいだはそれまでの譜から一端離れ、「地」と呼ばれる別の譜を挿入して、「地」を繰り返し奏しながらシテの動きを見計らう。そして、「空下リ」と「クツロギ」の所作を終えるとシテは太鼓座の方を向いて左の袖を差し出すので、それを合図に囃子方は「地」を奏するのを止め、「3A」譜の続きとなる「3B」譜へ回帰する。その「3B」譜の冒頭にあるのが、先の「ヲヒャイホウホウヒャリヤ、ヲヒャラヒウヒャラ」という旋律なのである。つまり、舞台上のシテが「空下リ」と「クツロギ」の演技を終えて「三段ノ地」に戻ったことを演者や観客に知らせることになるのがこの響きであり、そうした意味において、現行では〔盤渉楽〕全体の構造と最も密接に関わる重要な旋律といってよい。従って、この特徴的な「3B」譜を**「タ」**と**「チ」**が「三段ヒラキノ地」として奏していることは、現行の演出から考えると非常に大きな相違である。

　ところで、宗家伝来の**「ソ」**の〔盤渉楽〕には「空下リ」と「クツロギ」に関して次のような注記がある。

　邯鄲能之節者三段同下過ヲヒャルイヒヤリ、ヲヒャリヤルラ、ヲヒヤリ、ヲヒャルイヒヤリ、ヲヒャリヤルラ、ヲヒヤリ、如此幾遍茂地計吹返内仕手空下幷休息済臺之外廻太鼓座江向左之袖指出時ヲヒャイホウホウヒャリヤ與開之手吹掛ル尤囃子之時者常之通地一鎖ニ而直ニ開之手吹掛ルこれによれば、宗家伝来の**「ソ」**にも現行と同じように「3A」譜のあとにシテの「空下リ」と「クツロギ」の所作があり、その後に「3B」譜が続いていた。つまり、構造上は現行一噲流と同じであった。しかし、宗家伝来の**「ソ」**の〔盤渉楽〕では、通常の〔盤渉楽〕の唱歌を記したあとに、カカリに一種類[12]、二段目に一種類[13]、三段目に六種類[14]の、現行にはない「替手」を付記している。現行とは異なり演出に様々なヴァリエーションがあったことが窺い知れるが、興味深いことに、「替手」はシテが「空下リ」と「クツロギ」の演出を行う三段目に多い。

また、シテの「空下リ」と「クツロギ」の所作は、盤渉基調の〔盤渉楽〕だけでなく、現行では〔盤渉楽〕と全く同じ構造を持つ黄鐘基調の〔楽〕においても行われる。現行一噲流の〔楽〕では、「空下リ」と「クツロギ」において、「ヒヒュルイヒャロルラ、ヲヒャイトヒュヤ、ヲヒャロルラ」という「地」の譜をシテの所作を見計らって繰り返し奏することになっている。一方で、宗家伝来の**「ソ」**の〔楽〕をみても、やはり現行と同じように「地」の譜を繰り返している。しかし、**「ソ」**の注記によれば、「地」の譜を繰り返す前に独自の「替手」を挿入したこともあった。その「替手」には二種類あり、そこに「是者余程古事にて近来者不吹」「如此にも何れ近来者両方共に不吹」などと記されていて、いずれも**「ソ」**当時には既に使われていなかった。しかし、これらの注記からは、〔楽〕においても笛方の「空下リ」と「クツロギ」の譜には、現行とは異なり、様々な演出があったことが窺えるのである。

桜井家伝来の森田流と平岩流の〔盤渉楽〕

桜井家伝来の『諸流習ふへのせうか』（**「タ」**）では、同時期の森田流と平岩流の〔盤渉楽〕の唱歌も記している。**「タ」**の森田流の〔盤渉楽〕をみると、現行森田流**「カ」**の〔盤渉楽〕とは異なる箇所が散見されるので紹介し

【資料9】「ア」「ソ」「タ」「チ」「カ」における諸流〔盤渉楽〕の構造

唱歌譜	現行一噌流		宗家伝来一噌流	桜井家伝来諸流				現行森田流
				一噌流		平岩流	森田流	
	ア		ソ	タ	チ	タ	タ	カ
カカリ	カカリ	0	0	0	0	—	0	0
初段目	初段オロシノ地	1A	1A	1A	1A	—	1A	1A
	初段ノ地	1B	1B	1B	1B	—	1B	1B
二段目	二段オロシノ地	2A	2A	2A	2A	—	2A	2A
	二段ノ地	2B	2B	(2C)	(2C)	—	*D*	2B
	二段ヒラキノ地	2C	(2C)	1B	1B	—	*E*	(2C)
三段目	三段オロシノ地	3A	3A	*I*	*I*	—	3A	3A
	三段ノ地	3B	(3B)	1B	1B	—	*F*	(3B)
	三段ヒラキノ地	3C	3C	(3B)	(3B)	(3B)	(3B)	／
	／	／	／	／	／	*H*	*G*	／
四段目	四段ノ地	4A	4A	1B	1B	4A	4A	4A
五段目	五段ノ地	5A	5A	5A	*J*	5A	5A	5A

〔凡例〕
・この表は、「ア」「ソ」「タ」「チ」「カ」における諸流〔盤渉楽〕の構造を示したものである。
・現行唱歌譜（「ア」）と異なる部分を網掛にて示した。
・斜線を施した箇所は構造上、存在しないことを示す。
・平岩流（「タ」）については「三段ヒラキノ地」以降に限り記す。「—」の部分は考察対象としない。
・「ソ」「タ」「チ」「カ」の「２Ｃ」譜と「３Ｂ」譜を丸で囲った。

ておきたい。なお、以下、現行森田流の唱歌は森田光春編『森田流奥義録』[15]を参照した。

【資料9】は【資料5】をもとにして桜井家伝来の森田流と平岩流、現行森田流の各構造を加えたものである。【資料9】をみると、現行森田流（「カ」）の三段目には「3A」譜と「3B」譜の二種類の譜しかない（「3C」譜に相当する譜はない）のに対し、桜井家伝来の森田流には「3A」譜と「3B」譜のほか、現行にはない「F」譜と「G」譜を加えた四種類の譜があったことがわかる。【資料10】に「タ」と「カ」の森田流の三段目の譜を示したが、それをみると、譜の数の多い「タ」のほうが「カ」より三段目全体が長いのがわかる。さらに、【資料10】に示すように、「3B」譜を「三段ヒラキノ地」として吹くという、先述の「タ」「チ」の一噌流にみられた大きな特徴が桜井家伝来の森田流〔盤渉楽〕においても共通しているのである。以上のことから、「タ」「チ」の限りでは、桜井家で奏した森田流は現行森田流とは違った〔盤渉楽〕の形を成していた。

【資料10】「タ」「カ」における森田流の三段目

	タ（森田流）	カ（現行森田流）
三段オロシノ地	「3A」譜 ヒヤルリヒヤリ ヒヤリヤ リヤリリヤリヤリヤロリ ヲヒヤラリヤロリヒヤウラ ヒヒヤウライツライツヒヤルリヤリトヒ ヒヤリヤリフヒヒヤウラウロ ヒヒヤウラウヒ ヲヒヤリ	「3A」譜 ヒャァウゥリヒィヤリィ ヒィヤァリィヤ リヤリィリヤリヤヒヤルリ オヒャァヒャヒヤルリヒャウラ ヒヒャウライツヒャイツヒャルリヤイツリ ヒヤイヤイトヒタァウタウロ ヒタァウタウヒィ オヒィヤリィ
三段ノ地	「F」譜 ヒヤルリヒヤリ ヒヤリヤラ ヲヒリトロ ヒヤロウロヒヒャウラ タウタヒヒャウライツ ヒユヤトロヒャルラルラ ヒヒャウラウヒヒャウラウヒ ヲヒヤリ	「3B」譜 ヒャァルゥリヒィヤリィ オヒャイホウホウヒャリィヤ オヒャラツヒョヲロヲ ヒヤリヤリヤリト オヒャイタルラ タウタウヒタウライツ ヒュィヤロロタルラ オヒャイイツヒャァイツヒャァ ヒヤリヒィヤリィ
三段ヒラキノ地	「3B」譜 ヒヤルリヲヒヤリ ヲヒャリホホヒャリヤ ヒャラツロロ リヤリヤリヤリト ヤリタウタ タウタヒヒャウライツ ヒユヤトロヒャルラルラ ヒヒャウラウヒヒャウラヒ ヲヒヤリ	
名称不明部分	「G」譜 ヒャルリヒヤリ ヒヤリヤラ ヲヒリトロ ヲヒヤロ ヒユヤトロヒャルラヒャイトラツフヒャリツヒャ リヤリヒヤリ	

〔凡例〕
・唱歌の仮名表記は原典に基づく。
・傍線部は特徴的な旋律を示す。
・傍線は引用者による。
・斜線は、構造上存在しないことを示す。

【資料11】「タ」における平岩流「三段ヒラキノ地」

ヒヤルイヤロラ
ヲヒヤイホホヒヤルラ
ヲヒヤラツララ
ヲヒヤルイルイルイヨ
ルイヒヤウラ
ヒヤウラリヒヤウラリトルラロ
ヒヤルラルラリヒヤウラリヒヤウラリ
ヲヒヤロラ

〔凡例〕
・唱歌の仮名表記は原典に基づく。
・傍線部は特徴的な旋律を示す。
・傍線は引用者による。

さて、「タ」では桜井家で奏した平岩流〔盤渉楽〕の唱歌も記載しているが、平岩流は現在では廃絶しており唱歌の解読に際して不明なところが多いので、ここでは平岩流の〔盤渉楽〕全体の構造を明記することは避けることにしたい。【資料9】では、とくに不明であったカカリから「三段ノ地」までの構造を便宜上、「一」にて示し、比較的解読が容易であった「三段ヒラキノ地」以降の構造を記すに留めている。これをみると、全体として伝承は不明ながらも、「三段ヒラキノ地」以降の構造としては、「三段ヒラキノ地」のあとに「タ」の森田流と同様に新しい譜（「H」譜）を挿入している点が目をひく。さらに、「3B」譜を特徴づける「ヲヒヤイホウホウヒヤリヤ、ヲヒヤラヒウヒヤラ（現行一噌流）」という重要な旋律が、【資料11】に示すように平岩流にもあり（【資料11】傍線部「ヲヒヤイホホヒヤルラ、ヲヒヤラツララ」）、その特徴的な旋律を含む「3B」譜を「タ」の平岩流でも「三段ヒラキノ地」として奏していることが確認された。

以上のことから、管見に入った桜井家伝来の唱歌譜をみる限りでは、江戸時代中・後期に桜井家の舞った〔盤渉楽〕は一噌流も森田流も平岩流も「3B」譜を「三段ヒラキノ地」として吹く点が一致することが明らかになった。現在では〔盤渉楽〕全体で最も印象的なこの譜をそろって「三段ノ地」ではなく「三段ヒラキノ地」としていたことは大きな相違である。

ところで、桜井家の「空下リ」と「クツロギ」の所作とはどのようなものだったのだろうか。残念ながら、現時点で当時の金春大蔵流の〔盤渉楽〕の舞い方を示す型付は管見に入っていない。そのため推測の域を出ないが、仮に宗家伝来の「ソ」や現行一噌流と同じように「3B」譜を「空下リ」と「クツロギ」の直後で吹いていたとすれば、「3B」譜を吹く位置の違いから、当時の「空下リ」と「クツロギ」の演出は現行とは異なる箇所でなされていたことになる。これは、桜井家の舞う〔盤渉楽〕の型それ自体が「ソ」や現行の型とは相違したことを示し、舞事の構造に直に関連した問題となる。逆に、「ソ」や現行のように「空下リ」と「クツロギ」が「三段ノ地」の直前で行われ、シテの型そのものも現行と同じであったと仮定すれば、「3B」譜には現行のように「空下リ」と「クツロギ」の終わったことを感じさせる特別な意味合いがなかったことになる。〔楽〕〔盤渉楽〕でなされる「空下リ」と「クツロギ」の演出史の解明が待たれるところである。

（2）〔猩々乱〕の分析

次に、〔猩々乱〕の分析を行う。

現行の〔猩々乱〕

〔猩々乱〕は、能〈猩々〉の特殊演出として〔中ノ舞〕に代わって舞う舞事で、シテの猩々が酔って波上を舞い遊ぶ様子を乱レ足や流レ足などの独特な足遣いを用いて描写するものである。波を蹴ったり波に流されたりしてシテが自在な動きをみせるが、能管は〔猩々乱〕固有の「地」の旋律を淡々と繰り返していく。

舞事の構造は、カカリまでは〔中ノ舞〕に準じた譜を奏するが、初段目より〔猩々乱〕独自の「地」を奏し、その後再び〔中ノ舞〕に準じた譜に戻るのを基本とする。つまり、〔猩々乱〕独自の「地」を中心に置いて、その前後に〔中ノ舞〕に順じた譜が接合した構造を有する。従って、唱歌譜には〔中ノ舞〕に準じた譜と〔猩々乱〕の「地」の部分の譜の、二種類の唱歌を記しておけば、事足りるわけである。

【資料12】「ア」（現行一噌流）の「甲」と「呂」の地

甲

ヲヒャリーヤアラアラーリトーヒー
ヲヒリーツラロー　ヒャアーヒュヤー
ヒャアーヒュヤーヒュヤーラー
ヒューヒタールラーラーー
ヒュヤヒューヒターラールーラ
ヒューヒターラーー
ヒューヒターリウヒャーラー
ヲヒャリヤーリトーリウヒャーラー

呂

ヲヒャリーヤアラアラーリトーヒー
ヲヒリーツラロー　ヒャアーヒュヤー
ヒャアーヒュヤーヒュヤーラー
ヒューヒタールラーラー
トルラーラ　ラアラア　ヒャアーヒュヤー
ヒューヒタールラーラーー
ヒューヒターリウヒャーラー
ヲヒャリヤーリトーリウヒャーラー

〔凡例〕
・唱歌の仮名表記は原典に基づく。
・傍線部は特徴的な旋律を示す。
・傍線は引用者による。

【資料13】「ア」「ソ」「タ」「チ」「カ」における諸流〔猩々乱〕の構造

唱歌譜	現行一噌流	宗家伝来一噌流	桜井家伝来諸流			現行森田流
			一噌流	平岩流		
	ア	ソ	タ	タ	チ	カ
「地」	甲	甲	甲	甲	甲	短
	呂		呂	呂	呂	長
「地」の特徴	四段目以外を甲、四段目のみを呂	全段を甲 ※ただし「替手」有：四段目以外を甲、四段目のみを呂	繰り返す ※寸法は不明	繰り返す ※寸法は不明	繰り返す ※寸法は不明	交互に繰り返す

〔凡例〕
・この表は、「ア」「ソ」「タ」「チ」「カ」における諸流〔猩々乱〕の構造を示したものである。
・平岩流（「タ」「チ」）における「地」の名称は不明である。ここでは便宜上、「甲」「呂」としている。
・斜線を施した箇所は構造上、存在しないことを示す。

〔猩々乱〕の肝となるのは〔猩々乱〕の「地」の部分である。「地」を繰り返す回数はシテ方の演技に左右されることはなく囃子方本位に定まり、〔猩々乱〕の構造は能管の流儀により大きく異なる。すなわち、現行一噌流では「地」の旋律に「甲」と「呂」の二種類があり（【資料12】）、「甲」は高い音を主体とし、「呂」は【資料12】の傍線部（ラアラア）が示すような低い音を入れ混ぜた旋律である。通常は四段目を除く段で「甲」を吹き、四段目では「呂」を吹く（【資料13】）。これに対して、現行藤田流では各段で異なる「地」を奏し、現行森田流では「短ノ手」と「長ノ手」という長さの異なる二種類の「地」を用いて、両者を隔段で交互に奏する。

一噌流宗家と相違する構造

桜井家伝来の唱歌譜の検証に先立ち、まずは宗家伝来の「ソ」の〔猩々乱〕をみておく。「ソ」の注記には「乱段数者流義ニ寄五段六段七段等雖有替於当流者幾段ニ而茂唱哥無替事繰返吹若手吹入共是又八鎖充ニ而無長短」とあり、(16)江戸時代中期の八世一噌又六郎政香の頃には一種類の譜を全段の「地」として吹いていた。その譜をみると、【資料14】に示すように、現行の「甲」の「地」と全く同じである。つまり、現行でいう「甲」の「地」のみを全段で吹いていたことになり、このことは、現行が「甲」「呂」の二種類の異なる「地」を区別して奏する構造を持つのとは大きく相違する。

また、「ソ」の注記には「替手」が四種類記されているので、宗家の〔猩々乱〕には数々の演奏のヴァリエーションがあったと考えられる。その一つに、「ラ」という仮名を連続して用いる「替手」がある。実は、現行においても、四段目に限って吹く「呂」の「地」にて「ラ」という仮名を重ねて用いている。そこにおいて「ラ」という仮名は「呂」の「地」を特徴づける低い響きを生み出している。このことから類推すれば、「ラ」という仮名を連続して用いる「ソ」のこの「替手」も現行の「呂」の「地」と同様に低い響きをなしていた可能性があ

【資料14】「ソ」の一噌流の「地」

ヲヒャリヤアラアラリトヒ
ヲヒイリツラロ　ヒャアヒュヤ
ヒャアヒュヤ　ヒュヤラ
ヒュヒタルララ
ヒュヤヒュヒタラルラ
ヒュヒタラ
ヒュヒタリウヒャラ
ヲヒャリヤリトリウヒャラ

〔凡例〕
・唱歌の仮名表記は原典に基づく。

【資料15】「タ」における一噌流の二種類の地

一種類目

ヲヒヤリ　ヤラリトウリ
ヲヒヤリツラロ　ヒヤヒユヤ
ヒヤヒユヤ　ヒユヤラ
ヒユイタルララ
ルラヒユイタラルラ
ヒユイタラ
ヒユイタイウララ
ヲヒヤリヤリトウイウララ

二種類目

ヲヒヤリ　ヤラリトウリ
ヲヒヤリツラロ　ヒヤヒユヤ
ヒヤヒユヤ　ヒユヤラ
ヒユイタルララ
トルララ　ララヒヤヒユヤ
ヒヤヒユイヒユヤラ
ヒユイタイウララ
ヒヤリヤリトウイウララ
是ヨリ合致エカエル

〔凡例〕
・唱歌の仮名表記は原典に基づく。
・傍線部は特徴的な旋律を示す。
・傍線は引用者による。

るだろう。実際、「ソ」の注記には「此手者多分常四段目ニ吹」とあり、現行の「呂」の「地」と同じように四段目で吹いていた。これらのことから、「ソ」では、通常は現行でいう「甲」の「地」を全段にて奏していたが、特殊演出の場合に限り四段目で「ラ」を多用する別の譜を吹くことがあったと考えられる。従って、四段目以外で「甲」の「地」を奏し、四段目にて「呂」の「地」を奏するという現行の〔猩々乱〕の構造は、「ソ」の特殊演出を踏襲していると考えてよい。

これに対して、桜井家伝来の「タ」では「地」に二種類を記している（【資料15】）。このうち、二種類目の「地」には「ラ」という仮名を用いる旋律があるので（【資料15】傍線部）、現行一噌流でいうところの「呂」の「地」に相当する譜と判断される。それに対し、一種類目の「地」には「ラ」を含む旋律はない。従って、「タ」における二種類の「地」とは、現行一噌流のように高い音を主体とする「地」（一種類目）と、低い音を入れ混ぜた「地」（二種類目）とであったことが推測されるのである。さらに、二種類目の「地」の最後には「是ヨリ合致エカエル」という注記が記されているので、二種類の「地」を繰り返したことがわかるが、どのような寸法で繰り返したのかは不明である。しかしながら、二種類の「地」を吹き分けたという点で、通常は一種類の譜を「地」として吹いていた江戸時代中期成立の一噌流宗家伝来の「ソ」とは伝承が相違する。

桜井家伝来の森田流と平岩流の〔猩々乱〕

さて、桜井家伝来の「タ」「チ」では、この時期の仙台藩で活躍した森田流と平岩流の〔猩々乱〕の唱歌も記している。すなわち、「タ」では平岩流の〔猩々乱〕、「チ」では森田流と平岩流両方の〔猩々乱〕を記載するので、ここで紹介しておきたい。

まず、「チ」の森田流の〔猩々乱〕の唱歌をみると、構造上の規則性が見出されず、残念ながら現段階では構

【資料16】「カ」（現行森田流）の「短ノ手」と「長ノ手」

短ノ手

オヒャリィヤララィリィトヲヒィ
オヒリィツラロラァトヲルラァ
ヒウゥルラァルラァラァァ
ヒヒユゥヒィタルラァラァァ
ヒヒユゥヒィタァルラァラァ
トルラァラヒャァララトヲルラァ
ヒヒユゥヒィタァルラァラァァ
ヒヒユゥヒィタァリウヒャラァ
オヒャリヤァリィトヲリウヒャァラァ

長ノ手

オヒャリィヤララァリィトヲヒィ
オヒリィツラロラァトヲルラァ
ヒウゥルラァルラァラァ
ヒヒユゥヒィタァルラァラァ
ヒヒユゥヒィタァルラァラァァ
ヒユゥヒィタヒユゥヒィタァラァ
リヤヒユゥヒィタァルラァラァ
トルラァラヒャァララトヲルラァ
オヒャァリィトヲルラァラァ
オヒャリヤァリィトヲリウヒャァラァ

〔凡例〕
・唱歌の仮名表記は原典に基づく。

【資料17】「タ」「チ」における平岩流の〔猩々乱〕

	初段目	二段目	三段目
タ（平岩流）	ヒヤ　ヒヤリ ヒウヤリヤルラリトリ ヒリツラロ　干ノ手　トルラ トルラルラ ヒュヤルイヒャラ ルラルイヒャラ ヒュイヒャルラ ヒャリヤリトルララ	ヒヤリヤルラリトリ ヒリツラロ　トルラ トルラルラ ヒユヤルイヒヤラ トルラ　ララトルラ ヒユイヒヤルラ ヒユイヒヤルラ ヒヤリヤリトルララ	ヒヤリヤルラリトリ ヒロツラロ　トルラ 是ヨリ合致エカエル
チ（平岩流）	ヒヤ ヒウヤリヤラルラトリ ヒリツラロ　▲トルラ トルラルラ ルラルイヒャラ ルラルイヒャラ ヒウイヒャルラ	ヒャリヤルラリトリ ヒリツラロ　▲トルラ トルラルラ ルラルイヒャラ トルラ　ララトルラ ヒウイヒャルラ ヒウイヒャルラ ヒウイヒャルラ	ヒヤリヤルラリトリ ヒリツラロ

〔凡例〕
・唱歌の仮名表記は原典に基づく。
・傍線部は特徴的な旋律を示す。
・傍線は引用者による。

造を導き出すには至らなかった[17]。ちなみに、現行森田流では「地」として譜の長さの異なる「短ノ手」と「長ノ手」の二種類を用いて、両者を交互に奏することになっていることは先述の通りである（【資料16】）。現行森田流が二種類の「地」を用いるのは現行一噌流と同じであるが、「交互に」奏する点が異なる。

一方、「タ」「チ」の平岩流の〔猩々乱〕の唱歌をみると、「タ」「チ」ともに、譜の長さの異なる二種類の「地」を奏している点が共通している（【資料17】）。まず、「タ」の平岩流をみると、初段目の途中の「トルラ」に「干ノ手」という注記がある。そのため、この旋律は「干」という高い音を主体とし、現行でいうところの「干」の「地」に相当する旋律と考えられる。ついで二段目では、初段目とは別の旋律を記している。その旋律には「ラ」という仮名を用いた低い音を類推させる旋律も含まれるので（【資料17】「タ」における傍線部）、現行から類推すれば低い音を主体とした、現行でいう「呂」の「地」に相当する譜と考えられる。さらに、三段目では唱歌を途中までしか記さずに、「是ヨリ合致エカエル」としており、三段目が繰り返しであることがわかる。これらのことから、「タ」では、初段目と二段目に記す二種類の譜を繰り返していたと考えられる。

続いて「チ」の平岩流をみると、「チ」でもやはり初段目と二段目の途中の「トルラ」に「▲」の印を付け、この印に戻って繰り返すように促している（【資料17】）。そして、初段目と二段目の旋律は異なっており、二段目の旋律には「ラ」という仮名を使っているので（【資料17】「チ」における傍線部）、二段目が低い「呂」の音を用いたものであったことが現行から類推される。

以上のことから、「タ」「チ」の平岩流の奏した二種類の「地」には、高い音を主体とする「地」と低い音の混ざる「地」とがあったと考えられる。〔猩々乱〕の構造を示した【資料13】では便宜上、高い音を主体とする「地」を「甲」、低い音の入り混ざる「地」を「呂」と呼んで示してある。高桑いづみによって、平岩流の〔猩々乱〕では二種類の「地」を交互に奏したことが明らかにされているので[18]、ここで確認された二種類の「地」も交互に奏していたのかもしれない。しかし、今回検証した「タ」「チ」においては交互に奏することを裏づける記述が確認できなかったので、ここでは「地」を繰り返す寸法については言及しないでおく。

以上の分析結果と、「タ」「チ」の一噌流でも二種類の「地」を用いていることを踏まえて考えれば、江戸時代中・後期の仙台藩桜井家で奏した一噌流と平岩流の〔猩々乱〕では、二種類の「地」を奏することが共通していた可能性がある。それにより、当時の〔猩々乱〕の構造において能管の流儀差が今ほど大きくなかったことが示唆されるが、その背景に仙台藩独自の流儀であるシテ方桜井家ならではの事情があったのかについては、今後の解明を待ちたい(19)。

（3） 唱歌の仮名表記の分析

最後に、桜井家伝来の「タ」と「チ」、そして一噌流宗家伝来の「ソ」の三点の唱歌譜の唱歌の仮名表記の特徴を検証する。

唱歌に用いる仮名の種類は三点の唱歌譜で一致している。すなわち、ア行（「ア」「イ」「ウ」）、タ行（「タ」「ッ」「ト」）、ハ行（「ヒ」「フ」「ホ」）、ヤ行（「ヤ」「ユ」「ヨ」）、ラ行（「ラ」「リ」「ル」「ロ」）、ワ行（「ヲ」）である。管見に入ったこれらの唱歌譜をみる限りでは、仙台藩特有の仮名が存在した可能性は低い。

しかし、「タ」「チ」の唱歌の仮名表記には、「ソ」とは異なる用法が随所にみられる。そのうえ、「タ」「チ」の仮名表記には共通した用法があることから、「タ」「チ」と宗家とでは旋律の細部や音色が異なっていたと考えられる。

とりわけ、「タ」「チ」では唱歌に「イ」を用いる頻度が「ソ」より高いという特徴がある。例えば、「ソ」に「ヒュヒタリウヒャラ」（〔猩々乱〕）という句があるが、「ヒ」と「リ」を用いる傍点部を「タ」「チ」では「ヒュイタイウララ」というように「イ」を用いるなどである（以下、傍点は引用者）。母音が同じ「イ」母音なので、現行から類推すれば前の音より音高が高くなったと想定される点で宗家と類似すると思われるが、数ある「イ」母音の仮名から「イ」という仮名を高頻度で選ぶ点が「ソ」とは明らかに相違する。仙台藩で隆盛した平岩流の特徴に「イ」を多用することが高桑いづみによって指摘されていること[20]と、一噌流が平岩流と同じ仙台藩で活動していたことに鑑みれば、当時の仙台藩の一噌流が仮名表記の面でも平岩流から影響を受けていた可能性もある。

また、「タ」「チ」では「ソ」が「ハ」行や「ヒャ」行の仮名で表す旋律を「ラ」行の仮名を用いて表すことが多いという特徴もある。例えば〔猩々乱〕では、「ソ」が「ヤアラアラリトヒ」という句の傍点部にて「ヒ」を用いるのに対し、「タ」では「ヤアララリトリ」というように「リ」を当てる。そして「ソ」が「ヒュヤ、ヒュヒタラ」という旋律の傍点部で「ヒュ」を用いるのに対し、「タ」では「ルラ、ヒュイタラ」というように「ル」を当てる。また、〔盤渉楽〕の「初段オロシノ地」で「ソ」が「ヒャヒャロフヒュヤ」とするのに対し、「タ」「チ」では「ララロルヒュヤ」としているなどもある。このように、「ソ」が「ハ」行や「ヒャ」行の仮名を用いるところを「タ」「チ」が「ラ」行の仮名を当てる事例は他にもある。これらの仮名表記にみられる相違は子音に基づくもので、母音は同じである。従って、旋律の音高の推移の面では相似し、主に音色の面が異なったことが推測される。とくに、現行では「ハ」行と「ヒャ」行の仮名を息を強く吹きかける破裂音などの主張のある音に多く用いる傾向があるので、現行から類推すれば、「ハ」行と「ヒャ」行を高頻度で用いる宗家の「ソ」のほうが音色にメリハリがあったのかもしれない。しかし、これについては仙台という地域の方言や江戸時代当時の発音の問題も関わってくるため、現時点では現行からの推測に留まる。[21]

（4）まとめ

演奏技法の独自性

本章では、仙台藩桜井家に伝来する桜井家伝来の「タ」と「チ」の二点の唱歌譜を解読して、一噌流の〔盤渉楽〕と〔猩々乱〕を分析してきた。その結果、当代の宗家の伝承として編まれた「ソ」と相違する部分が、舞事の構造と唱歌の仮名表記の両方に認められた。さらに、桜井家に共通するこれらの点には、仙台藩で活躍した森田流や平岩流の演奏技法の特徴と一致する部分もあることが明らかになった。

繰り返しになるが、現行では〔盤渉楽〕と〔猩々乱〕は能管の流儀によって構造の異なる囃子方本位の舞事である。舞事の構造は能管の各流儀で異なるものの、能管の一流儀のなかでの構造の同一性は保たれ、流儀で一貫した特徴というものを備えている。しかし、江戸時代中・後期の〔盤渉楽〕と〔猩々乱〕をみると、同じ一噌流でも宗家の伝承と桜井家の伝承には差異があった。この差異を地域差と捉えてよいのかどうかは今後、他地域の伝承をも含めて慎重に検証していく必要があるが、江戸時代中・後期の仙台藩で奏した能管の唱歌には、能管の同一流儀の同一性より優先される要素があったことが示された。一方で、現在では流儀の演奏技法には宗家刊行の「ア」により定められた規範があり、演奏技法に地域差は存在しない。つまり、現行一噌流では演奏技法が同一であることが、流儀を同定する一要素となっているのである。従って、それを踏まえれば、江戸時代中・後期において、何をもって一噌流という同一流儀として同定していたのかという疑問が浮かんでくるのである。

またこのことは、歴史的には〔盤渉楽〕（〔楽〕）や〔猩々乱〕が能管よりもシテ方の主導権によっていた可能性を示唆している。そのため、今後は〔盤渉楽〕（〔楽〕）や〔猩々乱〕の成立過程におけるシテ方との力関係をも検証していく必要がある。シテ方桜井家は五世八右衛門安孫以降、仙台藩独特といわれる金春大蔵流という流儀を称するが、独特の流儀とされる一方でその実態は未解明なところが多く、本節で明らかになった特徴がどの程度、金春大蔵流としての独自性を表すものなのかを判断するのは難しい。それゆえ、今後、金春大蔵流の演奏実態の検証を進めると同時に、他藩や他地域との比較検証によりその特性を相対化していく必要もあるだろう。

また、桜井家伝来の「タ」「チ」が〔盤渉楽〕と〔猩々乱〕に限り複数の流儀の能管の唱歌を収めることについては、前節で述べたように、現行から類推すればこの二曲には他の囃子事よりも能管の流儀差が大きく介在するためかと思われた。しかし、現行ほど舞事の構造面に能管の流儀差がみられなかったという本節の検証結果により、当時、この二曲のどの点に能管の流儀差を認めていたのかは不明である。先述のように、仙台藩では一噌流と平岩流は関わりが深く、流祖平岩勘七親好が一噌流二世中村噌庵に師事し、六世平岩十三郎親利の代には一噌流の随身になるなどしている。これらのことから、一噌流と平岩流が影響を与え合い、同じ地域で活動するなかで演奏技法の面でも類似性を強めた可能性も考えておきたい。

おわりに

現行一噌流の唱歌譜「ア」は昭和一一年（一九三六）に八世又六郎政香の「ソ」に基づいて成立し、現行一噌流の演奏技法は「ソ」の成立した江戸時代中期まで遡れる。しかし、本章の検証では、江戸時代中・後期の仙台藩では当時の宗家とは異なる演奏技法を伝承していたことが明らかになった。このことは、宗家の伝承の確立した江戸時代中期以降にあっても、同一流儀内の演奏技法には差異があったことを示している。従って、この時期に諸藩や諸地域で伝承していた一噌流の演奏技法は統一されているものではなく、細部には差異があり、さらには役者個人や家によっても伝承実態が異なった可能性がある。つまり、現行一噌流の演奏技法はそうした様々な伝承のなかの「江戸時代中期の宗家の伝承」に遡るものに過ぎない。

演奏技法に多様性が潜在していた可能性を踏まえれば、宗家によって刊行された「ア」を規範にして全国一律の演奏技法を展開している現行一噌流の姿は一体、いつ、どのような経緯で確立したのかという大きな問題が示される。この問題について筆者は、昭和期になって宗家の監修により「ア」が刊行され江戸時代中期の「ソ」に遡る宗家の伝承が全国へ広まったことと、さらには現在の一噌流が宗家を中心に東京という一地点を拠点にした限られた活動をしているということとが相まって、結果として、「ア」を基盤にした全国一律の演奏技法を持つ現行一噌流の姿が築かれたのではないかと推測している（第五章後述）。

一噌流の演者は平成二九年（二〇一七）現在、一一名おり、東京都在住である彼らが全国各地に足を運んで演能活動をしている。一噌流の演奏技法が確立しそれが全国で統一されたその伝承過程を考えるうえで、幕末から近代にかけての演奏技法の動向、役者の異動、活動拠点地の推移などの検討もまた、今後の重要な課題の一つとして残したい。

（1）高桑いづみ「平岩流唱歌をめぐる一考察」『能研究と評論』一五、月曜会、一九八七年（高桑いづみ『能の囃子と演出』音楽之友社、二〇〇三年、再収）。
（2）三原良吉「仙台藩能楽史」『宮城県史』一四　文学芸能篇、一九五八年。
（3）表章「五　地方諸藩の能楽」（表章・天野文雄『岩波講座　能狂言Ⅰ　能楽の歴史』岩波書店、一九八七年）。
（4）註（2）三原論文。
（5）宮城県図書館編『伊達文庫目録』、特殊文化目録第三冊、一九八七年。
（6）マイクロフィルム閲覧による。伊達文庫には他にも唱歌の書付が伝存するが、一噌流の唱歌であることを明記するのはこの二点に限られた。仙台藩に伝来した他の唱歌譜として、大鼓方白極家伝来の『伊達家本　幸流大鼓星附　一噌平岩両流しやうか』（法政大学鴻山文庫蔵）の存在を高桑いづみ氏よりご教示いただいたが、この唱歌譜では本節の分析対象とする一噌流の〔盤渉楽〕〔猩々乱〕を所収しないため考察対象から除いた。ちなみに、この唱歌譜では〔盤渉楽〕と構造を同じくする〔楽〕を記載しており、〔楽〕をみる限りでは白極家と一噌家とでは構造上は相違しないことが窺い知れた。

（7）唱歌譜には「小笛流」とある。小笛流は森田流の別称である。

（8）『寛政四年写し笛唱歌集／一噌流、小笛流、平岩流』を用いて平岩流の演奏技法を考察した研究に、高桑いづみの註（1）論文がある。

（9）このことから「タ」と「チ」の〔盤渉楽〕の唱歌譜の親本が同一ではないことが推測される。

（10）このことは黄鐘基調の〔楽〕についても当てはまる。

（11）「空下リ」と「クツロギ」は能の場合に限る演出であり、舞囃子では行わない。

（12）カカリの「替手」は、カカリの最初から盤渉基調にて吹くというものである。

（13）二段目の「替手」をどの箇所で奏したのかは不明である。

（14）三段目で吹く六種類の「替手」のうち、「三段ヒラキの地」には「替手」が二種類ある。その一つに「昔定式後之開長故今者不用」と記されており、この譜が句数の長いため使われなくなった経緯が窺い知れる。また、「三段オロシノ地」の「替手」と判断される譜にも「昔定式同下餘長故今者不用」とあり、この譜もまた句数が長すぎたために使われなくなったことがわかる。この他の「替手」については、どの箇所で吹かれたのかは不明である。

（15）森田光春編『森田流奥義録』能楽書林、一九八〇年。

（16）原文のまま。

（17）「チ」の森田流〔猩々乱〕の構造について、拙稿「江戸中後期における笛方一噌流の地方伝承――仙台藩を例に――」（『藝能史研究』第一六九号、二〇〇五年）では、譜の長さの異なる二種類の「地」を繰り返していると記した。しかし、後に解析し、「チ」に記す唱歌をみる限りではそこに何らかの構造を見いだすことは難しいと考えるようになった。そのため、ここでは「チ」の森田流〔猩々乱〕の構造を不明としてある。

（18）註（1）高桑論文。

（19）現在管見に入っているシテ方桜井家の〔猩々乱〕の型付は、平岩流唱歌を用いた『乱仕舞附笛平岩流』（宮城県図書館伊達文庫蔵）である。

（20）　註（1）高桑論文。

（21）　方言の問題については垣内幸夫氏談、発音の問題については高桑いづみ氏談。

〔謝辞〕　本章は、口頭発表「江戸時代における一噌流能管の地方伝承について」（東洋音楽学会第五五回大会、二〇〇四年一〇月二四日、於東京文化財研究所）に基づき、稿を改めたものである。唱歌譜の写真掲載をご許可いただき、閲覧に際してもご便宜をいただいた宮城県図書館、仙台藩伝来唱歌譜についてご教示いただいた高桑いづみ氏に、ここに記して謝意を表したい。

第五章　演奏体系の変容——一噌流を事例に

はじめに

現行三流儀は、永正（一五〇四〜二一）〜天文（一五三二〜五五）年間を中心に活躍した檜垣本彦四郎栄次（通称、笛彦兵衛／一五二七年没）という笛役者に師事した数名の弟子の流れから誕生した。一噌流の場合、事実上の流祖は一噌似斎（一五二五〜一六〇〇）である。流儀が形成されつつあったこの時期の演奏技法について、三宅晶子が「形式が固定化しつつあると同時に、まだまだ流動的な面も多く、役者の裁量で千差万別の演奏が可能な時代であった」(1)と述べているように、当時の演奏技法には役者個人に委ねられるところが大きく、唱歌と唱歌から立ち上がる音楽実体との結びつきは吹き手によって異なったと思われる。

一方、現行の演奏体系に目を転じると、唱歌には流儀の規範とする仮名表記があり、唱歌は旋律の基本的な奏法を示すものとして機能している（第一章前述）。実演奏で演者は即興的に様々な装飾を施すので、聴こえてくる鳴り響きは多様なものとなるが、唱歌の示す基本的な奏法は旋律の骨格を表すものとして常に奏されているので、そのことが唱歌と音楽実体とを同定することに繋がっている（第二章前述）。つまり、現行の演奏体系においては唱歌が音楽実体に対して持つ拘束性は非常に強く、その演奏体系のあり方は流儀誕生の頃から大きく変容したものであるように思われる。そこで本章では、現行一噌流の演奏体系が確立していく伝承過程を検証していきたい。まず第一節では、伝承における記された唱歌の役割を歴史的に辿る。唱歌譜に記される唱歌の変容を丹念に追っていくと、唱歌と音楽実体との間には本来的に様々な程度の結びつきが存在したことが示されるだろう。そして、演奏技法が確立し、伝承体系が変容したのに伴って、唱歌と音楽実体とが強固に結びついた現行の演奏体系が形成されたことが浮かび上がると思われる。次に第二節では、唱歌とそこから立ち上がる音楽実体とが必ずしも一対一ではなかったと推測される、流儀の誕生した頃に焦点を当て、旋律型の演奏技法の形成過程を辿りながら、演奏体系が変容した様子を描出してみたい。

一　唱歌の音楽実体に対する拘束性の形成

唱歌の音楽実体に対する拘束性を判断するには、旋律を構成する句の唱歌の仮名表記が重要な手がかりとなる。というのも、序章で述べたように、唱歌はいくつかの仮名が連なってはじめて句として成立し、それにより対応する指使いが定まって奏でられる鳴り響きも規定されるからである。現行のこのしくみを前提にすれば、同一の句を特定の仮名表記で統一して記す場合には、唱歌の音楽実体に対する拘束性があり、逆に、同一の句の仮名表記に統一性がみられない場合には、唱歌の音楽実体に対する拘束性は少ないといえる。

そこで、本節では一噌流宗家伝来の唱歌譜の示す唱歌の仮名表記を丹念に分析し、表記のばらつきをみる。それにより、唱歌の音楽実体に対して持つ拘束性の歴史的な形成過程を辿り、記された唱歌に強固に基づく現行の演奏体系の成り立ちの一端を紐解いていく。分析するのは、初世一噌似斎の頃の内容の唱歌譜（「サ」）、二世中村噌庵（一六二七年没）の唱歌譜を三世一噌八郎右衛門（一六二三〜一七〇三）が書写した唱歌譜（「シ」）、五世一噌又六郎正賢（一七一六年没）が「シ」の右側に片仮名で加筆した唱歌（「セ」）、八世一噌又六郎政香（一七四五年生）の唱歌譜（「ソ」）、一二世一噌又六郎（一八七二〜一九三八）監修・一三世一噌鍈二（一九一〇〜四五）校閲の現行唱歌譜（「ア」）、一三世一噌鍈二校閲の現行指付譜（「イ」）の六点であり、室町時代末期（文禄期）から昭和期までの唱歌を扱うこととなる。なお、各唱歌譜の概要については、「サ」「シ」「セ」「ソ」が第三章第一節、「ア」「イ」が第一章第二節を参照されたい。

（1） 一六〇〇年頃

「サ」は初世似斎の頃の内容を持つ唱歌譜で、文禄五年（一五九六）奥書の書を江戸時代初期頃に書写したものである。管見に入ったなかでは最古の成立の一噌流唱歌譜である。この唱歌譜の成立した時期は流儀の誕生と重なるため、唱歌譜は流儀の誕生と連動して書き記されるようになったことが考えられた（第三章第二節前述）。

さて、この唱歌譜では、唱歌の右側に旋律型の名称を注記するので、注記をもとにすれば当該の旋律型の唱歌を抽出することができる。分析の一例として、「中ノ高音」という旋律型の記述を次に挙げることにしよう。

「中ノ高音」は現行では最も頻繁に奏する旋律型の一つで、この唱歌譜には八事例の記載がある。そのうち、〔図31〕に示すように、「かけりノ吹様」という項目に二事例の記述がある（〔図31〕丸囲み部分。以下、丸囲みは引用者）。ここでは、〔図31〕の「かけりノ吹様」の唱歌を翻刻して次に示し、そこに記される二事例の「中ノ高音」を紹介することとしたい。なお、唱歌譜には一部「ス」による校合があるが、煩雑さを避けるため本文では引用しない。まず、次に示す翻刻文のうち、二事例の「中ノ高音」の注記は網掛を施した二句にみられることを確認したい（網掛は引用者）。ここでの句の絞込みに際しては、息継ぎを表す「◦」が唱歌の区切り目（句）を示すことに着目して導いている。

かけりノ吹様
ひうヨウ《六ノヨリ》ラリるうひうい。ひヨりり《中ノ高音つきテ》。ひうやひ《かんノひシき》
ふら。たう〱〱〱たラいひうヨウ《六ノ下》。ひヨロリヨリ《中ヨリつきテ》
りひうヨヤウ《六ノ下》。ほひふりり《高音二ツック》。ひよロいひういや《中高音つく》
ララろうい。ひより、。たるいやるいやウ。たララ
ろうい。ひういや

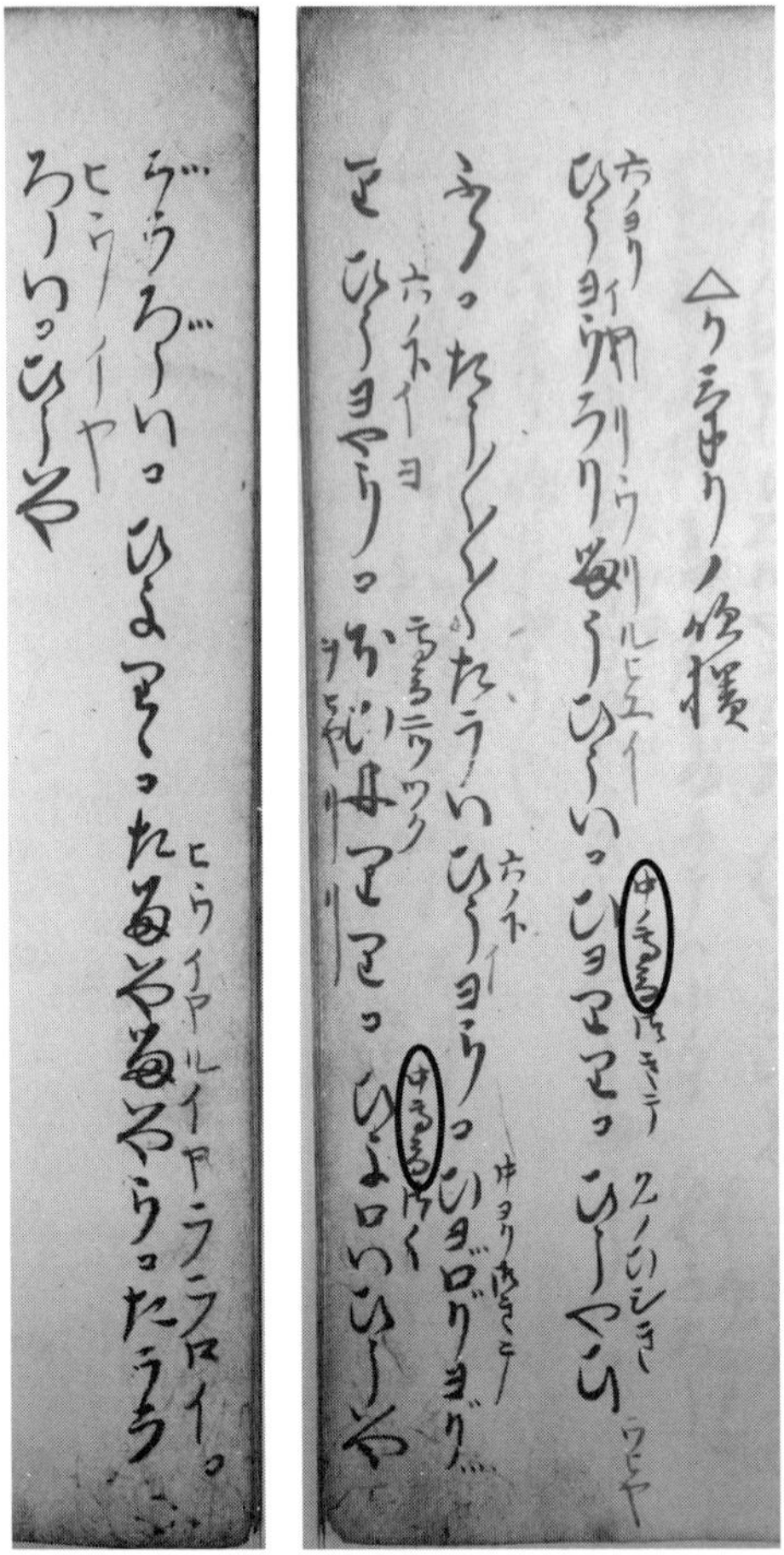

図31　かけりノ吹様（『一噌流笛秘伝書』部分、早稲田大学坪内博士記念演劇博物館蔵。丸囲みは筆者による）

一事例目では「ひヨりり」という句に「中ノ高音つきテ」とあり、二事例目では「ひよロいひういやララろうい」という句のなかに「中高音つく」とある。いずれも「中ノ高音」を「つく」ことを指示する、同一内容の注記が施されている。しかし、対応する唱歌を詳細にみれば、二事例に共通する唱歌は「ひヨ（ひよ）」のみで、他の部分の唱歌の記述は一致していない。そのため、「ひヨ（ひよ）」がここで示す「中ノ高音」に必須の唱歌であったことは断定できるが、それ以外の唱歌については何を示しているのか不明である。ここにおいて同一内容の注記の示す一連の唱歌の記述に統一性はないといえ、記された唱歌の表そうとする音楽実体と、一つの音楽実体を表すべく記された唱歌とは一致していないと考えられる。

このような記述のばらつきは、この唱歌譜全体を通じてみられることである。「サ」の成立した一六〇〇年前後は能管に流儀が誕生しようとしており、演奏技法が個人のものから流儀の流是を示すものへと転換しつつあった。当時の演奏技法は極めて流動的であったと思われるので、「中ノ高音」も演奏のたびに音楽実体を異にした可能性がある。つまり、音楽実体が未だ定まっていなかったために、唱歌譜に記された唱歌の仮名表記にも差異が生じていたのだろうか。

このことを裏づけると思われるのは、ここでの「中ノ高音つきテ」や「中高音つく」などの注記が「つきテ」や「つく」などの奏法を表す用語を含む複合的な記述になっていることである。「つきテ」や「つく」などのように奏法を具体的に指示しているのは、単に「中ノ高音」と記すだけでは注記として不十分であったことを示していると考えるべきであろう。というのも、「中ノ高音」の指し示す音楽実体が確固としたものであれば、ひとこと「中ノ高音」とだけ記せばよく、「つきテ」や「つく」のような説明を補う必要はないためである。従って、この時期においては、「中ノ高音」という名称だけでは指し示す音楽実体を明確に伝えられず、音楽実体そのものが流動的であったと考えられる。

とはいえ、「サ」は管見に入った一噌流唱歌譜のなかで最古の成立のものである。書き記すということを始めたばかりのこの時期において、伝承体系の中心は当然ながら口頭伝承にあった。それゆえ、書き記すことにほとんど依拠しない当時の伝承において、音楽実体が果たしてどのように認識され得たのかということは考えておくべき問題である。伝承のほとんどを口頭に拠っていたことに鑑みれば、おそらく音楽実体は特定の仮名で表記できる性質のものではなく、その音楽実体を特徴づける部分を漠然と認識でき得る程度のものであったに違いない。つまり、旋律型は唱歌の文字を介して視覚的に認識され得るものではなく、それぞれの役者が聴覚を通じて抱くイメージの共有によってなされていたと考えられる。そして、音楽実体は、文字として認識される「正確な」唱歌ではなく、文字を介さずに記憶に基づくイメージとして演者のあいだで共有され、師匠から弟子へと口頭伝承する過程で歌い継がれていたのもその旋律型のイメージであったであろう。

このように考えると、この時期の旋律型のあり方が記されたものに拠るというよりむしろ、その旋律を思い出させるようなイメージの口頭伝承に基づくところが大きかったからこそ、役者の抱くイメージを唱歌という文字に記した際に、ここにみられるような仮名表記のばらつきが生じたと考えることもできる。当時の伝承が声に基づくところが大きかったとすれば、声に基づく伝承を書き記したときにその表記が不統一になるのは自然であるからである。

(2) 一七〇〇年頃

次に、二世噌庵の唱歌譜を万治三年（一六六〇）に三世八郎右衛門が書写した「シ」と、「シ」の右側に五世又六郎正賢が宝永二年（一七〇五）に片仮名で加筆した「セ」に目を向けてみよう。

「シ」と「セ」になると、旋律型の記載方法は変わってくる。先述の「サ」のように唱歌の傍らに旋律型の名称を注記するものを残す一方で、新たに、一つ書きで唱歌を示すようになるのが大きな違いである。そして、稀ではあるが注記と一つ書きの両方を併用することもある。[2]

さて、一つ書きでは旋律型の名称を明記して該当する唱歌を書き記すので、旋律型とそれに対応する唱歌が明確になるのが特徴である。例えば〔図32〕は、一つ書きで示す「ふうの小手」が旋律型の名称で、平仮名の唱歌が「シ」、その右側に片仮名で校合しているのが「セ」である。もっとも「ふうの小手」は「夫婦の小手」の誤植と思われるので、ここでは「夫婦の小手」の旋律をここに記した唱歌で奏することを促している。このように、一つ書きで記すようになった「シ」と「セ」では、唱歌とそれに対応する音楽実体との関係が特定的なものへと変化していた。

また、「シ」では平仮名主体で唱歌を表記しているのが、「セ」では片仮名主体の表記に変化していることも看過し得ない変化である。この問題については、第三章第二節ですでに論じたのでここで詳述しないが、片仮名主体となった「セ」以降、平仮名で記された「シ」と「シ」以前の唱歌譜では判読不能だった拗音を表記できるように変化している。すなわち、拗音で唱える〔奏する〕場合には当該の仮名と仮名とを斜線で繋いで表記し、実際の音楽実体に即した記述をしている。「セ」を記した五世又六郎正賢の頃にみられるこうした表記上の変化は、結果的に、唱歌が実際の音楽実体により近い形で記されることを可能にした。つまり、この時期の唱歌譜に記さ

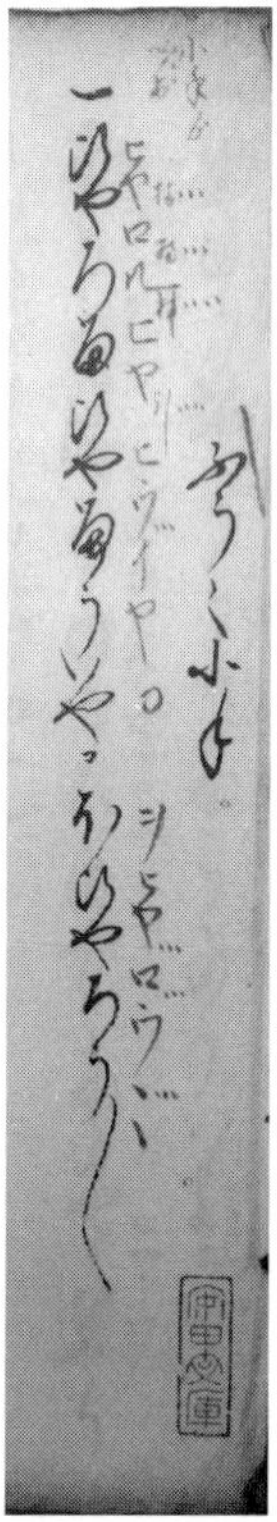

図32　「夫婦の小手」（『一噌流笛唱歌付』部分、早稲田大学坪内博士記念演劇博物館蔵）

れた唱歌は音楽実体に対する拘束性をより強め、唱歌譜そのものの伝達力はそれ以前より格段に高まったと考えられる。

第三章で明らかにしたように、五世又六郎正賢の活躍した一七〇〇年頃には演奏技法の大筋が確立しようとしていた。流動的であったそれ以前までの演奏技法が固定化し始めていたことを踏まえれば、この時期に演奏技法を実際に即した形で書き記し残していく必要性が生じていたとも考えられる。推測の域を出ないが、記譜に「正確さ」を求めるようになったことが、平仮名ではなく片仮名を用いた記譜に変化した一因かもしれない。

（3）一八〇〇年頃

一八〇〇年頃の唱歌を確認できるのは、寛政三年（一七九一）八世又六郎政香の奥書を持つ**「ソ」**である。第三章で検証したように、**「ソ」**の段階で演奏技法はすでに現行の形を確立している。そして、のちの昭和三〇年代には**「ソ」**を典拠にして現行唱歌譜（**「ア」**）が成立する。

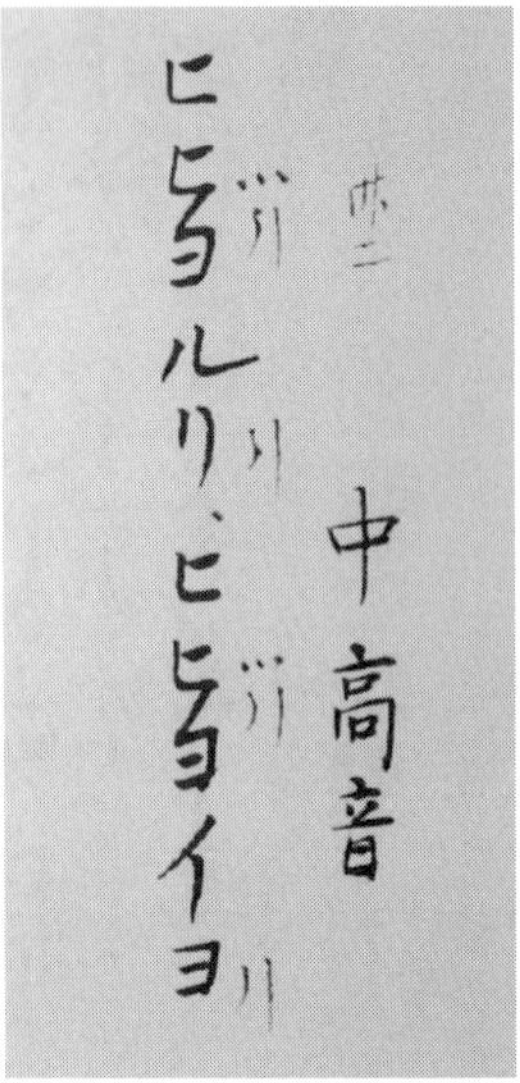

図33「中ノ高音」（『寛政三年平政香笛唱歌』法政大学鴻山文庫蔵）

「ソ」では全体を通じて片仮名を用い、拗音を斜線で繋いで表記し、唱歌を一つ書きする。先述の通り、一つ書きは当該の旋律をそこに示す一通りの唱歌で奏することを強調する。例えば〔図33〕に「中高音／ヒヒョルリ、ヒヒョイヨ」[3]とあるように、「中ノ高音」はこの一通りの唱歌で奏さなければならない。つまり、**「ソ」**では唱歌と唱歌の示す音楽実体とが一対一になっている。そのうえ、**「ソ」**の用いる唱歌の仮名表記には全体を通じて差異がなく、一貫して同一の表記を用いている。そのため、「ソ」の段階では唱歌と唱歌から立ち上がる音楽実体とが非常に強固に結びついている。

ここに、伝承において書き記すという行為の比重が増してきた様子をみることができる。第二章第一節にて現行の伝承方法が口頭伝承と書記伝承の両方を使っていることを示したが、伝承方法を歴史的にみた場合にも、口頭伝承と書記伝承のバランスは変化してきたことが窺い知れる。つまり、元来書くことに基づかない伝承体系にあったのが、流儀の演奏技法が確立する過程で書き留めるという行為を重視するようになり、そのことが、結果的に唱歌譜の規範性を強めることに繋がった。伝承における記されたものの比重は増し、唱歌とそこから立ち上がる音楽実体に対する拘束性は強くなっていったのである。さらに、唱歌を書き記して視覚化することを通しては、旋律型の名称の指し示す音楽実体は単なるイメージではなく、特定の仮名表記を用いて書き表すことのできるものへと変化した。いい換えれば、書記伝承の比重が増すとともに、記されたものを視覚的に認識することを前提とした伝承体系が形作られ、その結果、演奏技法は役者それぞれに共有されるイメージではなく、視覚化され書き表されるものへと性質を転換させたといえる。

（4）一九三〇年代～

昭和一一年（一九三六）、一二世又六郎監修、一三世鍈二校閲により、現行唱歌譜の「ア」が出版された。「ア」では一つ書きを踏襲して唱歌を示し、仮名表記にも唱歌譜全体を通じて差異がない。そのため、唱歌と唱歌から立ち上がる音楽実体とが一対一の関係で非常に強固に結びついている。

この状態は、「ア」と内容的に相互補完の関係にある『一噌流笛指附集』（一三世鍈二校閲。昭和一五年刊、「イ」）という指付譜によりさらに強められているといってよい。というのも、「イ」は「ア」の示す基本的な奏法の指使いを記載するものであるが、現在の教習で「ア」と併用されており、「ア」と「イ」の両方を用いると記された唱歌が実際に鳴り響くまでの道筋が一通りに限定されているからである。それ以前までの一噌流には流儀の規範とする指付譜はなかったので、唱歌に対応する指使いは一通りではなくむしろ何通りもあり得たことが想像されるが、「イ」の刊行により唱歌と指使いとの相関性は確かなものとなり、唱歌から立ち上がる音楽実体への拘束性は極めて強固なものになった。

このように、「ア」と「イ」の刊行を経て演奏技法のあり方は大きく変化し、現在に至る。そして現行では、基本的な奏法を表す唱歌の指使いが一通りに定められ、唱歌と音楽実体とが一対一に結びつき、流儀の規範とする演奏技法が、記された唱歌と記された指使いによって示され得るようになった。伝承における書記伝承の位置づけも極めて重要なものとなり、現在の教習に「ア」と「イ」はなくてはならないものとなっている。

同時代の素人の手控え

ここで、この時期の唱歌と唱歌から立ち上がる音楽実体との結びつきが極めて強いことを示すもう一つの唱歌譜があるので、補足として紹介したい。

紹介するのは、表紙に『一噌流唱歌集』(4)とある全四冊の唱歌譜で、筆者が古書店で手に入れたものである。この唱歌譜は紙面の上半分に唱歌を記し、下半分に指使いを記している。執筆者は不明であるが、後述するように、能管を嗜む素人が自身の備忘のために控えた唱歌譜と思われる。また、唱歌譜の表紙に大正五年の年号のある出納帳を用い、唱歌譜本文には昭和二七年の年号の入った記述があることから、宗家の刊行した「ア」や「イ」と近い時期に成立したものと判断される。興味深いことに、第一巻では「ア」の序文をそのまま写し、第二巻でも「イ」の序文を筆写している。収録曲とその曲順も「ア」と全く同じであり、第三巻にはこの記述が「イ」に拠

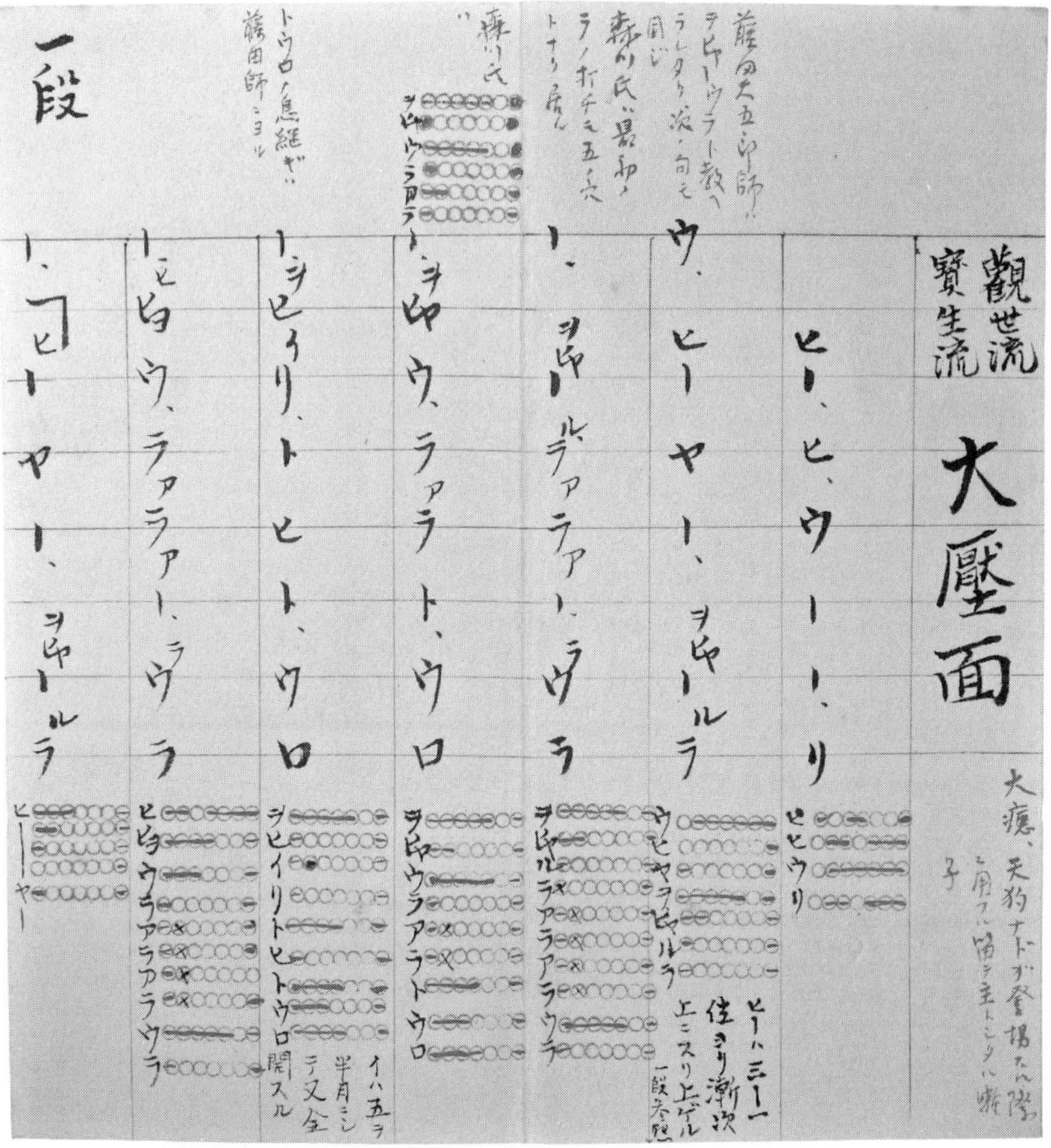

図34　大ベシ（『一噌流唱歌集』個人蔵）

ることを断り書きした文章や、「ア」や「イ」を書写した部分も含む。さらに、指使いの表記には、「イ」の用いる「●」や「○」などの符合を借用している。これらのことから、この唱歌譜は基本的に「ア」と「イ」を書写したものと判断される。

さて、この唱歌譜には、唱歌譜の筆者が習得した演奏技法を「ア」や「イ」のそれと比較校合した記述が随所にみられる。唱歌譜の筆者は随分熱心に稽古に励んでいたと思われ、自身の受けた伝承を「ア」や「イ」のそれと比較し、両者に違いのある場合にはその詳細を記しているのである。一例として、〔大べシ〕という囃子事にある書き込みを紹介しよう〔図34〕。〔図34〕の唱歌譜の紙面上にある「藤田大五郎師ハ、ヲヒャーウラト教ヘラレタリ、次ノ句モ同ジ」(5)という注記に注目したい。ここで唱歌譜の筆者がいおうとしているのは、自分は師匠の一噌流笛方藤田大五郎(一九一四〜二〇〇八)から「ア」や「イ」に記される内容とは異なる伝承を受けたということである。具体的には、「ア」で「ヲヒャールラ」とある句を、自分は藤田より「ヲヒャーウラ」と教わったという。両者の違いは「ルラ」と「ウラ」の仮名表記だけであるが、唱歌譜の筆者はこのような極めて微細な違いに敏感に反応しているのである。

また、指使いの比較校合も詳細に行っている。例えば同じ〔大べシ〕では、唱歌譜の紙面上の中央に「森川氏ハ最初ノラノ打チモ五ノ穴トナリ居ル」という注記を入れている。森川氏とは当時宗家に師事していた素人弟子の森川荘吉であり、森川個人が稽古の控えとして作っていたものを一三世鍈二の校閲を経て刊行したのが「イ」である。ここでは、つまり「イ」では「ヲヒャールラアラアーラウラ」の最初の「ラ」を五の指孔を打つように指示しているが、自分は藤田からそのようには習っていないと異論を唱えているのである。

このような、自身の受けた伝承との違いに鋭く言及した記述は他にも数多い。いずれも、たった一字の仮名表記の違いを指摘したり、指孔を打つか打たないかという僅かな違いを述べたりするものである。そこから浮かび上がるのは、第一に、この時期には唱歌とそこから立ち上がる音楽実体の結びつきは仮名一字の差異に迫るほどに特定的で、強固に連関していたということである。第二に、「ア」の刊行された一九三〇年頃には、藤田のように「ア」とは別の仮名表記や指使いを用いていた演者がいたということである。その違いが地域差と個人差のどちらに基づくのかはここで判断できないが、どちらにせよ、出版当時の全国をみれば、一噌流宗家とは細部の異なる演奏技法が伝承されていた。しかし、出版を契機に「ア」と「イ」の示す演奏技法は全国に広まり、以後、全国どこでも誰でも同じ唱歌と同じ指使いを用いて基本的な奏法を奏する現在の状況が生まれた。第四章の検証にて江戸時代までは藩や地域により演奏技法に差異のあった可能性が明らかになったが、演奏技法にみられたそうした緩やかな地域性もここにおいて失われ、その結果、演奏技法は江戸時代中期に遡る一噌流宗家の演奏技法に全国統一されたと考えられる。

(5) 現代の創作活動と唱歌

創作活動における唱歌

最後に、現代の創作活動における唱歌と音楽実体との結びつきについて検証しておきたい。

能管の創作活動は現在、積極的に行われているとはいえない。新作能ではシテの詞章や所作が新しく創作されることが多いのに対し、能管の演奏技法については多くの場合が既存の旋律とその唱歌を借用するに留まっているからである。そのようななかで、西洋音楽等の能以外の音楽にも精通し、その素地を活かした表現活動を行っている者もわずかではあるがいる。このように、現在の創作活動が、他ジャンルの素養を持つ笛方を主とした、限られた活動になりがちであることは特筆すべきことである(6)。

さて、創作活動を行っている代表的な笛方に一噌幸弘(一九六四〜)がいる。幸弘は一噌幸政(一九二九〜二〇〇四）を父に持つ一噌流笛方である。父幸政は一二世又六郎の孫で、一噌家は現在の宗家の親戚に当たる。そのような環境で幸弘は幼い時から笛方の演者になるべくした教育を受け、現在も古典の舞台で精力的に活躍している。一方で、幸弘は中学生の頃から西洋音楽やジャズ、バンド活動などにも強い関心を持ってきた。能管のみならず、篠笛やイタリア・ルネッサンス・リコーダー、ゲムス・ホルン（角笛）などの様々な種類の笛を演奏し、一九八一年度朝日新聞社主催の全日本リコーダー・コンクールで最優秀賞を受賞している。そして、一九九一年からはコンサート「ヲヒヤリ」を主宰し、積極的に自作の新曲を発表している。交響楽団とバッハなどの西洋音楽作曲家による作品を能管で共演するなど、能管という調律されていない楽器で五線譜の作品を吹いてしまう演奏家としても一目置かれている(7)。

幸弘も他ジャンルの素養を基盤に創作活動を進めているが、なかでも西洋音楽の知識が土台となる活動が大半を占めているという。新しい曲を創る際には、旋律を書き表すために唱歌を用いず、五線譜上に記していくことが多い。そして、幸弘の作曲した作品には、最初はゆったりと始まるが、突如、猛烈に速くなるという、古典の能にはない構成を持つものが目立っている。さらに、奏でる旋律は音域の幅が広く、跳躍に跳躍を重ね、非常な超絶技巧を伴うものも多い。

しかし、そもそも唱歌は口頭伝承のなかで育まれてきたものであるから、本来的に人が口で発音できる範囲のものを表すことを前提としている。演奏している最中にも演者の頭のなかでは自身の唱歌を唱える声がイメージとして聞こえており、イメージ上で鳴り響く唱歌と実際の演奏とは演者のなかで同時進行している。それゆえ、唱歌を発音する速度がそのまま実演奏の速度となる。また、唱歌は声に出して歌い継がれるものなので、唱えやすいように音は滑らかに上行ないし下行する。一つの旋律のなかで、音程が急に跳躍することはほとんどない。従って、複雑なリズムや度重なる跳躍を披露するような幸弘の新曲に仮に唱歌を当てはめて唱えようとしても、おそらく唱歌を唱える速さは追いつかず、口元も回らないに違いない。唱歌の歌いやすさから考えれば、猛烈に速い速度で奏したり、旋律に大きな跳躍が入ったりすることはあり得ないことなのである。

そのような超絶技巧を可能とするために、幸弘は、息継ぎをせずに演奏するいわゆる「循環呼吸」を編み出した。管楽器である能管は本来、口から息を吸って、吸った息を吹き込んで音を出すが、「循環呼吸」では鼻から息を吸いつつ同時に口から楽器に息を吹き入れることができる。この呼吸法は伝統的な楽器では構造上、不可能であるので、一噌は楽器を改造して可能とした。しかし一方で、息継ぎをしないで奏する旋律に唱歌を当てはめて唱えようとすると、息継ぎをしないで唱歌を唱えることが求められる。つまり、ここにおいて唱歌を用いた作曲は不可能となり、演奏に唱歌を用いる必要はなくなった。

演奏技法の「先祖返り」

このようにみてくると、幸弘の作曲した作品は、唱歌によって表現できる性質のものとはかけ離れていることが判明する。実際、幸弘によれば、「自分の中で生まれる音楽を唱歌では表現できない」とし、唱歌を用いた表現の限界を指摘している(8)。そして、唱歌では自身のイメージ上に鳴り響く音を表せないので五線譜で作曲しているという。また、幸弘は従来の能管の音楽について「楽器としては僅かしか活用されていないのではないか(9)」と述べ、伝統的な能では表現されてこなかった部分に能管の演奏技法の新しい可能性があると語る。つまり、幸弘は声によって唱えられる以上のことを能管という楽器に求めており、その姿は、能管という楽器そのものの可能性を極限まで追い求めるうちに、従来の能管の演奏技法の枠組みを完全に越えてしまったかのように思えるのだ。そして、幸弘にとっては自身の理想とする演奏がまず先にあり、それを表現するための手段として譜が付随するので、表現したいものを表すには唱歌では不十分であったといえるだろう。従って、唱歌と唱歌から立ち上がる音楽実体との拘束性が極めて強い現在、ある意味、その強い反動として唱歌自体が演奏技法から乖離し、唱歌を完全に失った創作活動がなされるに至ったと考えられる(10)。

このように、幸弘の演奏は、唱歌の持つ拘束性に従うことを大事とし、唱歌に付随するものとして音楽実体を捉える現行の演奏体系とは進む方向性が逆である。五線譜に拠るのかそれとも唱歌に拠るのかという違いがあるにせよ、幸弘の演奏体系においては、自身が目指すイメージを具現するために譜が生み出されていく。それゆえ、譜と音楽実体との関係性はコペルニクス的転回を遂げてしまったといえる。

しかしながら、能管の唱歌と音楽実体との結びつきに歴史的な推移があったことが明らかになった本節での考察を踏まえると、幸弘の新曲はこれまで歴史的に育まれてきた能管の伝承から必ずしも離れたものではない。能管の演奏を開拓し、自身の理想とする表現のイメージを実現するために譜を編み出していくという幸弘の演奏体系は、流動性に富む演奏技法を固定化する力が働き始めた、一六〇〇年頃の初世似斎の時代にも同様にみられたと考えられるからである。理想とする音楽実体を実現したいという幸弘の強い欲求は、表そうとすることをイメージとして共有し、伝承していた流儀誕生の頃に回帰し得るものといえるのではないか。つまり、一噌幸弘という現代の笛方のあり方は初世似斎のそれと重なり、その意味で伝承における幸弘のような笛方の登場は「先祖返り」ともいえるだろう(11)。そして、唱歌と音楽実体との間に拘束性が形成されつつあった江戸時代にあっても、現状に疑問符を投げかけるこうした役者は存在し、彼らの姿勢がまた、演奏技法を豊かにしてきたのではないかと想像するのである。

（6） まとめ

本節では、唱歌とそこから立ち上がる音楽実体との結びつきを歴史的に辿り、伝承における唱歌の歴史的な位置づけを考察してきた。

唱歌の仮名表記のばらつきを分析すると、成立年代の早い唱歌譜ほど仮名表記には統一性がなく、唱歌と音楽実体との連関は様々であったが、演奏技法の確立とともに唱歌譜に記された唱歌の仮名表記が定まり、次第に唱歌と音楽実体との連関は強固なものになったことが明らかになった。そして、「ア」と「イ」の出版を契機に、現在では「ア」と「イ」の示す演奏技法が流儀の規範を示すものとして全国に広まり、定められた一通りの唱歌と定められた一通りの指使いが流儀の基本的な奏法を表すものとなった。一方で、唱歌の音楽実体に対して持つ強い拘束性は創作活動において障壁ともなり、唱歌を用いて新しい旋律の創作を行うことが難しい状況が起きていることも判明した。

すでに述べたように、演奏技法が未だ流動的であった流儀誕生の頃は書き記すということを始めたばかりであり、当時の伝承の主軸は口頭伝承にあった。演奏技法が流動的であったことと、伝承が口頭伝承に拠っていたことにより、音楽実体は現在のように唱歌という文字によって認識され得るものではなく、役者の聴覚を通して伝承され、役者の個人の記憶に基づくイメージとして共有されるものであった。しかし、流儀の制度が形成され、流動的であった演奏技法が次第に固定化するなかで、唱歌譜を書き記す目的が個人の記憶のためから流儀の規範を示すためへと転換し、伝承における記されたものの位置づけは増していった。その結果、特定の音楽実体を特定の仮名表記の唱歌によって示し得るような、現行の演奏体系が成立したと考えられる。つまり、唱歌に強固に基づく現行の演奏体系は、伝承体系の変容とともに歴史的に形成されてきたものである。そして、唱歌の音楽実体に対する拘束性が形成された伝承過程は、現行の演奏体系の確立にも大きく影響を及ぼしたと考えられる。

以上の考察結果を受け、次節では、演奏体系が歴史的に変容してきた様子を詳論したい。

二　旋律型の形成と、演奏体系の変容

「高音」や「中ノ高音」などの旋律型には、シテやワキや地謡の謡う謡を謡の音高の移り変わりに応じて併奏し、物語の雰囲気や情景を表出する重要な役目がある。歴史的に遡れば、旋律型の種類とその唱歌は大きく変容を遂げて現在に至っている。例えば、「中ノ高音」の唱歌を現行一噌流では「ヒヒョールリー、ヒヒョーイヨー」とするが、後述するように、文禄五年（一五九六）の奥書の唱歌譜を原本文とする『一噌流笛秘伝書』（「サ」）では、「ひようり」や「ひよるり」などのように現行とは大きく異なる唱歌で記しているからである。旋律型の唱歌が変容したことは、現在までに旋律型の鳴り響きが変化したことを示すのみならず、旋律型を用いて能の物語空間をいかに演出するのかという、能の演奏体系それ自体が変容を遂げたことも想像させる。

そこで本節では、旋律型の演奏技法の形成過程を唱歌譜の分析から導くことを通して、旋律型の演奏体系が変容してきた様子を紐解いてみたい。分析するのは、前節に続き、初世似斎の頃の内容の唱歌譜（「サ」）、二世噌庵の唱歌譜を三世八郎右衛門が書写した唱歌譜（「シ」）、五世又六郎正賢が「サ」の一部に片仮名で校合した唱歌（「ス」）、五世又六郎正賢が「シ」の右側に片仮名で加筆した唱歌（「セ」）、八世又六郎政香による唱歌譜（「ソ」）、一三世鉄二校閲によって刊行された指付譜（「イ」）である。そして、唱歌譜から変化を捉えることのできる旋律型には、「中ノ高音」、「呂のかすり」、「高音ノ吹むすひ」の三種類がある。以下、これらを順に分析し、演奏体系の変容を検証する。なお、各譜本の収録する旋律型の種類は【資料18】を参照されたい(12)。

【資料18】「サ」「シ」「セ」「ソ」「イ」の旋律型一覧

サ
高音
高音ノ吹むすひ
中ノ高音
小手
六ノ下
ノタレノ手(ノタル)
かんノひシき

シ
高音
小手ノ高音
さうてうの高音
中ノ高音
下ノ小手
一越ノ小手
六ノ下
かんノ六ノ下
呂のかすり
はねの吹上
そといろへて
さうてうのねちかへ
呂

セ
高音
高音のはねて
中ノ高音
小手
六ノ下
ノタル
呂のかすり
しんノ呂
はねの吹上
そといろへて
ゆりの吹上
さうノゆりノ吹上

ソ
高音
日吉高音
騂高音
上高音(上之笛)
替(日吉上之高音)
替(折高音・男高音)
中高音
下之高音
小手
呂ノ小手
小手呂
替小手
結六ノ下(六之下)
真之六下
草之六下
ノタレ
呂之吹上(呂之加須理)
眞之呂
眞之吹上
草之吹上

イ
高音
日吉高音
騂高音
上之高音
日吉上之高音
折上之高音
折高音
中之高音
下之高音
小手
呂之小手
小手呂
六之下
真之六下
ノタレ
呂之吹上
真之呂

〔凡例〕

・この表は、「サ」「シ」「セ」「ソ」「イ」の収載する旋律型を記したものである。「サ」の一部に加筆された「ス」の記述は限定的であるため、対象としない。

・旋律型の表記は原典に従った。

・括弧内は別称を示す。

（1）「中ノ高音」の分析

「中ノ高音」は、「サ」「シ」「セ」「ソ」と現行指付譜「イ」の計五点に記されている。以下、唱歌譜の成立した順に「中ノ高音」の記述をみていく。

まず「サ」に記される「中ノ高音」には、〔図35〕に示す①〜⑧の八事例がある。[13] いずれも、何らかの曲の一部分の唱歌に注記を施して「中ノ高音」を示したものである（〔図35〕丸囲み部分、印は引用者）。「中ノ高音」と思われる部分の前後には他の唱歌も連ねているので、〔図35〕では「中ノ高音」という注記を含む行をそのまま抜き出して掲載している。③については便宜上、二行にわたっている。また、〔図35〕を翻刻して示すにあたっては、煩雑さを考慮し、〔図35〕から「中ノ高音」という注記に直接関わると思われる句のみを抽出して記すこととする。「中ノ高音」の注記を含む句は、唱歌の区切り目（句）が息継ぎを表す「。」によって示されていることに着目して絞り込んだ。

①ひヨるりやりやり。《(序)中ノ高音ヨリはんシき二テはねル》（略）
②（略）ひヨりり。《中ノ高音つきテ》（略）
③（略）ひよロ《中高音つく》いひういやラらろうい。（略）
④（略）ひようりり《中ノ高□ック》　ひ《ひしき》　ひういツラ《呂ノ色》うい。
⑤（略）ひようりり。《中ノ高音ツく》（略）
⑥ひやラたん〱ひようり《中ノ高音》ふり。《もつテック》（略）
⑦（略）ひよるり《中ノ高音もつ》りつ《もつ》ひゆや
⑧（略）ひよるり《中ノ高音》　り《もつ》ふやりやりつり

図35　「サ」の「中ノ高音」（『一噌流笛秘伝書』部分、早稲田大学坪内博士記念演劇博物館蔵、丸囲みは筆者による）

まず、①～⑧を概観すると、「中ノ高音」という注記の周辺にはいずれも「ひよ（ひヨ）」という唱歌が共通して記されている。つまり、全ての事例に共通する「ひよ（ひヨ）」という唱歌が「サ」の「中ノ高音」に必須の部分であったことを確認できる。

そのうえで、まず④と⑤に焦点を当ててみよう。[14] ④と⑤では「中ノ高音ツク（ツく）」という注記が共通している。現行において「つく」という表現は同じ指を二回連続して打ち、同じ音を二度繰り返すときに用いている。それを手がかりにすれば、④と⑤では「ひようりり」の末尾で「り」が重ねて記されているので、「り」を繰り返し記すこの箇所にて同じ指を打ち、同じ音を二度奏したと考えられる。従って、「ひようりり」の末尾から「り」を一文字除いた「ひようり」という唱歌が④と⑤の「中ノ高音」に直接的に結びつく唱歌と考えられる。

次に、⑥に目を向けてみると、⑥にも、④と⑤に共通する「ひようり」という唱歌が記されているのに気がつく。その「ひようり」の傍らには「中ノ高音」の注記も記されている。従って、⑥においても「ひようり」が「中ノ高音」と結びつく唱歌と考えられる。以上のことから、④⑤⑥において「中ノ高音」という注記が共通して指し示していたものが「ひようり」であったことが浮かび上がる。

これに対して、①⑦⑧では「中ノ高音」という注記の周辺に「ひよるり（ひヨるり）」という唱歌が共通して認められる。そのため、①⑦⑧では「ひよるり（ひヨるり）」という唱歌を「中ノ高音」として認識していたと仮定する。

これらを踏まえ、仮に④⑤⑥では「ひようり」、①⑦⑧では「ひよるり（ひヨるり）」という唱歌が「中ノ高音」の示す唱歌であったとしてみたい。「ひようり」と「ひよるり（ひヨるり）」とを比べると、三字目の「う」と「る」のみが相違し、残りの三文字（「ひ」「よ」「り」）は共通している。そして、「う」と「る」は、子音が異なるが母音は同一である。現行から類推すれば、旋律の母音が同じであれば音の高低の移り変わりは大きく違わないと考えられるので、④⑤⑥の「ひようり」と①⑦⑧の「ひよるり（ひヨるり）」は極めて相似した、おそらく同一の音楽実体を表す句であったといえるだろう。[15] そして、この判断をもとにすれば、「サ」に記される「中ノ高音」においては、「ひようり」もしくは「ひよるり（ひヨるり）」という唱歌が重要な意味を持つ唱歌であったと考えられる。

続いて、三世八郎右衛門による平仮名書きの唱歌譜（「シ」）と、「シ」の右側に五世又六郎正賢が片仮名で校合した唱歌（「セ」）を検証していく。「シ」と「セ」においては、「中ノ高音」という記述が二つの曲目に記される。ここでは、それぞれの曲目を①②とする[16]〔図36〕。

左に〔図36〕を翻刻したものを示す。

①一　おきなの舞の吹出様《ヤウ》四日共、
　二日めハわき能の一せいノふき出也
　三日ハ出はの吹出なり
　四日めハわき能の本の音取の吹出なり
「セ」↓　ⓑヒヤウロル
「シ」↓　ⓐひやるろる　ⓒ中高音 ひようるりやるりりやり

②　中のたかね一つ　又吹返後そといろへ手
「セ」↓　ヒヨルリ。　ヒウイヤ　ヒウイヒウイヤ。
「シ」↓　一　ひようるり。ひういやう　ひういく〳〵いやう
「セ」↓　小手ノユビ也 ヒウイヤロウ、、
「シ」↓　ひういやろう〳〵

図36「シ」と「セ」に記される「中ノ高音」（『一噌流笛唱歌付』部分、早稲田大学坪内博士記念演劇博物館蔵、波線は筆者による）

①

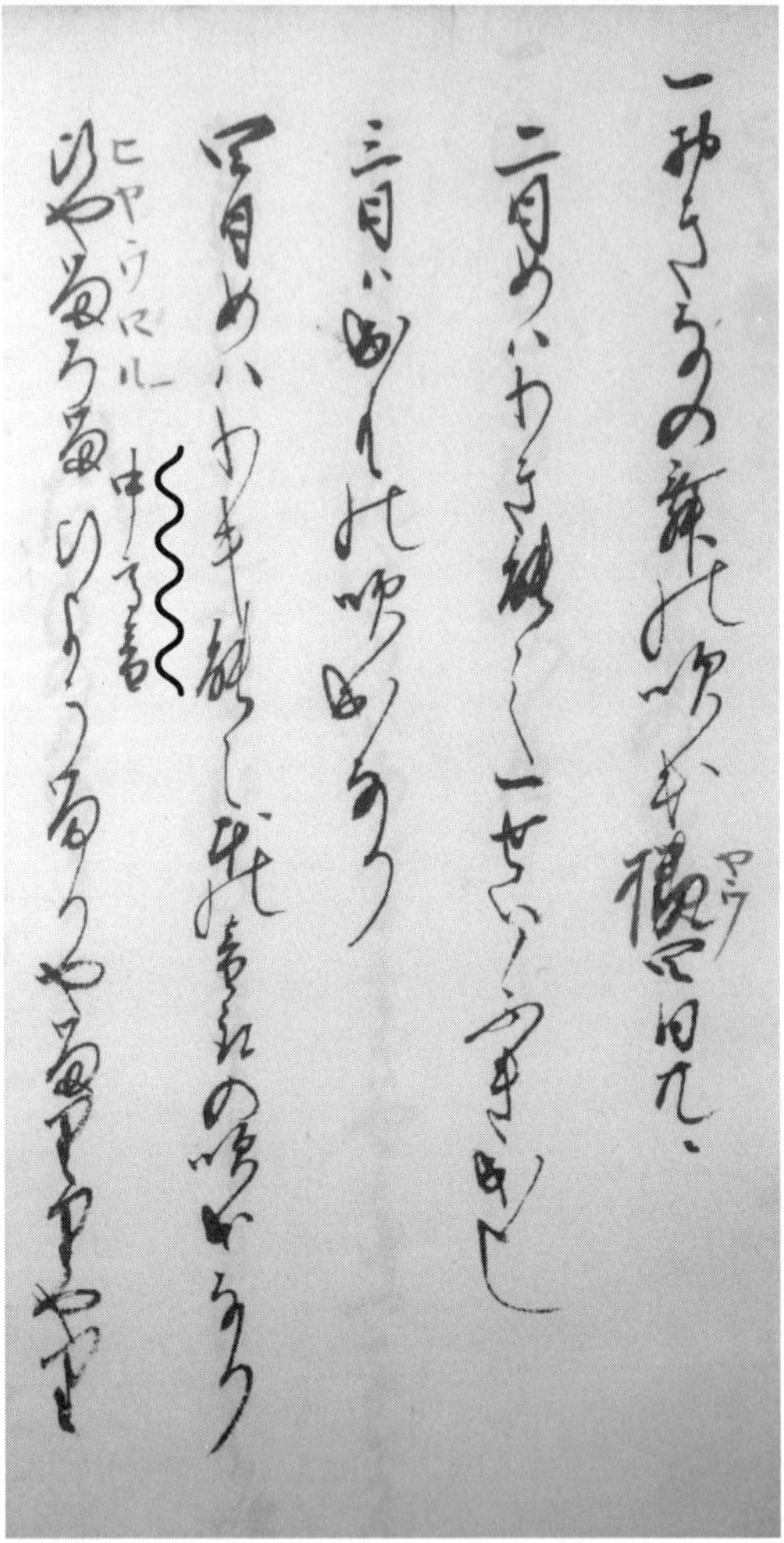

②

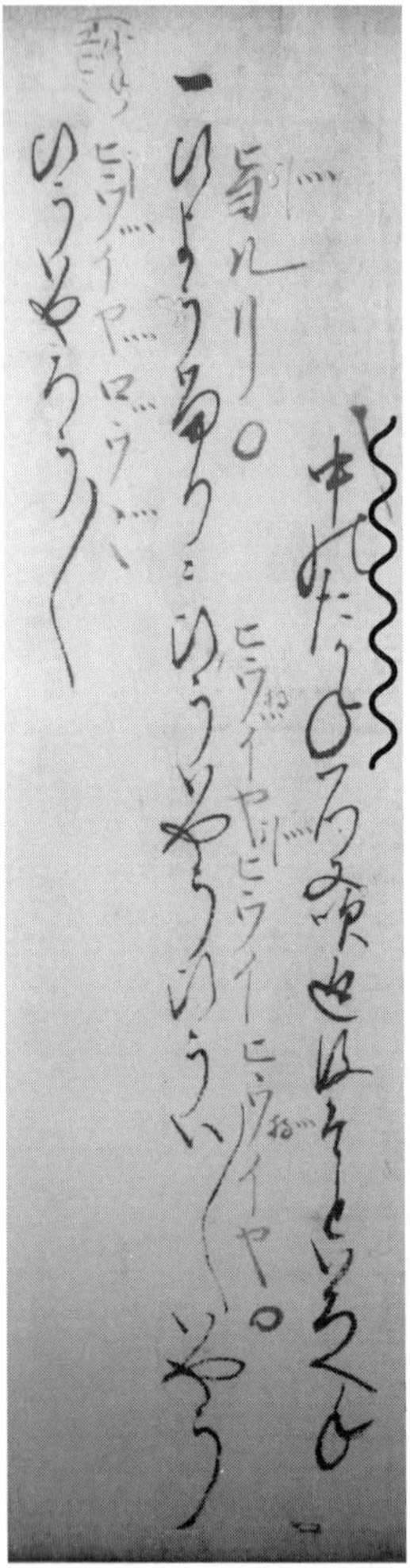

①は「おきなの舞の吹出様四日共」とし、〈翁〉での能管の吹き方について記したものである。ここにおいて、「シ」の唱歌の傍らに「中高音」という注記が記されている（①の波線部分）。一方、②は「中のたかね一つ　又吹返後そといろへ手」という曲名とその唱歌を一つ書きで記したものである。②では曲名の一部に「中のたかね」という注記が記されている（②の波線部分）。それを踏まえ、「シ」と「セ」の「中ノ高音」の示す部分を具体的に検討してみよう。

　まず①に書かれた旋律の冒頭をみると、「シ」には「ひやるろる」（傍線ⓐ）という唱歌が記されており、その部分に対して「セ」が「ヒヤウロル」（傍線ⓑ）と校合している。つまり、①の旋律の冒頭は「シ」の段階で「ひやるろる」であったが、「セ」の段階で「ヒヤウロル」へと変化した。さらに、「シ」ではその後に続く「ひようるりやるりりやり」（傍線ⓒ）という旋律の一部に、先述の通り、「中高音」という注記が付されているので、この辺りが当該の「中ノ高音」に相当すると思われる。しかしながら、具体的に「ひようるりやるりりやり」（傍線ⓒ）のどの部分の唱歌が「中ノ高音」に該当するのかを絞り込むことは、一見するだけでは難しい。

　一方②では、「中のたかね一つ　又吹返後そといろへ手」という曲名より、この旋律が「中ノ高音」を一回吹いたあとに吹返してから「そといろへ手」を吹くものであることがわかる。つまり、②ではこの旋律の冒頭が「中ノ高音」に相当する。そこで、②の冒頭部分をみると、「シ」の段階では「ひようるり」だったのが、「セ」では「ヒョルリ」へと変化しているのを確認できる（②の網掛部分）。しかし、「シ」の「ひようるり」を「セ」の「ヒョルリ」では拗音表記して表していると捉えられるので、両者に変化はなく同一の音楽実体を表していると判断される。

　以上を踏まえて、改めて①に戻ると、①では「シ」が「中高音」と注記する「ひようるりやるりりやり」（傍線ⓒ）の一部に、同じように「ひようるり」（①の網掛部分）という唱歌が用いられているのを確認できる。従って、同一の音楽実体と考えられる「ひようるり」（「シ」）と「ヒョルリ」（「セ」）が、①②の曲目に共通している唱歌であることが明らかになった。つまり、「ひようるり」ないし「ヒョルリ」という唱歌（①②の網掛部分）が「シ」「セ」の示す「中ノ高音」に不可欠な部分であったと考えられる。

最後に、「ソ」と現行指付譜の「イ」においては、「中ノ高音」を一つ書きで示し、唱歌を「ヒヒョルリ、ヒヒョイヨ」と明示している。

以上、「サ」「シ」「セ」「ソ」「イ」の五点における「中ノ高音」の記述をみてきたが、ここでそれぞれの譜本で「中ノ高音」として抽出できた唱歌をまとめておきたい。

「サ」：「ひようり」や「ひよるり（ひヨるり）」などの、「ひよ（ひヨ）」を主体とする旋律
「シ」：「ひようるり」を含む旋律
「セ」：「ヒョルリ」を含む旋律
「ソ」：「ヒヒョルリ、ヒヒョイヨ」
「イ」：「ヒヒョルリ、ヒヒョイヨ」

「中ノ高音」の唱歌は「サ」「シ」「セ」では傍線部を含む旋律であった。「サ」「シ」「セ」の傍線部にみられる仮名表記の差異は、ここでの検証により表記上の相違に過ぎず、同一の音楽実体を表すと考えられたので、「サ」「シ」「セ」の傍線部の実際の鳴り響きは本質的に近いものであったと推測される。それが、八世又六郎政香の唱歌譜（「ソ」）では現行と同じ「ヒヒョルリ、ヒヒョイヨ」という二句から成る旋律に定まっていた。つまり、「中ノ高音」は、「サ」では傍線部を除く部分の唱歌が定型化されておらず、奏法は比較的流動的であったが、「ソ」の成立した寛政三年（一七九一）までにはそれが二句に集約され、現行の形に定型化された。以上のことから、第三章の検証結果と同じく、演奏技法は五世又六郎正賢の頃には固定化をみせ、八世又六郎政香の頃には現行の

形に確立していたことが判明した。

旋律型を認識させるエッセンス

江戸時代初期の演奏技法は流動的で、唱歌の示そうとする音楽実体そのものが定まっていなかったところが大きかった。また、伝承体系の中心は口頭伝承にあり、書き記すということを始めたばかりでもあった。それゆえ当時の唱歌の仮名表記にはばらつきがあったことが前節の検証で明らかになったが、ここでの検証では、仮名表記にばらつきが存在しながらも、傍線部の唱歌は「中ノ高音」に常に存在し、連綿と受け継がれてきた部分であることが示された。つまり、「中ノ高音」の音楽実体や仮名表記は変化してきた一方で、傍線部は時代を越えて受け継がれてきた部分であり、その意味で傍線部は「中ノ高音」のエッセンスであるといえる。従って、「中ノ高音」における唱歌の変化はエッセンスとなる傍線部を巡って起きたと考えられ、いい換えれば、傍線部が変わらずに存在したからこそ、この旋律型を「中ノ高音」として同一視できたと推測されるのである。

また前節の検証にて、書き記すことを重視しないこの時期には、記された唱歌よりも役者個人が聴覚を通じて抱くイメージの伝承によって特定の旋律を同定したことが明らかになったが、ここでの検証は、伝承のイメージを支えていたのがエッセンスの部分であったことを導いた。つまり、その音楽実体を特徴づけるエッセンスの部分が伝承の要であり、口頭伝承で歌い継がれていたのも主にエッセンスを巡る部分であったことが唱歌譜から裏づけられたといえるだろう。

従って、当時の演奏においては、その旋律をイメージさせるエッセンスの部分が聴こえてくることが重要であったと考えられる。そして、五世又六郎正賢（「セ」）以前の役者は、傍線部のエッセンスが耳に入れば、他の部分がどんな唱歌で彩られていようとも、そこに「中ノ高音」をイメージしていたのではないかと考える。

（2）「呂のかすり」の分析

「呂のかすり」は、「シ」「セ」「ソ」と現行指付譜（「イ」）に記載がある（［図37］）。いずれも、一つ書きにて唱歌を明記する。

この旋律型は、形成過程において唱歌だけでなく旋律型の名称も変化した。すなわち、成立年代の早い「シ」「セ」では名称を「呂のかすり」とするが、その後の「ソ」では名称を「呂之吹上（又呂之加須理）」と記しており、「呂之吹上」と「呂之加須理」の二種類を用いている。しかし、現行の「イ」では一つ書きで「呂之吹上」とし、一種類の名称しか用いていない。このように、この旋律型は、歴史的にみれば「呂之吹上」と「呂のかすり」の二種類の名称を用いてきた。

「シ」（「呂のかすり」）‥　ほうる　ひやらりうろうろう〳〵

「セ」（「呂のかすり」）‥　ホ《引》ル　ヒ《引》ヤ　ロ《持》ウ　、《持》、

「ソ」（「呂之吹上／又呂之加須理）‥　ホ《呂ヨリ干ニ上(引)》　ヒヤ《(呂引)》。　ロウ《(呂引)》　ヒヨウ

「イ」（「呂之吹上」）‥　ホ《呂ヨリ干》　ヒ《呂》ヤ。　ロ《呂》ウ　ヒヨウ

初メ呂デ出デ干ニ吹上ゲ夫ヨリ又呂ニ直ル

現行の「イ」から時代を遡って詳細にみていく。まず、「イ」ではこの旋律型を「呂之吹上」と称する。注記に「呂ヨリ干」「呂」とあるように、冒頭の「ホ」を低い呂の音で吹き始めるが、そのまま息を強く吹き込んですぐに高い干の音に吹上げる。そして、続く二句目の「ヒャ」以降は最後まで低い呂の音を奏する。冒頭で呂から干へ吹上げるという奏法が、「呂之吹上」という名称の所以となっている。

一つ遡って「ソ」では、唱歌は「イ」と全く同じである。また、奏法にも違いがないことが注記からわかる。

しかし、先に述べたように「ソ」では旋律型の名称に「呂之吹上」と「呂之加須理」の二つを用いている点が

図37　「シ」「セ」「ソ」「イ」における「呂のかすり」

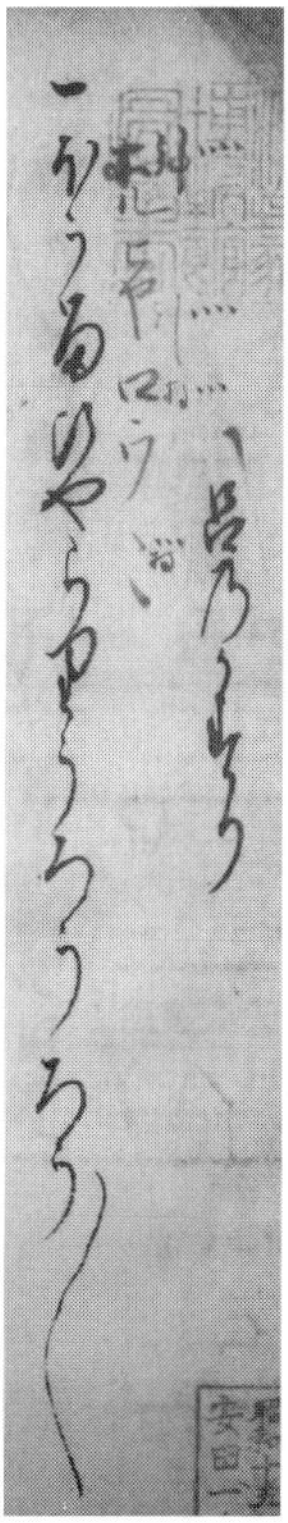

「シ」（『呂のかすり』、平仮名による唱歌）、「セ」（『呂のかすり』、片仮名による校合）（『一噌流笛唱歌付』部分、早稲田大学坪内博士記念演劇博物館蔵）

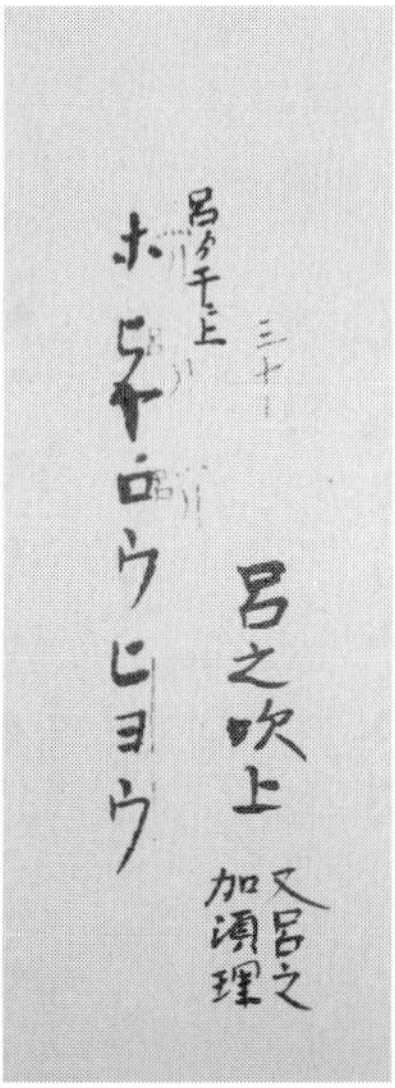

「ソ」（『呂之吹上／又呂之加須理』）（『寛政三年平政香笛唱歌』部分、法政大学鴻山文庫蔵）

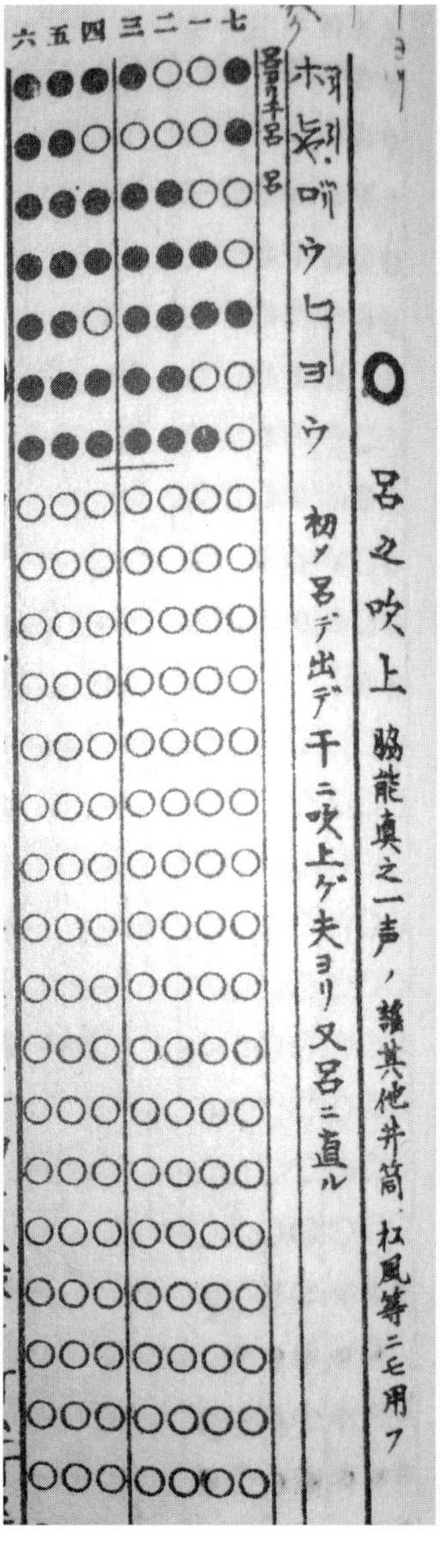

「イ」（『呂之吹上』）（『一噌流笛指附譜』部分、一樹会、一九四〇年。三版以降はわんや書店刊）

「イ」とは異なる。

さらに遡って「セ」をみる。「セ」は「シ」に片仮名で校合されたものであるが、「セ」では名称を「呂のかすり」としている。唱歌の仮名表記は後述するように「ソ」や「イ」のそれとは少し異なるが、次の二つの理由から「セ」の指し示す音楽実体は「ソ」や「イ」のそれと同じであったと考えられる。

第一に、「セ」でも「ソ」や「イ」と同様に、特徴的な「吹上」の奏法を行ったと考えられるためである。具体的にみていくと、まず、「セ」では冒頭に「ル」（傍線部。傍線は引用者）のある点が「ソ」や「イ」と異なる。しかし、「ル」は前の「ホ」とは子音が相違するので「ル」と「ホ」は音色が違ったことが現行から類推される。さらに、冒頭部分には「引」という注記があり、ここで息を強く引いて音を張り、吹上げたこともわかる。以上のことから、「セ」にて「吹上」の奏法を行ったと推測される。

このことを裏づけるのは、『能管之譜』(17)（延宝八年、早稲田大学坪内博士記念演劇博物館蔵）という、本書では考察対象にしていない唱歌譜に記された「呂のかすり」の記述である。『能管之譜』は「セ」を記したのと同一人物の、五世又六郎正賢による唱歌譜である。その記述は次の通りである。

ホウ《ハル》ル　ヒヤ　ロウ、、

右に示すように、『能管之譜』では当該の冒頭の唱歌が「ホウル」という仮名表記で示され、「セ」にはない「ウ」が記されている。その「ウ」には「ハル」という注記があり、「ウ」にて音を高く「はっ」たこともわかる。高く音を張るためには息を強く吹き込んで吹上げる必要があるので、「ウ」は「ホ」で強く息を吹き込んだ結果生じる生み字を記したものと判断される。以上のことから、『能管之譜』の「呂のかすり」では、旋律の冒頭で干の音に吹上げたと考えられる。そして、「セ」が『能管之譜』と同じ五世又六郎正賢による唱歌譜であることに鑑みると、『能管之譜』でのこの記述は、「セ」でも同じように冒頭で「吹上」の奏法を行った可能性を傍証すると考えられる。

第二として、冒頭のみならず旋律型の末尾の部分にも変化はなかったと考えられるためである。末尾の部分を「ソ」や「イ」では「ロウ　ヒヨウ」とするのに対し、「セ」では「ロウ　ヽヽ」とし、「ロウ」を繰り返す点が異なるが、「ヒヨウ」（「ソ」「イ」）も「ロウ」（「セ」）も「オ」や「ウ」母音を使う唱歌であるので、現行から類推すれば共に低い音で奏すると考えられる（傍点は引用者）。つまり、末尾を低い音で終止するという「セ」の旋律の形は「ソ」や「イ」と同じと考えてよい。以上の検証より、「セ」「ソ」「イ」では一貫して奏法が同じであったと判断される。

最後に「シ」をみておく。「シ」は一見して「セ」「ソ」「イ」の唱歌とは異なる。唱歌の区切り目（句）も分かりにくく、注記もないので奏法は不明である。しかし、冒頭の「ほうる」という句が、「セ」と同じように「ほる」という唱歌を主にしているので、ここでも呂から干へ吹き上げたと考えられる（「う」は生み字）。さらに、末尾が「オ」や「ウ」母音を用いた「ろうろう〳〵」という唱歌であり、低い音で終始すると考えられる点も「セ」「ソ」「イ」と同じである。

旋律型の名称の変化

このように「呂のかすり」を歴史的に辿ると、低い呂の音から高い干の音へ吹上げることに始まり、低い呂の句を繰り返して終始するという旋律の基本的な形は、旋律型の生成当初から変わらなかったことが明らかになった。そのため、高い音に吹き上げるという奏法自体がこの旋律型を特徴づけるエッセンスとなっていたと考えられるだろう。伝承においてはこの奏法がこの旋律型を同定してきたのであり、単純に名称だけが「呂のかすり」から「呂之吹上」へと変化した、いわば「異名同旋律型」といえる。

また、他流儀ではあるが、現行の森田流と藤田流ではこの旋律型を「カスリ呂」（「かすり呂」）と呼んでおり、現行においても「呂之吹上」の異名称の旋律型として認識されている。こうしたことから、旋律型が歴史的に形成される過程には名称と音楽的な意味とが一つに収斂する複数の道筋があったことも窺い知れる。

ところで、旋律型の形成に名称と音楽的な意味とが一つに定まる複雑な行程があったことを窺い知ることのできる事例が現行にもある。第一章第二節で紹介したように、現行諸流の「下ノ高音」は流儀によって音楽的な意味と唱歌が相違している。すなわち、「下ノ高音」は一噌流では謡事で奏する旋律型として用いるが、森田流と藤田流では間狂言で吹く「知ラセ笛」として用い、異なる音楽実体を差し示すものとして全く別の唱歌で奏している。こうした現行の旋律型のあり方からも、旋律型の生成過程においては名称と音楽的な意味とが定まる過程があったことが想像される。

（3）「高音ノ吹むすひ」の分析

最後に、「高音ノ吹むすひ」を検証する。

「高音ノ吹むすひ」という名称の旋律型は、現行には存在しない。「高音ノ吹むすひ」は「サ」のみで記載され、〔図38〕に示す①〜④の事例がある[18]（〔図38〕丸囲み部分）。このうち①〜③には五世又六郎正賢による唱歌の校合（「ス」）があるので、少なくとも「ス」までは「高音ノ吹むすひ」の存在を確認できる。ここでは「サ」と「ス」をもとに唱歌の変化を辿ることとする。

さて、「高音ノ吹むすひ」という記述は、「中ノ高音」の記述と同じように、何らかの曲の一部分に注記して示されている。「高音ノ吹むすひ」と思われる部分の前後には他の唱歌も連ねているので、〔図38〕では「高音ノ吹むすひ」という注記を含む行をそのまま抜粋して掲載した。〔図38〕を翻刻して示すにあたっては、煩雑さを避

④ ③ ② ①

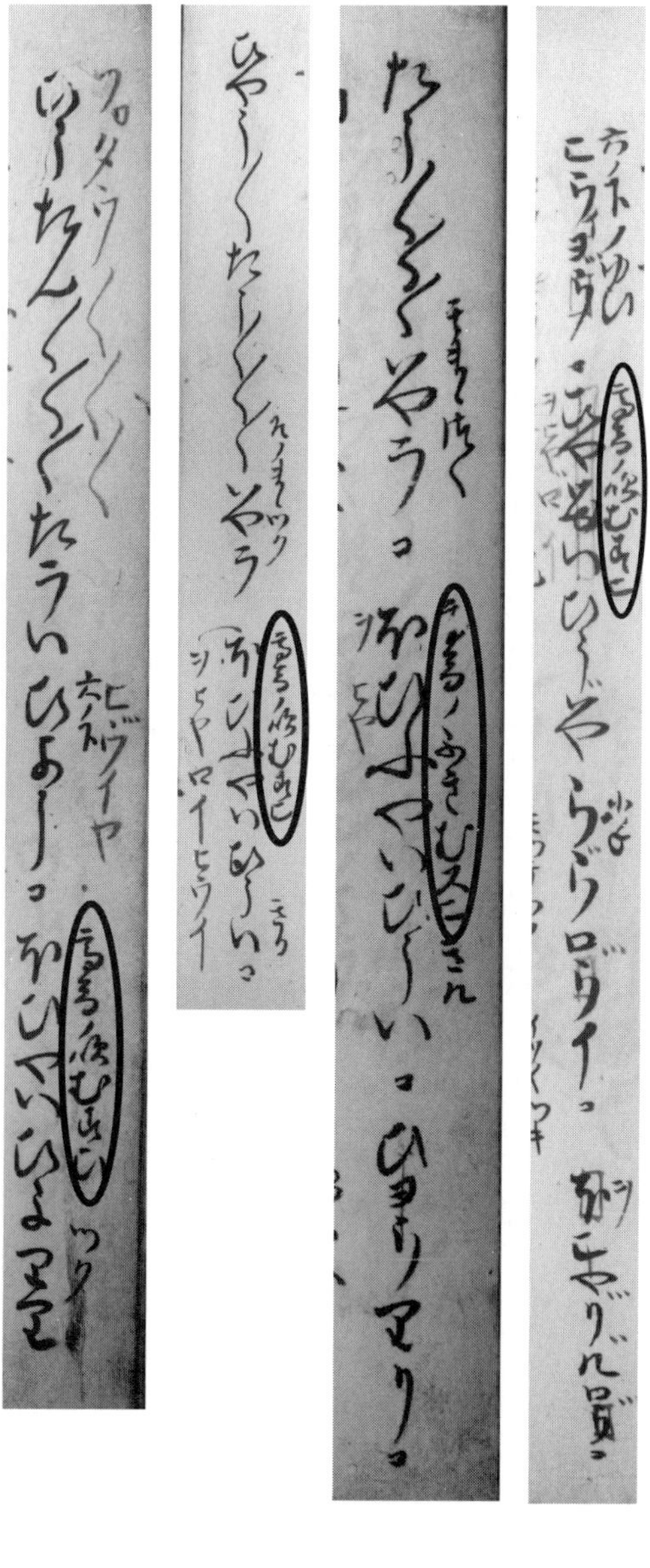

図38「高音ノ吹むすび」（『一噌流笛秘伝書』部分、早稲田大学坪内博士記念演劇博物館蔵、丸囲みは筆者による）

けるため、唱歌の区切り目（句）が息継ぎを表す「○」によって示されていることに着目し、〔図38〕から「高音ノ吹むすひ」という注記に直接関わる句のみを絞り込んで示した。右の平仮名を主とする唱歌が「サ」、左の片仮名による唱歌が「ス」の校合（「ス」）である。①には「ひやるい」と「ウ」の二箇所に「ス」による見セ消チがある。

① （略）高音ノ吹むすヒ
~~ひやるい~~ひういやらら《小手》ロ~~ウ~~イ。（略）
ヲヒャロイ

② （略）高音ノふきむスヒきル
ほひふやいひうい。（略）
ヲヒャ

③ （略）高音ノ吹むすヒ　きる
ほひふやいひうい。
ヲヒャロイ ヒウイ

④ （略）高音ノ吹むすひ　ツク
ほひやいひよりり

まず、「高音ノ吹むすひ」の示す唱歌を注記をもとに抽出していきたい。①の「ひやるい」と③の「ほひふやい」という句には五世又六郎正賢による「ヲヒャロイ」という校合がある。また②③では、「ほひふやい」という句が共通している。以上の事柄を照合すると、「サ」では②③の「ほひふやい」が①の「ひやるい」と同義で用いられており、それが「ス」にて「ヲヒャロイ」と変化したことがわかる。

④の冒頭には、これに近似する「ほひやい」がある。「ほひやい」には②③の「ほひふやい」にある「ふ」がないが、「ふ」は「ほひ」を延ばした際の生み字であることが現行から類推される。そのため、④の「ほひやい」と②③の「ほひふやい」は大局的には同じ音楽実体を表す句であり、②③④はいずれも「ほひやい（ほひふ

やい)」を旋律に含む点で等しい。

以上のことから、①の「ひやるい」と、②③の「ほひふやい」と、④の「ほひやい」の三つの句は、極めて相似したおそらく同一の音楽実体を表す句であり、「高音ノ吹むすひ」には必須の部分であった。そして、この部分が五世又六郎正賢の「ス」の段階で「ヲヒャロイ」という唱歌へ変化した。

先に述べたように、現行には「ヲヒャロイ」という旋律は存在していない。しかし一方で、「ヲヒャロイ」と母音の等しい句である「ヲヒャヨイ」という旋律がある。[19]「ヲヒャヨイ」は〔次第〕〔立廻〕の旋律の一部や、「上ノ高音」という旋律型の一部を構成する句として使われている。また、現行の「折高音」(「ヲヒャヨルリ」)という旋律型では、冒頭の「ヲヒャヨ」の部分を先の「ヲヒャヨイ」の「ヲヒャヨ」と同じ指使いで奏している。つまり、「高音ノ吹むすひ」という名称の旋律型は現行には存在しないものの、この旋律型に極めて似ていると推測される「ヲヒャヨイ」という旋律が現在も能管の旋律全般を構成するものとして機能し、様々なヴァリエーションを備えるに至っているのである。今回管見に入った唱歌譜で「高音ノ吹むすひ」を確認できたのは「サ」とその校合の「ス」だけであるので、記載状況から判断すれば「ス」以降にはこの演奏技法が途絶えてしまったかにみえるが、現行に照らし合わせてみると、「高音ノ吹むすひ」は形を変えて様々な旋律に引き継がれているのだ。その意味で、現行しない「高音ノ吹むすひ」という旋律型は、「サ」以後の様々な旋律の原形となっており、エッセンスに相当する部分といえるだろう。

旋律型の種類

ところで、唱歌譜の所収する旋律型は、【資料18】に示すように、その数だけをみれば「ソ」以降に増大して現在の形に定まったかに思われる。しかし、ここでの「高音ノ吹むすひ」の検証に基づけば、記載数の少なかった初期において、実際の演奏技法も乏しかったとは必ずしもいえない。事実、初世似斎の頃の内容の唱歌譜（「サ」）と同時期に成立した『矢野一宇聞書』[20]という初世似斎の聞書では、「サ」の記載する「高音」「中ノ高音」「高音ノ吹むすひ」に加えて、「サ」では記載しない「高音ハネテ」「ヲル高音」「下ノ高音」などの、現行する旋律型の名称も記している。それゆえ、本書で取り上げた唱歌譜で確認された旋律型の他にも、実際には多くの旋律型が存在していたと考えるべきである。

このように考えると、流儀誕生の頃の演奏技法は現在よりも多様であったと推測される。そして、旋律型の形成は、流儀誕生の頃の多様なあり方のなかから次第に淘汰されて定型が定まり、現行の姿に固定するという過程を踏んだと考えられる。ただしこの問題については、一噌流宗家に伝来する『一噌又六郎貞享三年符』[21]（貞享三年、一噌又六郎写、早稲田大学坪内博士記念演劇博物館蔵）などの江戸時代初期の頭付譜も参照して、さらに検証を進めることを課題として残したい。

(4) まとめ

本節では、旋律型の生成と展開の歴史的な伝承過程を分析し、演奏体系のあり方の変容を考察してきた。「中ノ高音」「呂のかすり」「高音ノ吹むすひ」の三事例の分析に留まるため、ここでの検証があらゆる旋律型の変化を包括しているとは考えていないが、少なくとも旋律型が確立するまでに様々な次元の複雑な伝承過程があったことが明らかになった。

まず、分析により、江戸時代初期までの演奏技法の多様なあり方と、そこから演奏技法が淘汰されていく過程が浮かび上がった。寛政三年（一七九一）の奥書を持つ八世又六郎政香の唱歌譜（「ソ」）以前には様々な演奏技法を豊かに内在させていた。とくに、「サ」の記す演奏技法は成熟の期を待つ萌芽期の能の姿を彷彿とさせるだろう。そこから、五世又六郎正賢（「ス」「セ」）の頃には演奏技法に枠組みが生まれ、定型化を進め、八世又六郎政香の頃には現行の演奏技法を確立していた。

演奏技法が形作られる伝承過程においてとりわけ重視したいのは、旋律型を認識する枠組みのあり方自体が歴史的に変容したことである。今回検証した限りでは、旋律の特徴的な部分や奏法を印象づけるエッセンスを巡る変容が演奏技法の形成において重要な意味を持つことが示された。唱歌の仮名表記を表面的に辿ってしまうと、演奏技法の確立過程が単なる仮名表記上の変化を意味するようにみえるが、エッセンスに着目してその過程を捉えれば、エッセンスの部分は変容の過程にあっても常に受け継がれ、時に形を変えながら流儀の主張として留まろうとしていた部分であることがわかる。従って、演奏技法の形成はエッセンスをいかに表現するのかを巡った問題であったとも考えられる。

このように、演奏技法の大部分を口頭で伝承していた江戸時代初期の演奏体系は、旋律を特徴づけるイメージがすなわちエッセンスとして役者の身体に記憶され、イメージ上に共有されるエッセンスを鳴り響かせることが要となっていた。このことは、当時の演奏体系において、役者の記憶に基づくイメージの多様性が演奏に様々なヴァリエーションを生み出していたことを物語っている。つまり、エッセンスに基づく緩やかな演奏体系が役者のイメージの多様性を生み、それが実演奏において能の物語世界を彩る豊かなヴァリエーションを生み出すことに繋がっていたと考えられる。

おわりに

本章では、演奏体系の変容する過程を論証してきた。

まず、唱歌とそこから立ち上がる音楽実体との結びつきを歴史的に辿って検証した結果、唱歌と音楽実体との結びつきは元来、様々であったが、次第に現行のような強固な結びつきが築かれてきたことがわかった。繰り返しになるが、江戸時代初期頃の演奏技法は流動的で、伝承は口頭伝承に拠っていた。そのため、当時の音楽実体は役者の記憶に基づくイメージとして共有され、様々な仮名表記の唱歌で書き記されており、唱歌の音楽実体に対して持つ拘束性は現行ほど強くなかった。しかし、演奏技法の確立とともに伝承における記されたものの位置づけが増し、唱歌譜が流儀で規範化されると、記された唱歌そのものに音楽実体に対する拘束性が生じていく。そして、ついには特定の音楽実体を特定の仮名表記の唱歌にて示し得るようになり、現行では、一九三〇年代に刊行された現行唱歌譜（「ア」）の唱歌が流儀の基本的な奏法を示すものとなって、唱歌とそこから立ち上がる音楽実体とが非常に強固に結びついた演奏体系を構築している。

このような推移を踏まえて現代の創作活動に目を向けると、唱歌と音楽実体とのあいだに自由度を認めたがらない強い拘束性に対する反動が生じていた。新しい旋律の創作にあっては唱歌による創作が立ち行かなくなり、唱歌を完全に失った旋律が創られている状況にある。

また、旋律型の演奏技法の形成を歴史的に紐解いてその演奏体系のあり方を分析した結果、流儀の誕生した江戸時代初期頃には演奏技法を特徴づけるエッセンスの部分が伝承の中心であったことが明らかになった。口頭伝承に基づく文化においてエッセンスは、記されたものとしてではなく、役者の身体に刻まれたイメージとして受け継がれていたと考えられる。そのため、当時の演奏体系においてはイメージ上に共有されるエッセンスを鳴り響かせることが重要で、そのイメージは役者の記憶に基づいた緩やかなものであった。それゆえ、実際に役者の抱くイメージを具現して演奏した際には、おそらく個々のイメージの多様性が映し出されるような形でヴァリエーションが展開されていたと考えられる。

いうまでもなく、このような江戸時代初期頃の演奏体系のあり方は、旋律に流儀の定める基本的な奏法と唱歌があり、基本的な奏法を土台にして鳴り響きを即興的に構築していく現行の演奏体系のあり方とは方向性が真逆である。現行の演奏体系では、唱歌と唱歌から立ち上がる音楽実体への拘束力が強いために唱歌の示す基本的な奏法を固持するほかなく、演者は基本的な奏法の外側を彩る形で即興的にヴァリエーションを展開させているからである。

このように、演奏体系のあり方は現在までに大きく変容してきた。能管が能という演劇を支える一楽器であることを踏まえれば、能管の演奏体系の変容は能全体の演奏体系の変化のなかに位置づけることができるだろう。そして、能管の演奏技法の伝承過程からは、能という演劇の演出が現在までにいかに変化してきたのかということも浮かび上がってくるのである。

（1）三宅晶子「一噌流初期三代」『能楽研究』九号、一九八三年、一八六頁。
（2）注記するものに「高音」「下ノ小手」「六ノ下」「かんノ六ノ下」、一つ書きするものに「呂のかすり」「そといろへて」「はねの吹上」「さうてうの高音」「さうてうのねちかへ」「一越ノ小手」「呂」、注記と一つ書きとを併用して示すものに「中ノ高音」「小手ノ高音」がある。
（3）「／」は改行を示す。「／」の挿入は引用者に拠る。
（4）収載曲は、第一巻が〔中之舞〕〔男舞〕〔神舞〕〔盤渉舞〕、第二巻が〔舞働〕〔早笛〕〔翔〕〔下り端〕〔序之舞〕〔鞨鼓〕〔黄渉楽〕、第三巻が〔大壓面〕〔神楽〕〔神之序〕、会釈之部、四巻が〔盤渉楽〕〔盤渉序之舞〕〔乱〕〔獅子〕である。曲名の表記は原典に従った。
（5）句点は引用者に拠る。
（6）能管を使って創作活動を行う横笛奏者は多く、滝沢成美氏や金子由美子氏、日本音楽集団などの活躍が知られる。彼らは能管という楽器を演奏する演奏家であるが、能を伝承することを専業とする笛方の演者ではないので、ここでは考察対象から除いた。

（7）代表的なCDに『東京ダルマガエル』（一九九〇）、『フィア・ティーレ』（一九九三年）、『リーヤリ』（二〇〇一年）、『ふ、ふ、ふ』（二〇〇六年）、『カカリ乱幻』（二〇〇七年）、『よしのぼり』（二〇〇八年）、『吹くシャク』（二〇一一年）、『Nohkan』（二〇一四年）等がある。

（8）以下、一噌幸弘氏に関する記述は主に筆者の一噌氏へのインタビューに基づく（二〇〇八年六月二四日）。

（9）奈良部和美「能楽対談四八九回　能が見えてくる」対談：一噌幸弘×奈良部和美、『能楽タイムズ』第六五〇号、能楽書林、二〇〇六年。

（10）一方で、一噌幸弘氏の新曲は他の笛方の演者によって再演されていないのが実状である。今後幸弘氏の作品を演奏し継承する笛方が登場するのかどうかは定かでない。

（11）一噌幸弘氏は古典の活動と新曲活動のどちらか一方に重きを置いているのではなく、自身にとっては「全部で一つ」であると語る。自身のなかでは古典と新曲とに二分しておらず、あくまでも能管による一つの音楽活動として捉えているという。

（12）唱歌譜に当時奏された旋律型の全てが記載されているわけではない。また、時代とともに名称の変化したものもあるので名称数と種類数は必ずしも一致しない。ここではこうした状況を考慮せず、唱歌譜から旋律型の名称を抜き出し、便宜上、現行の分類に基づいて一覧にした。

（13）引用は、①「シンタウノツシマ」、②③「かけりノ吹様」、④「コイノネトリ吹様」。⑤「マタ云ク是も同ね取也」より始まる唱歌、⑥「同二段メノ手大事也」より始まる唱歌、⑦「うラノ手」、⑧「同此面」。

（14）④の注記にある「□」は虫食いによる欠損を示す。おそらく「音」と読める。

（15）序章で述べたように、「ウ」母音は現行では前の仮名より音高が低くなるときに多く適用する。また、ここでの事例は、前の仮名を延ばした際に発生する生み字などの派生音である可能性も考えられる。

（16）引用は、①「おきなの舞の吹出様四日共」、②「中のたかね一つ　又吹返後そといろへ手」。

（17）早稲田大学坪内博士記念演劇博物館蔵。写本。縦二四〇×一六八㎜。竹本幹夫監修『貴重書　能・狂言』（早稲田大学演劇博物館　特別資料目録五、早稲田大学坪内博士記念演劇博物館編、一九九七年）に解題がある。

（18）引用は、①「かんノかゝりノ吹様」、②「かくらノシラ拍子ノ吹様」、③「かきつはたノシラ拍子ノ吹様」、④「女老花ノかけりノ吹様」。

(19) 両者では「ロ」と「ヨ」とが相違するが、「ロ」と「ヨ」はともに「オ」母音の仮名であるので、現行から類推すれば前の仮名より音高が低くなる点は同じである。そのため、「ロ」と「ヨ」は表記上の違いに過ぎないと判断される。

(20) 一噌流系の笛伝書。早稲田大学図書館蔵。初世一噌似斎の芸談等を主体に筆録した秘伝集成。編者は似斎の甥の矢野新五郎で、慶長頃の書写と考えられている。註(17)竹本監修著書に解題がある。

(21) 一噌流系の笛伝書。頭付譜。早稲田大学坪内博士記念演劇博物館蔵。貞享三年、一噌又六郎写。註(17)竹本監修著書に解題がある。

〔謝辞〕　本章は、口頭発表「能の音楽伝承の現在——教授方法の変容と唱歌」（東洋音楽学会東日本支部第三九回定例研究会、二〇〇八年七月五日、パネルディスカッション「唱歌研究の射程」、於大東文化大学）、口頭発表「日中伝統音楽の伝承形態に関する比較研究——伝統曲における楽譜の変遷」（発表者：代表新堀歓乃、毛Y《マオヤ》、森田都紀、劉丹、第一〇回日中音楽比較研究国際学術会議、二〇一三年三月二七日、於東京藝術大学）、口頭発表「能管の演奏技法における『型』の形成再考」（東洋音楽学会東日本支部第九四回定例研究会、二〇一七年二月四日、於共立女子大学）の三つの発表内容を発展させたものである。

　唱歌譜の写真掲載をご許可いただき、閲覧に際してもお世話になった法政大学能楽研究所・早稲田大学坪内博士記念演劇博物館の各位、インタビューに応じてくださった一噌幸弘氏、ご助言をくださった遠藤徹氏に、ここに記して謝意を表したい。

終章

本書では、現行の能管の演奏技法の特徴と、現行の演奏技法が形成された歴史的な伝承過程の実像を、唱歌の解析から明らかにすることを試みた。本書の終わりに、まずは各章の要点を振り返ることにしたい。

第一章では、現行三流儀で用いる唱歌譜をもとに常用曲目と唱歌の仮名表記を精査し、現行の演奏技法の特徴をまとめた。その結果、三流儀の常用曲目に大きな相違はないものの、囃子事の細部の構造や旋律型を用いた演出に流儀差が顕著であることが明らかになった。とくに旋律型の演奏では、リズムの面で打楽器や謡に合わせることなく吹き流すので流儀の独自性を強く打ち出すことが可能である。一噌流では神の登場するめでたい脇能の演目を、藤田流と森田流では優美な鬘物の演目を重視した旋律型の演出を行っていることが示された。

また、現行三流儀の唱歌の仮名表記には流儀の規範とする枠組みが存在することも明らかになった。現行伝承は口頭を主とするが、演奏技法においては記された唱歌に基づくところが決して小さくないことが示された。記された唱歌に基づく程度は流儀により異なり、一噌流と藤田流では宗家が唱歌譜を刊行して規範の唱歌を規定し、仮名表記を一通りに統一している。一方で、宗家のいない森田流では仮名表記の大筋は流儀の方針で決まっているものの、細かい部分には家により差異がある。ここで明らかになった三流儀の唱歌の仮名表記の違いは演奏技法全体から捉えれば細かいことではあるが、唱歌が声を介して伝承される性質を持つことを踏まえれば、仮名表記の微細な違いが流儀独自の鳴り響きを築くことに繋がっていると考えられる。

第二章では、記された唱歌が実演奏の場で具現されるとどのような演奏の広がりをみせるのかということに焦点をあて、現行の演奏のしくみを明らかにした。まず、唱歌譜に記されたものが声として唱えられて実際の楽器音として鳴り響くまでの過程をみるために、現行伝承における書記伝承と口頭伝承の位置づけを考察した。具体的には、筆者が実際に稽古で唱歌を伝授されたときに師匠の一噌流笛方藤田次郎が唱歌譜に書き入れた記述が唱歌を具現する演者の声の表出したものと捉えられることに着目し、藤田の記述を分析した。その結果、息継ぎ・速度・アクセント・抑揚・装飾的な技巧などが、唱歌を唱える声を介して歌い継がれていることが示された。これらは演者の呼吸とともに身体の動きと一体化し、声のイメージとなって演者に記憶される。こうして実演奏では、演者は自身の声のイメージに導かれながら唱歌を具現し、様々なヴァリエーションを展開していることが明らかになった。

次に、記された唱歌をもとに実演奏にて演者が鳴り響き豊かなヴァリエーションを具現する現行の演奏体系について検証した。その結果、現行の唱歌は流儀の定める旋律の基本的な奏法についていること、そして、実演奏の場では基本的な奏法を旋律の骨格を示すものとして常に奏していて、それが唱歌と唱歌から立ち上がる音楽実体の同定に繋がっていることが明らかになった。また、実演奏では演者は旋律に様々な装飾を即興的に加えていくが、装飾は基本的な奏法の外郭を彩ることでなされていることも明らかになった。つまり、唱歌から再現される鳴り響きは即興的な装飾が加えられて多様となるものの、そこで省かれることなく奏される基本的な奏法が唱歌と音楽実体とを同定している。従って、現行の唱歌は音楽実体に対して強い拘束力を持っている。

さらに、演者の即興演奏は、能という演劇の物語世界を豊かに彩るために、能の演目の曲趣や場面の雰囲気などを捉えながら展開していることも明らかになった。そして、演奏にヴァリエーションを生むその技巧には、流儀や地域による違い、師弟関係において共有されるもの、時代の流行などがあると考えられた。

以上の第一章と第二章の内容は、これまで明らかになされていない現行の演奏技法のしくみを演奏実践の面から解き明かしたものである。唱歌・声・鳴り響きの相互の関係に着目することで、現行の唱歌が音楽実体に対して拘束力を持つにも関わらず実演奏で様々なヴァリエーションを繰り広げることができる理由、およびその演奏体系を明らかにした。

続く第三章と第四章では、一噌流を事例に、現行の演奏技法の成立した歴史的な伝承過程に検証を広げた。まず第三章では、一噌流宗家伝来の唱歌譜を丹念に分析し、室町時代末期から昭和期までの約四〇〇年間の演奏技法の変遷を辿った。唱歌譜の性質に着目すると、室町時代末期には唱歌譜は演者個人の備忘録として機能し、旋律の一部分を断片的に記すに留まったが、江戸時代中期には流儀の規範を示すものに性質を変え、以後、他人にみせることを前提に書き記されるようになったことが示された。つまり、この四〇〇年を支配していたのは流是を確立しようとする流れであり、五世又六郎正賢（一七一六年没）の頃には演奏技法は大筋を固めていて、八世又六郎政香（一七四五年生）のときには現行の演奏技法を確立していたことが明らかになった。五世又六郎正賢やその子の六世又六郎政央（一七三二年没）の時代は、「享保六年書上」の提出にみるように江戸幕府の政策により能の様式が整備された時代でもあった。そのなかで能管の演奏技法もこの時期に固定化を進めていた。

第三章で導かれた結果は、能の歴史のなかでこれまで見過ごされてきた演奏技法の担っていた役割の一端を明らかにするものである。幕藩体制下で制度や様式を整えた江戸時代に、やはり演奏技法の面でも能は形を整え、現在の形を確立させていた。

次に第四章では、第三章で検証した一噌流宗家の伝承を相対化するために、藩の式楽として独自の伝承体系を築いていた地方伝承に目を向け、江戸時代中・後期の仙台藩における一噌流の演奏技法の実態を探った。仙台藩抱えのシテ方金春大蔵流に伝来する唱歌譜を分析し、当時の仙台藩では一噌流宗家と異なる演奏技法が伝承されていたことを確認した。この作業により、現行一噌流の演奏技法は「江戸時代中期の宗家の」伝承に遡るものであることと、さらに、一噌流という同一流儀内においても、江戸時代には藩や地域により細部の異なる演奏技法が存在した可能性も浮かび上がった。一方で、現行一噌流の演奏技法は全国で統一されているので、それを踏まえれば、演奏技法が現行の形に統一される伝承過程があったことが示唆される。

以上の第四章で示された事柄は、式楽として全国的な展開をみせた江戸時代に能が地方諸藩でどのような発展を遂げたのかという実像の一端を示すものである。江戸という時代が文化に与えた影響を能管を軸に再認識していくことは、近世における日本の芸能文化の実像を再考することにも繋がると思われる。

最後に第五章では、現行の演奏体系が確立した伝承過程を検証した。現行の唱歌は流儀の基本的な奏法を規定し、演者はその枠組を保った演奏をすることが求められているが（第一・二章）、第五章では、唱歌とそこから立ち上がる音楽実体との結びつきの強いこのような演奏体系がどのような伝承過程を経て形成されたのかを紐解いた。

まず、一噌流宗家伝来の唱歌譜と指付譜の記す唱歌の仮名表記のばらつきを歴史的に辿って分析した。管見に入ったなかで最古の成立の一噌流唱歌譜は室町時代末期の内容を持つものであるが、当時において唱歌譜は、流儀の規範を公に示すためではなく個人の記憶の補助のために書かれていた。演奏技法が未だ流動的であったので、書き記された唱歌は現行のように唱歌の仮名表記の細部までこだわったものではなく、唱歌とそこから立ち上がる音楽実体との連関は現行ほど強くはなかった。また、口頭伝承を主とする当時において音楽実体は、唱歌の仮名によって視覚化され得るというよりむしろ、役者の記憶に基づくイメージとして身体に刻まれて伝承されていた。そして、その音楽実体を特徴づけるエッセンスの部分を伝承し、奏することが重要であったと考えられた。つまり、江戸時代初期頃の演奏体系においては演者のイメージを具現するところに演奏の主眼があり、役者の記憶に基づくイメージを軸にした緩やかな演奏体系のもとで、イメージを背景にしたヴァリエーションが育まれていたと考えられる。

一方、流儀と演奏技法の確立とともに、記された唱歌の規範性が高まった江戸時代中期には、もっぱら口頭伝承に拠って受け継がれてきたそれまでの伝承体系に変化が生じていた。つまり、唱歌を唱歌譜に書き記すことが伝承における書記伝承の比重を上げ、記された唱歌の音楽実体に対して持つ拘束性は強まった。その結果、現行のように唱歌は流儀の規範とする基本的な奏法を示すようになった。

さらに、唱歌が音楽実体に対して持つ拘束性が強いために、実演奏では、演者は唱歌の示す基本的な奏法を省くことなく常に奏する必要が生じた。それゆえ現行では、基本的な奏法を土台としてその外側を彩る形で即興的にヴァリエーションが生み出されている。

このように、能管の演奏体系は、音楽実体を特徴づけるエッセンスを軸に緩やかにヴァリエーションを生み出す体系から、基本的な奏法を枠組みにしてその枠組みを崩さずに加飾してヴァリエーションを展開させるものへと大きく転換したことが明らかになった。以上、実証された演奏体系の変容の実像は、その背景にあったはずの伝承体系の変容を読み解くことによって描き出された。このような能管の演奏体系の変容の有り様は、能が現在の演出を持つようになった歴史をも映し出していると考えられる。

視点の整理

本書の考察を振り返ってきたが、能という演劇を彩る能管の演奏技法の実像に迫るために、本書では次の三つの視点から論じてきたことになる。

第一に、演奏技法の分析によって能管の演奏技法の変遷の諸相を解明していくという視点である。従来の能の研究は日本文学や演劇学分野からのアプローチが主であり、実際に鳴り響く音そのものの研究ははなはだ手薄である感は否めない。そして、数少ない演奏技法研究のほとんどは現行伝承に関する概説的な分析に留まり、具体的な鳴り響きの歴史的な検証は不十分であったといわざるを得ないだろう。

本書では室町時代末期から昭和期までの唱歌譜を収集して解析し、演奏技法の変遷の具体相を考察した。考察は段階的に行い、最初に唱歌・声・鳴り響きの相互の関係に着目して現行唱歌譜を読み解き、実際の演奏実践をもとに現行の演奏体系を導いた。続いて、その考察結果を土台にして過去の唱歌譜を読み解き、一噌流宗家の演奏技法が形成される伝承過程を考察した。そして、演奏技法が固定化する時期が、江戸幕府による能に対する政策が活発化し様式面や制度面が整えられつつあった時期と重なることを導いた。さらに、地方をみると、藩による独立した伝承体系のもとで中央の宗家とは異なる演奏技法が伝承されていた可能性も浮かび上がった。このように、演奏技法を演奏実践の生きた現場から捉える音楽学的な視点が本書の考察に通底しており、そのことにより能の「演奏技法の」歴史の一端を新たに示そうとした。そのなかで能管の伝承過程は決して単線ではなく、中央と地方の両側面にて展開したことを看過してはならないだろう。

第二に、音楽史料としての唱歌譜を用いる研究方法の確立に向けた視点である。本書では、現行伝承の考察のみならず過去の伝承の考察においても一貫して唱歌譜を用いた分析を行ってきた。繰り返しになるが、唱歌譜は成立年代が早いものほど伝承における演者の記憶の補助のために記していたので、そこに演奏技法の全容が示されているわけではない。そのため、過去の唱歌譜は古いものほど記述方法に一貫性はなく、演奏の断片しか記していない。さらに、現代に近づくにつれ唱歌譜は規範性を強め、その結果、現行では唱歌が演奏技法の基本的な奏法を表すまでに変化した。しかし一方で、現行の演奏実践の場では記された唱歌をそのまま演奏することは稀で、即興的にヴァリエーションが生み出されている。そこで、唱歌譜から音楽実体を歴史的に読み解くにあたり、「唱歌譜から読み取れる情報が限られている」「唱歌を記す唱歌譜の性質自体が歴史的に変化している」「実演奏で唱歌から鳴り響きを具現する可能性は一通りではない」等のことが大きな問題となって立ちはだかった。そして、どのような研究手続きを踏めば唱歌譜を史料として活かすことができるのかということが課題となった。

これらの問題を考えるうえで大いに参考になったのが、文化史研究者のウォルター・J・オングの提唱したorality と literacy という対概念に基づく「声の文化」と「文字の文化」に対する視座と[1]、それを音楽の伝承方法に応用した民族音楽学者の徳丸吉彦による「記されたもの」と「口で伝えられるもの」に関する論考である。とくに、「実際の伝承過程では、書記伝承と口頭伝承の両者がさまざまなバランスで使われている[2]」という徳丸の見解に示唆を受けた。そして、口頭伝承を主としてきた能管も「声の文化」に基づくものであるので、能管の演奏技法を捉えるうえではその伝承体系について考慮するべきと考えるに至った。

また、伝承における口頭伝承と書記伝承のバランスに関する徳丸の見解は、現行伝承に関して言及したものであったが、過去の伝承を捉える際にもこのことは当てはまると考えられるようになった。能管の演奏技法の伝承においても、時代とともに口頭伝承と書記伝承のバランスは当然変化してきたはずであり、伝承において書記伝承の占める部分の移り変わりを探ることが唱歌譜を解析するうえで重要であるからである。現在のように文字ありきの文化にあっては、ある程度のことが文字を介して伝えられ、様々な事象を視覚的に捉えることが容易となっている。しかし、文字を介さない文化にあって、唱歌は声に出して唱えられることで演奏技法の何を伝えようとしていたのか、そして、演奏技法を書き記すようになったばかりの頃の記述とはどのような性質を持っていたのかなどの点を看過しては、過去の唱歌譜を読み解くことはできないだろう。このことは史料から歴史を捉えるうえで当然のことで、今さら書くべくもないことでもあるが、過去の口頭伝承の実情を捉えることの難しい現代にあっては容易とはいえない。

本書ではこうした背景に基づき、まずは現行伝承における記されたものの位置づけを分析し、現行の伝承体系の特徴を演奏実践の面から考察した。そのうえで、過去の唱歌譜を分析する際にもそれぞれの唱歌譜の性質を分析して、伝承における唱歌譜の位置づけを明確にしてから唱歌を歴史的に読み解く作業を行った。演奏技法を演奏実践の生きた現場から捉える音楽学的な視点を軸に、音楽史料を解析するという歴史学的な視点、さらに伝承それ自体を俯瞰して捉える文化人類学的な視点から、複合的に文化的基盤を捉えることを試み、唱歌から何をどこまで読み解けるのかを個別の検証を通して実証的に示してきたつもりである。

また、第三の視点として、能管の演奏体系のあり方の歴史的変容を描き出そうとしたことがある。このことは、現行の演奏技法のしくみを演奏実践に則して紐解いた第一・二章と、演奏技法の形成を歴史的に辿った第三・四章の考察結果を、伝承体系は歴史的に変容したという別の視座に立って解釈し直すことで第五章にて検証が可能となった。成立年代の早い唱歌譜ほど唱歌の記載は断片的で、その唱歌から読み取れることは僅かであるが、その背景にある伝承体系を考え、口頭伝承を主とする頃に演奏技法を文字に記すことの意味を捉えようとすれば、僅かな断片として残る唱歌を読み解く方向性は変わってくる。その結果、成立した時代が早い唱歌ほど、そこには演奏技法のエッセンスが演者の記憶に基づくイメージとなって映し出されており、実演奏ではイメージを軸に緩やかな体系でヴァリエーションが繰り広げられていたことが示された。それに対し現代では、記された唱歌が演奏技法の基本的な奏法を示し、実演奏では唱歌の示す基本的な奏法を固持しながらその外側を彩る形でヴァリエーションを展開していることが判明した。このように、歴史的にみれば、ヴァリエーションを展開させる演奏体系の構図が大きく変容したことが明らかになった。

以上の演奏体系の変容の実像は、記された唱歌を単に分析するだけでは示すことができなかったことであり、伝承体系との関わりから紐解くことで導き出されたことである。譜本を伝承体系に関連づけて読み解くことは、能管に限らず口頭伝承を主とする他の様々な芸能の演奏技法の歴史的研究においても重要なことである。

今後の課題

最後に、今後の課題について述べておきたい。

能管の演奏技法の歴史的な伝承過程の一端を紐解くなかで、現行伝承が確立するまでの過程は決して単線ではなかったことが、江戸時代中・後期の仙台藩での伝承や、昭和期に一噌流宗家が唱歌譜を刊行した当時の様子に目を向けることでみえてきた。現在耳にする伝承が宗家に伝わる一つの伝承を踏襲しているに過ぎないことを踏まえれば、唱歌譜の刊行前には同じ流儀でも伝承実態はもっと多様で雑多であったはずである。すなわち、地域性の問題や、役者の交流の問題、名人と謳われる個人の伝承などの問題もあるため、今後はそのような微細な伝承も汲み上げながら演奏技法の成り立ちを考える必要がある。加えて、流儀間の影響関係を捉えていくことも重要である。能は江戸時代の式楽体制下で様式を整えたが、その伝承史を単系のものとして想定するのではなく、より伝承の内部に目を向け、各々の伝承を相対化して考える視座が必要であろう。

また、本書では主に唱歌譜を読み解くことで演奏技法を紐解いたが、能管の演奏技法は唱歌譜のみに記されているわけではない。譜本としては頭付譜もあり、頭付譜では能一曲のどの部分で何を奏するのかを記している。従って、頭付譜を解析すれば能の演出史をより俯瞰できると思われるが、頭付譜の現存状況の正確な把握ができていない現段階では、残念ながら解析するには至らなかった。また、本書で唱歌を分析した『一噌流笛秘伝書』（「ア」）の前半には初世一噌似斎の聞書があり、同じく初世似斎の芸談を収録したものとして『笛の事』（法政大学鴻山文庫蔵)、『矢野一宇聞書』(早稲田大学図書館蔵)、『笛ノ本』(広島大学蔵)などの一噌流系伝書も現存している。しかし、それらの記述は膨大かつ煩雑であるため、本書では唱歌譜の記述内容と一噌流系伝書の記述内容とを突合した解析を掘り下げて行うことができなかった。さらに、能は演劇であるので、謡・仕舞・小鼓・大鼓・太鼓などの演奏技法との関わりから能管の演奏技法の歴史的な形成を横断的に捉え、その具体像を明らかにしていく必要もある。このように、能管の演奏技法の伝承を考察するための課題は山積している。

現代に続く能管の演奏技法の伝承がいかになされてきたのか、そして現行の姿がどのように形成されたのかを考えることは、能という一芸能の問題に留まらず、その背景にある日本文化全体に関わる大きな課題でもある。現在も伝承が少しずつ変容していることを考えれば、伝承を歴史的に考察することはこれからの日本文化の広がりを見通すことにも繋がるだろう。本書の成果を手がかりとして、さらに検討を進めていきたい。

(1) ウォルター・J・オング『声の文化と文字の文化』桜井直文、林正寛、糟谷啓介訳、藤原書店、一九九一年。(〔原著〕Walter J. Ong, *Orality and Literacy: The Technologizing of the Word*. Methuen & Co. Ltd., 1982)

(2) 徳丸吉彦「伝承のしかけ」『芸術・文化・社会』徳丸吉彦、青山昌文編著、放送大学教育振興会、二〇〇三年、四七頁。

あとがき

本書は、東京藝術大学大学院音楽研究科に提出した博士学位論文「能管の音楽技法研究――唱歌からみた多様性――」（平成一七年度）を改稿し、その後の研究を加え、平成二九年度科学研究費補助金（研究成果公開促進費、17HP5025）の交付を受けて刊行するものである。

本書は次に示す既発表論文を含んでいるが、いずれも内容を大幅に加筆・修正している。また、用語の使い方を一部改めたものもある。

「一噌流能管の唱歌の歴史的変化――『序ノ舞』『真ノ序ノ舞』と『下り端』の分析を中心に――」（『音楽学』第四九巻二号、平成一六年）。

「江戸中後期における笛方一噌流の地方伝承――仙台藩を例に――」（『藝能史研究』第一六九号、平成一七年）。

「一噌流能管の旋律型の生成と展開の諸相――『中ノ高音』『呂のかすり』『高音ノ吹むすひ』を中心に――」（『東洋音楽研究』第六九号、平成一七年）。

「能管における唱歌と音楽実体の結びつきに関する一考察」（『東京藝術大学音楽学部紀要』第三五集、平成二一年）。

「管楽器のふし」（『歌と語りの言葉とふしの研究』、藤田隆則・上野正章編、京都市立芸術大学日本伝統音楽研究センター、平成二四年）。

「日中伝統音楽の伝承形態に関する比較研究――伝統曲における楽譜の変遷――」（『第一〇回日中音楽比較研究国際学術会議論文集』、平成二五年）。新堀歓乃、毛Y、劉丹との共著（「能で使われる能管の唱歌譜の変遷」を担当）。

筆者が本書の研究対象である能管という楽器に出会ったのは、大学一年生のときである。子供の頃から西洋音楽に親しみ、日本の芸能には縁がなかった。しかし、あるとき大学の構内で能管の音を聴き、その陰影豊かな音色と、空気を揺るがさんばかりの息遣いに心奪われ、音に誘われるままに門戸を叩いた。その後は能管の稽古にのめり込むような学生生活を送っていたが、次第に、能管を用いる能という演劇そのものにも深い関心を持つようになった。能を構築する音空間の楽理を自分自身の実体験を通して納得したいと思い、謡、仕舞、小鼓、大鼓などの演奏実技にも精を出すようになった。そしてその過程で、能で奏でる音に通底する魅力とは何なのかという大きな問いを抱くようになり、その問いに自分なりの答えを出したいという思いのもとで、研究を進めるようになった。

しかし、まとめあがったものをみて今思うのは、音という一瞬で消えてしまうものを直接的な研究対象とすることの難しさである。録音技術の発達した現代では音を残すことができるが、遠い過去の音は残っていない。そのため、過去の音を論証する際に、演奏技法を書き留めた唱歌譜という史料から確実にいえることが何なのかを見極めるのに苦闘した。そして、検証結果として「断定できること」「断定できないこと」「断定はできないが可能性として提示できること」等を慎重に整理していく必要があった。遠い過去の音に断言できる部分が決して多くはないことに、不安定な吊り橋を渡っているような気持ちを覚えることもあった。それを補うべく、音楽学に軸を置きつつも、歴史学と文化人類学の視点も加え、多角的に実証しようとしてきたつもりであるが、稚拙な部分も多々あると思われる。力の及ばなかった点については皆様からご指導ならびにご助言を賜れれば幸いである。

本書をまとめるにあたって、大変多くの方々のお力添えを賜った。まず、東京藝術大学の塚原康子先生に心から御礼の気持ちを申し上げたい。塚原先生には博士後期課程の主任指導教員としてご指導を賜って以来、長年にわたってお導きいただいた。そして、研究に行き詰まり、気弱になる度に温かく励ましていただいた。研究者とは何かということをご自身の身をもって示してくださる塚原先生は永遠の憧れである。改めて深い謝意を表したい。

博士学位論文の執筆と審査にあたっては、塚原先生のほか、植村幸生先生、片山千佳子先生、高桑いづみ先生、観世流シテ方野村四郎先生にご指導を賜った。大学院では上参郷祐康先生と蒲生郷昭先生にもご指導いただいた。そして、日本学術振興会特別研究員在任時には、東京学芸大学の遠藤徹先生に大変お世話になった。また、京都市立芸術大学の藤田隆則先生には、これまで様々な局面でご教示を賜った。ここに記して、皆様に深く感謝申し上げたい。高桑先生と藤田先生の、能の音の魅力を追いかけるその研究姿勢にはとくに大きな影響を受けた。演奏実践を嗜むなかから研究の問題意識が育つ楽しさを教えていただいたことが、今の自分の原点となっている。

そして、能の演奏実技をご指導くださった、一噌流笛方藤田次郎先生、森田流笛方杉市和先生、幸流小鼓方幸信吾先生、高安流大鼓方柿原崇志先生、故人となられた宝生流シテ方近藤乾之助先生に、ここに記して心からの謝意を申し上げたい。先生方に能の表現の奥深さを教えていただき、このうえなく幸せに思う。また、他にも多くの演者の方々にこれまでご教示を賜った。いただいた学恩に対し、深く感謝申し上げる。

それにしても、博士学位論文を提出してから一〇年以上が経ち、本書をまとめるまでに随分時間がかかってしまった。博士学位論文を提出後、本書のテーマから離れていた時期もある。しかしその間も、既発表の考察内容にどこか腑に落ちない思いを抱き、ずっと気にかかっていた。それが、能管の伝承体系それ自体の歴史的変容を見落としたまま唱歌譜を読み解いてきたことに由来すると気づいたのは、この数年である。勤務先の京都造形芸術大学の授業で、本書のテーマについて学生に話す機会を持つなかであった。マニアックで決して楽しくはないはずの授業に熱心に参加してくれた京都造形芸術大学の社会人学生の皆さんには、厚く御礼を申し上げたい。そして、授業をきっかけにして、演奏技法の変容を捉えるには、唱歌譜に記された唱歌の仮名の表層を追うだけでは不十分であり、唱歌の変遷を、その背景にある、伝承体系の変容に位置づけて読み解く必要があると考えるようになった。そのうえで、これまで行った考察を見直し、唱歌を解釈し直して、本書にて一つの大きな流れのなかで見通してみたいとも思うようになった。

本書をまとめるように強く背中を押してくださったのは、京都造形芸術大学の井上治先生である。井上先生には、歴史ある思文閣出版の新刊部取締役・原宏一氏をご紹介いただいた。そして、本書を作る過程では、編集者の大地亜希子氏と井上理恵子氏にひとかたならぬお世話になった。ここに記して、皆様に心から感謝申し上げたい。

お世話になった方々のお名前をお一人ずつ挙げることはできないが、大変多くの方々にこれまで様々な場面でたくさんのご教示と温かい励ましを頂戴した。心から御礼申し上げる。

最後に私事ではあるが、いつも応援してくれる両親と、夫と子供に感謝したい。

平成三〇年二月

森田　都紀

◎著者略歴◎

森田　都紀（もりた　とき）

1976年神奈川県生まれ．東京藝術大学音楽学部楽理科卒業．同大学大学院音楽研究科博士後期課程修了．博士（音楽学）．専門は日本音楽史，日本芸能史．日本学術振興会特別研究員等を経て，現在，京都造形芸術大学准教授．

能管《のうかん》の演奏《えんそう》技法《ぎほう》と伝承《でんしょう》

2018（平成30）年２月25日発行

著　者　森田都紀

発行者　田中　大

発行所　株式会社　思文閣出版

〒605-0089 京都市東山区元町355

電話 075-533-6860（代表）

装　幀　小林　元

印　刷
製　本　亜細亜印刷株式会社

 ISBN978-4-7842-1932-2　C3073

索　　引

あ

い

う

え